我把为民众写史的史观,
融汇在我的历史重构和叙事之中。

王笛

走进 中国
城市内部

(修订本)

Entering the Inside of
the Chinese City

王笛

著

人民文学出版社

图书在版编目（CIP）数据

走进中国城市内部/王笛著.——修订本.——北京：人民文学出版社，2024
ISBN 978-7-02-018364-7

Ⅰ.①走… Ⅱ.①王… Ⅲ.①城市史-研究-中国 Ⅳ.①K928.5

中国国家版本馆CIP数据核字（2023）第236024号

责任编辑　李　磊
装帧设计　陶　雷
责任印制　苏文强

出版发行　人民文学出版社
社　　址　北京市朝内大街166号
邮政编码　100705

印　　刷　北京盛通印刷股份有限公司
经　　销　全国新华书店等

字　　数　206千字
开　　本　880毫米×1230毫米　1/32
印　　张　10.75　插页2
版　　次　2024年4月北京第1版
印　　次　2024年4月第1次印刷

书　　号　978-7-02-018364-7
定　　价　79.00元

如有印装质量问题，请与本社图书销售中心调换。电话：010－65233595

目 录

导 言 ___ 1

第一编　书写城市的日常史诗 ___ 9

第一章　怎样进入中国城市内部？___ 11

第二章　进入茶馆后，我们能看到什么？___ 25

第三章　现代中国的城市管理 ___ 37

第四章　城市历史写作，怎样面向大众？___ 48

第二编　新城市史的视野与方法 ___ 59

第五章　从宏观到微观史的城市史 ___ 61

第六章　文学、图像与历史的真实 ___ 87

第三编　新文化史的理论 ___ 137

第七章　大众文化与近代中国社会 ___ 139

第八章　新文化史和微观史的启发 ___ 167

第四编　新城市史研究路径与概念 187

第九章　中国城市的政治、组织和阶级 189

第十章　城市文化与公共空间研究的关键词 216

第五编　公共空间与公共领域 239

第十一章　中国城市的公共领域 241

第十二章　公共空间、公共领域、民间社会 264

结论　中国城市史研究和中国城市的未来 295

征引资料目录 315

后　记 338

导　言

斯坦福大学出版社在2003年和2008年分别出版了我的英文著作 Street Culture in Chengdu: Public Space, Urban Commoners, and Local Politics, 1870-1930 和 The Teahouse: Small Business, Everyday Culture, and Public Politics in Chengdu, 1900-1950，两书的中译版《街头文化：成都公共空间、下层民众与地方政治，1870—1930》和《茶馆：成都的公共生活和微观世界，1900—1950》分别于2006年由中国人民大学出版社和2010年由社会科学文献出版社出版。[1] 这两本书的巨大成功以及在学术界和社会上的强烈反响是我始料未及的，《街头文化》2005年获得了美国城市史学会两年一度的最佳著作奖，

---

[1] Di Wang, Street Culture in Chengdu: Public Space, Urban Commoners, and Local Politics, 1870-1930, 中译本：《街头文化：成都公共空间、下层民众与地方政治，1870—1930》，商务印书馆2013年第二版，北京大学出版社2023年第三版；The Teahouse: Small Business, Everyday Culture, and Public Politics in Chengdu, 1900-1950, 中译本：《茶馆：成都的公共生活和微观世界，1900—1950》，北京大学出版社2021年第二版。

其中译本被《中华读书报》评为2006年十佳图书,《茶馆》的译文本则被《南方都市报》评为2010年十本"年鉴之书"之一。学术刊物、报纸杂志、网络上的各种评论,其数量之大,已经远远超出这两本书本身的文字量。

这两本书的成功当然取决于各种因素,但重要原因是它们反映了以微观历史和新文化史的方法研究中国城市的新取向,以及在理论、方法和实践上的新探索。在这两本书的写作过程中,以及它们出版之后,我在世界各地的学术机构做演讲、接受各种杂志约稿、媒体采访等,人们就这两本书的方法、观点、资料、写作曾经提出过各式各样的问题,他们的问题促使我将自己关于大众文化和下层研究的许多思考加以总结,而且我在写作《茶馆》第二卷的过程中,对中国城市的研究又有了不少的新探索。所以呈现在读者面前的这本书,便是从书写城市的日常史诗、新城市史的视野与方法、新文化史的理论、新城市史研究的路径与概念以及公共空间与公共领域五个方面展示我的这些思考。

书写城市的日常史诗为第一编,包括第一到四章,讨论怎样进入中国城市内部,进入茶馆之后我们能够看到什么,现代中国的城市管理,以及城市历史写作怎样面向大众等问题。

新城市史的视野与方法为第二编(第五、六章),主要讨论中国城市史研究的主要趋势和存在的问题,从城市史研究宏观到微观的转向、历史叙事、寻求下层民众的声音、图像的分析、资料的解读、历史书写、城市重构等方面进行讨论。

第三编为新文化史的理论（第七、八章），系统梳理了西方有关主要成果和讨论的问题，如微观历史、大众文化、大众宗教、象征系统、民众运动、政治文化等。

第四编揭示新城市史研究的路径和重要概念（第九、十章），特别是对公共空间和公共生活的理论和方法的思考，讨论社会共同体、社会组织和群体、城市空间的政治，以及我自己以微观历史眼光和方法研究城市史的思考，其中涉及各种关键的概念，包括地方文化与国家文化、"街""邻""社"与公共空间、下层民众、改良精英等。

第五编集中讨论了中国公共领域的问题（第十一、十二章），从晚清到民国公共领域的早期发展，到20世纪中期的衰落，再到改革开放后的复兴，展示了20世纪中国公共领域发展的一个大致轨迹。

在结论中，我对柯布西耶、芒福德和雅各布斯发展现代城市的不同理念，提供了一个宏观的评述；对现代城市的发展和管理模式进行了讨论；并指出人们在城市中享有平等的权利，这也是中国城市发展的必由之路。

* * *

从我的第一本专著《跨出封闭的世界：长江上游区域社会研究（1644—1911）》的出版（1993年），到《街头文化》的问世（2003年），其中经历了十年的学术转型。我至今清楚记得1991年春天赴美时，从飞机上看着下面美丽富饶的成都平原渐渐消失在我的视线之外的情景，没有远行的喜悦，只有离别故土的心酸，因为我不知道何时再能回到她的怀抱。三十多年了，成都仍然是我梦魂萦绕的地方。但从另一个角度讲，我好像从未离开过这个城市，即使远隔万里，我生活之大部分，仍然与她密切相关，因为我每天都在研究她，探索她的一切秘密。从《街头文化》到两本《茶馆》，这三本书可以算是城市微观史和成都叙事的"三部曲"吧。在撰写这三本书的过程中，我阅读了大量原始资料和中西方有关大众文化和城市的研究，对许多问题进行了思考，这本书便是对这些思考的一个系统整理。

20世纪90年代可以说是我学术转变最关键的时期，即由研究精英到民众、由宏观到微观的转变。在中国历史学界，英雄史观、宏大叙事一直居统治地位，不少学者相信重大选题才有研究的意义，才可能成就好的历史学家。热衷于"重大题材"的史家，把芸芸众生视为沧海的一滴水，可有可无，不屑于观察他们的生活、经历和内心世界。在我看来，没有无意义的研究对象，无论我们的研究对象是多么平淡无奇，多么缺乏宏大的国家叙事，如果我们有利用"显微镜"解剖对象的本领，有贴近底层的心态和毅力，我们可以从那些表面看来"无意义"的对象中，发现历史和文化的有意义的内涵。

我把为民众写史的史观，融汇在我的历史重构和叙事之中。例如关于20世纪上半叶茶馆的长篇叙事史，以1900年第一天清早的早茶为开端，以1949年的最后一天晚上堂倌关门而结束。

我在"尾声"一节写道：

> 茶馆送走最后一位顾客，辛劳了一天的堂倌很快便进入了梦乡，无论是昨晚最后离开茶馆的茶客，以及正在做梦的堂倌，他们不会知道，又隔了五十多年后，一位在成都出生长大但流落他乡的历史学者，会给他们撰写历史。他们不会想到，在这位小同乡的眼中，他们就是历史舞台上的主角。在过去的五十年里，他们所光顾的茶馆、他们视为理所当然的坐茶馆的生活习惯，竟一直是国家权力与地方社会、文化的同一性和独特性较量的"战场"。他们每天到茶馆吃茶，竟然就是他们拿起"弱者的武器"所进行的"弱者的反抗"。[1]

传统中国城市的发展，多受制于生态环境、地理交通、市场网络以及经济地位等诸多因素及条件的影响，城市空间和文化多是自然形成的，并无一个"总体规划"或全国的统一模式。因此，中国各城市呈现出结构面貌、经济功能、地方管理、生活方式、风俗习惯等方面的复杂性，形成了丰富多彩的地方文化。晚清以降，现代化潮流冲击整个中国，随之而来的城市改良运动，便是按照一个统一的模式来改造城市，强化政治影响以推动国家

---

[1] 见《茶馆：成都的公共生活和微观世界，1900—1950》，第458页。

控制，反映了整个国家政治、经济、文化一体化的趋势。但令人惊奇的是，地方文化仍然能够坚持到最终胜利。只有到了1949年以后，地方文化在与国家文化的较量中，在国家权力的强大压力之下，才败下阵来。在改革开放时期，一旦国家的控制削弱，地方文化则又能够卷土重来。

在研究城市文化的过程中，我为地方文化所展示的强大的生命力而感叹。例如茶馆在城市改良、政府控制、经济衰退、现代化浪潮的冲刷中，可以随机应变地对付与其他行业、普通民众、精英、社会、国家之间的复杂关系。这种灵活性帮助茶馆在经济、政治以及其他危机中生存，而茶馆这样的小商业也成功地筑造了防止现代性进攻的"万里长城"。人们在茶馆追求公共生活和社会交往，这里也是信息交流和社会活动的中心，甚至成为地方和全国经济、政治、文化演变的晴雨表。由于茶馆对市民日常生活的重要作用、多样化和复杂性，各个政治和社会集团也试图对其施加影响和加以利用，并总是成为社会改良和政府控制的对象。而利用国家文化改造地方文化，便是其中的措施之一。

成都茶馆研究的第二本，花了比第一本长得多的时间（第一本从2002年到2007年），从2007年春天在美国全国人文中心（National Humanities Center）开始动笔，2013年才写出初稿，后来又经历了漫长的修改，直至2017年秋，定稿才交康奈尔大学出版社进入编辑出版程序。由于茶馆的第二本讨论社会主义时期的公共空间和公共生活，里面涉及政治学、社会学、人类学等诸多的内容,因此所面临的挑战比第一本严峻得多。在书稿的写作和反复修改过程中,我阅读了大量有关社会主义中国的研究,以及涉及公共空间、公共生活、政治文化的各种专著,从政治学、社会学、人类学、历史学多学科交叉的视野,对中国城市生活,有了许多新的理解。有些思考,我也在本书的修订再版之际,将其加入了本书。

  本书主要从理论和方法上探索中国城市的研究,从而使我们能够进入到中国城市的内部,探索城市、民众、公共生活、微观历史的奥秘,使我们对现代化和国家文化对传统、传统生活方式、地方文化的冲击和改造,有进一步的认识。我们将发现,对中国城市的历史的研究,不仅仅是一个历史学的课题,也是社会学、人类学、文学等多学科的综合性的考察。只有通过各种方法和手段的努力,才能真正懂得中国城市的过去、今天和未来。

第一编　书写城市的日常史诗

所谓的史诗，不一定就是大事件，不一定就是大叙事，而经常就是我们身边真真切切的生活，一个小空间，一个小家庭，一个普通人，集合在一起，就是无限的空间，就是千千万万的人，就是日常的史诗。

第一章　怎样进入中国城市内部？

当我们说到日常生活，人们可能会认为那不过是司空见惯的东西，所以没有意义。但是我认为，日常生活的意义，不亚于那些宏大的叙事。因为只有日常和我们密切相关，我们注重日常，就是注重我们的文化，注重我们的生活方式，告诉世界我们是从哪里来的。

空间就是我们生活的范围，每个人都在特定的空间中活动，空间有着极大的包容性。在这样的一个空间里，我们可以进行各种活动，可以是经济的，也可以是社会的，还可以是文化的。

而且我们在这个空间里，继承传统的同时，不断地创造新文化，发展新空间。现实的空间和过去并不是割裂的，而是连接的，并能引导我们的日常到美好的未来。今天，我们实际上也在谱写城市新的日常史诗。

所谓的史诗不一定就是大事件，不一定就是大叙事，而经常就是我们身边真真切切的生活，一个小空间，一个小家庭，一个普通人，集合在一起，就是无限的空间，就是千千万万的人，就是日常的史诗。

那些宏大的事件,看起来波澜壮阔,但不可绵延持续;而日常才是永恒的,值得我们不知疲惫地吟诵。

告别宏大,进入城市内部

我在进入史学研究的初期阶段,关注的是宏大问题,例如辛亥革命、孙中山和对外政策、清末新政,后来我把研究焦点放在了长江上游地区,但是依然是时间和地域的跨度都非常大。1989年,我完成了《跨出封闭的世界》。这本书和我后来所写的书差别是非常明显的,史学取向、理论和方法都有很大的差别。

我当时是受到法国年鉴学派代表人物布罗代尔(Fernand Braudel)研究模式的影响,想要考察一个大的区域,具体来讲就是长江上游社会是怎样演变的,如何从传统走向现代社会这样一个长期的过程。那么要讲演变过程的话,难免也要讲到传统社会,所以花了非常大的精力去研究清代的经济、社会、政治系统、组织、士绅等这些问题,甚至研究人口,粮食的提供,书院教育……这样才能有一个参照系,去观察这个社会是怎么发生变化的,特别是19世纪以后到20世纪初的演变过程。整个研究的取向相对来说比较宏观:一个是时间的跨度长,从清初一直讲到辛亥革命;一个是涉及范围大,是整个长江上游地区,虽然是以四川为中心;另外一个是涉及的问题非常多,虽然叫作社会史,但实际上这个"社会史"是比较宏观的。这些都和我以后的研究差别很大。

这种宏观的视野下的研究，涉及一些大问题，包括计算粮食能够产多少，能够提供给多少人的生存，关注经济的状况，包括手工业的发展、农业的发展等。以这个研究修正的人口数为例，按照官方的统计，四川人口在 19 世纪末就达到了 7000 多万，而根据我的重新计算，实际上也只有 4000 多万。而耕地的问题刚好是相反，按照官方的统计，只有 4000 多万亩，根据我的计算，当时四川实际上达到了 1 亿亩。整个省人口和耕地的官方记录和实际相差这么巨大，甚至相差一倍以上。而这些数字对研究社会史则是非常重要的。

但是《跨出封闭的世界》的缺陷也是很明显的。虽然这是一本"大书"，中华书局第一版有 700 多页，但我们很少能看到普通人。虽然书里面也提到了民众，但是都是通过精英的眼光来呈现的，比如说精英批判他们的风俗习惯、迷信等等。我们看不到个体的人，没有个人的经历，个人的故事，这是和我以后的研究最大的不同，我越来越注重个体的经历，特别是一般人的故事。而且很多的情况下是站在他们的角度，尽量能够透过精英的话语来寻找普通人的声音。这样一个转变就是方法上的、史学观的、史学理论的转变。

那么宏观和微观两者是否可以结合起来？其实无论是写宏大的题目，还是微观的题目，都需要从两个方面来考察历史。如果仅仅是从一方面看，肯定是不完备的。两者不仅是有没有可能结合起来的问题，实际上是必须结合起来。

我也曾谈到过"以小见小"，就是说如果不能做到"以小见大"的话，那么"以小见小"也不错。当然，我的意思是退一步来讲这个问题。实际上作为历史研究来说，我们要有这样的史学思考：哪怕是选一个小问题，但是应该考虑到在这个问题上，是否能够帮助我们回答一些大问题。如果回答是肯定的话，那么研究这个小问题就更有意义。就是说，不仅是把小问题弄清楚了，而且是能够从更抽象的层次来认识大问题。

以我的研究为例，在《街头文化》里，我虽然讲的是成都的街头文化，但主要讨论大众文化和精英文化的关系，而这样一个关系，实际上就远远跳出了成都的街头文化。因为这个问题存在于中国的任何一个城市，甚至可以超越中国。比如在西方城市中，也存在大众文化和精英文化的关系。卡洛·金茨堡（Carlo Ginzburg）的《奶酪与蛆虫》，也是研究大众文化，研究正统文化和异端文化的冲突。把小问题放到学术界普遍关注的讨论之中，这就是以小见大，让那些不研究成都，不研究中国文化的人，也从这个研究中得到启发和思考。特别是有的研究西方大众文化与精英文化的学者，读《街头文化》，也能够从中国的案例中，和西方类似的问题进行一种对话。我想那就是为什么《街头文化》出版以后，获得了美国城市史学会的最佳著作奖，颁奖词也体现了这个意思。

《茶馆》的第一卷也是这样，不再是回答大众文化和精英文化的关系，而是通过茶馆的研究，试图分析地方文化和国家文化之间的冲突，地方文化又是怎样反抗国家文化对地方文化的打击。所以虽然讲的是茶馆，讲的是一个小的公共空间，但它也超越了茶馆本身，超越了成都，甚至超越了中国的地方和国家的关系，超越了中国的公共生活。因为西方历史学家也关注公共空间、公共生活、公共领域等问题。他们也讨论诸如咖啡馆、酒吧等等这样类似的问题。

总之，我认为宏观和微观是需要结合起来的，讨论小问题的时候要能够去回答大问题，而在研究大问题的时候也要关注细节。

中国学界有一种普遍的看法，认为我们要研究"重大课题"才有意义，以此评价一个史学研究是否重要，是否有贡献。所以就产生了所谓的一流题目、二流题目的说法。我不赞成这种提法。

史学研究，大问题当然很重要，但是对历史学家来说，课题本身其实不是特别重要，最重要的是研究者是否能从研究对象后面发现更重要的东西。卡洛·金茨堡的《奶酪与蛆虫》中的那个小磨坊主，一点都不重要，他就是那个时代意大利乡村的千千万万个农民之一，但金茨堡能够从这样一个人身上，发现后面大众文化、宗教、世界观的大问题。其实孔飞力（Philip Kuhn）的《叫魂》里面的许多人物，不管是石匠、游方僧，还是乞丐，他们都不是重要人物，但是作者从他们身上所发生的故事及其处理方式，发现了乾隆和国家官僚体制之间的矛盾。

所以，关键是能不能从小问题上，从那些看起来只是蛛丝马迹中，挖掘出或者察觉到后面的大问题。而且，这不是说去很勉强地牵扯上联系，而是逻辑的探索。而所谓"一流题目""二流题目"，反而会误导我们。我们作为研究者是不是能够透过表面的历史尘埃，看到隐藏在后面的实质，这才是重要的。

研究日常，哪里去寻找资料？

《茶馆》第一卷，描写民国时期的茶铺，资料主要来自旧报纸。例如，在民国成都持续出版时间最长的《国民公报》。约翰斯·霍普金斯大学图书馆从加州大学伯克利分校借来了微缩胶卷，我在霍普金斯大学图书馆通过阅读器放大来看，然后将关于茶馆的资料复印下来。我还通过熟人去四川省图书馆查阅老报纸。有一段时间，四川省图书馆因为修建新址，大量旧报刊都打包存放在郊区一个工厂的仓库里，这些资料都还没有数字化，只能一页一页去翻。

《茶馆》第二卷，我主要依靠成都市档案馆的资料。上世纪90年代后期，我从成都市档案馆所收藏、零散地分布在公安局、各种行业组织、工商局、商业登记、工商联、商会、文化局以及统战部的档案中，收集到了丰富的资料，而这些资料很少被其他历史学家关注和使用。当时的档案资料与今天相比更为开放，所以我不仅可以接触到上世纪50年代，还有上世纪60年代前期的资料，相当有价值。

上世纪六七十年代，因为茶馆的数量大幅度减少，在日常生活中不再像过去那样重要。这个时期，档案中关于茶馆的资料就变得非常有限了。不过，我仍然能够从其他官方和私人记录中找到关于茶馆生活的大量线索，甚至包括一些档案资料中难以看到的细节。

除了大量使用成都市档案馆的资料，我还利用了报刊、日记、个人记录，以及我自己的实地调查。如《成都日报》《人民日报》这类官方报纸，前者属于城市层面，而后者属于国家层面，虽然它们很少提到茶馆，主要发挥的是宣传功能，但也可以从历史学与人类学的角度加以利用，去考察茶馆、茶馆文化和社会主义制度下的公共生活。我把那些报纸的报道放到大的政治环境中进行分析，探明它是怎样并且为什么要以这样的形式来进行报道，然后从字里行间挖掘出有价值的信息。关于从国民政府到中共政权的转移对茶馆和茶馆生活究竟产生了怎样的影响，上世纪50年代相对比较丰富的茶馆资料，从多个方面提供了详细的记录。

改革开放后对茶馆的新闻报道有很大不同。许多晚报、早报、商报、都市报的版面相当活跃，基本能够及时反映日常生活，对休闲生活也有着特殊关注。因此，报纸对茶馆与公共生活的报道频繁了许多，提供了更多有价值的资料。当然，这些新闻报道与民国时期有些类似之处，即经常从精英的角度批评茶馆，也不可避免地对大众文化怀有偏见，使用时需要加以分析。

除了档案资料和报纸媒体，书中涉及改革开放的部分，很大程度上依赖于实地考察。从上世纪90年代后期到21世纪的第一个十年，我在成都茶馆中做了大量的调查，从可容纳上千人的气派的大茶楼，到只有几张桌子的简陋的小茶铺，都在我的调查范围之内。茶馆中形形色色的人，从顾客、老板、员工，到服务员、算命先生、擦鞋匠、掏耳朵匠、小贩等等，我都和他们做了许多的交流。

我对茶馆的田野考察是从1997年开始，一直到2003年最后完成。比较集中的考察，就在这六七年时间。我的调查和社会学不一样，社会学的调查一般都要做问卷，然后根据问卷进行分析。我曾经也想过这样做，连问卷都设计好了，但最后没有采用这个方法，因为我觉得我要回答的问题是历史的问题。我学术生涯的早期很重视计量，如果我要用问卷的话，实际上最后要把它们转化成数字，进行计量的分析。但数字和计量的分析对我试图回答的问题关系不是很大，所以后来我放弃了。我在《茶馆》第二卷所关注的问题，主要讲国家权力是怎样深入到日常生活的。

说得更具体一点，我到茶馆去，看起来不像一个研究者，而是一个普通茶客，我用自己的眼睛来观察周围的世界，把我所听到的、看到的以及和茶客们的交流，把他们的故事，记录下来。其实这种方法，有点像文学家深入生活一样，也是到现场去了解和观察。我在茶馆和别人讲话的时候，也从不做录音，不做笔记。而是作为他们中间的一员，跟他们进行一种平等的交流。而在每天考察结束以后，才详细记录一天的所见所闻。

我的调查也不同于人类学，虽然受到人类学的启发。我自己对人类学也非常感兴趣，但是和人类学最大的不同是所要回答的问题不一样。我强调的是国家权力是怎样影响到日常生活和公共空间的。人类学者虽然也到茶馆里面去考察，去听这些故事，但他们是要分析人或群体的行为，行为方式上有些什么规律，或者从人与人交往之间发现了一种解释的模式，或者是在文化上有些什么内在的逻辑，等等。而作为一个历史学者的我始终在想，个人在国家的影响之下，不管是控制还是开放的时候，人们的生活怎样受到这种国家权力的影响；而且外部政治发生的变化，怎样影响到他们的日常生活。

城市研究的全球视野

《历史研究》杂志 2021 年组织过一个中国史和世界史结合的专题讨论，我也提供了一篇文章，从新文化史的取向讨论区域和全球的关系。其实相对于全球来讲，中国就是一个区域；相对中国来说，长江上游也是一个区域，所以说二者始终是相辅相成的。我们要更好地了解中国历史，就必须要研究全球史。

全球史需要一个更宏大的结构、广阔的视野。过去我们的研究还是就中国来看中国，当然，这样我们可以把很多问题进行深挖。但是这样也有一定的弊病，好多问题我们需要转换一个角度。就像我们站在地球上来看地球，和在太空看地球，是非常不一样的。虽然我们观察的对象都是一样的，但是由于视野的不同，我们所看到的东西完全就是两回事情。因此，当我们站在全球的角度来看中国的时候，就会发现过去从中国的视野所看不到的问题，或者有了新的认识。

我们研究历史必须要像布罗代尔说的，有长时段、中时段、短时段，要有不同的时间维度。另外，还必须要有不同的空间维度，比如说用望远镜来看，可能视野会比较广，很远的地方都能够进行观察。我们还可以移动望远镜，可以看到一个非常大的世界；也可以选择从目力所及的世界，即中观的视野；还应该有近景，甚至有特写。

写历史就像拍电影一样。我记得有部美国电影的片头，开始是在宇宙看地球，然后镜头拉近进入地球，然后又到一个国家，再到一个城市，再到某一个街道，进入某个房间，落到房间的一个人身上，最后进入到他的瞳孔。看一部电影，景深没有任何变化，就会觉得很难受。不能想象，一个电影的镜头都是远景，或者都是特写，那就根本没法看。所以导演必须不断地转换镜头，有远景，有中景，有近景，有特写，有各种不同的层次和线索，才能感觉到这个电影有一个合理的、吸引人的、完整的叙事。

其实历史研究也是这样，不能始终只是一种视野或者一个角度,作者的角度或者视野应该是移动的。那么这样一个关系,其实也就是全球史和区域史的关系。当视野变化了,那么好多问题的认识也就趋于全面。像看一个人,如果只是从一个面看,还不行,还不是立体的认识,要多换几个面来看,才是比较完整的。

现在区域史的研究大都集中在江南和沿海地区。江南是中国经济和文化的发达区域,留下来的记录要系统得多,所以受到中外学者的关注。而研究中国内陆地区的学者,相对来说则少得多,我们必须要对中国的不同地区进行研究。对江南、华南或者华北的研究可以帮助我们对西南、长江上游地区的认识;那么关于长江上游区域史的研究,也可以帮助我们来研究其他地区。所以说区域史的研究,必须跳出本区域。科大卫(David Faure)教授前几年就提出要"走出华南",我想他也是觉察到了只关注一个地区的局限。也就是说,研究华南不能把注意点永远都只放在华南。

区域史的研究可以帮助我们认识全球的历史,同样全球史的视野、方法、思考,其实也可以帮助我们理解区域。像斯文·贝克特(Sven Beckert)《棉花帝国》那本书,虽然是研究全球的棉花种植和贸易以及影响,但实际上它的案例也是具体到国别、区域,如在中国、在南美、在非洲是怎么回事,这就是全球和区域研究结合起来的一个非常好的典范。[1]

---

[1] 斯文·贝克特:《棉花帝国:一部资本主义全球史》。

还有萨拉·罗斯（Sarah Rose）的《茶叶大盗》，其实也是从全球史的角度来看历史的。19世纪中叶，东印度公司派福钧（Robert Fortune）到武夷山去偷茶种，再转运到印度去种植，就几十年的工夫，茶叶出口就超过了中国。这样一个从茶叶来看全球史的研究，实际上可以小到一个英国人怎样到武夷山去寻找茶种，大到东印度公司的整个贸易战略这样的大问题。[1]我们可以在英文世界找到好些这类的研究，对我们做区域史肯定都会有很好的启发。

怎么样把研究成都和全球联系起来？

成都是一个内陆城市，根据记载，到19世纪末，成都其实都很少受到西方的影响。它是一个相对封闭的地区，因此我的第一本书就叫《跨出封闭的世界》。但这是不是就说明成都和全球没有关系？我们研究内陆城市就不需要和全球史来进行对话吗？

我在写《跨出封闭的世界》的时候，根本没有全球史的思考。如在晚清新政时期，四川的茶叶业就已经出现了很严峻的问题，这就涉及前面提到的《茶叶大盗》中印度的茶。成都周边地区都产茶，中国的茶过去垄断了世界市场，为什么到这时候却卖不出去了？这就涉及当时中国茶叶制作工艺的问题，还有不少的

---

[1] 萨拉·罗斯：《茶叶大盗：改变世界史的中国茶》。

"奸商"在茶叶里掺树叶,把中国茶的声誉搞坏了,导致茶叶在出口上遭到印度茶非常大的冲击。

再举一个例子,19世纪中叶以来,由于英国棉纺业的大机器生产,它们运到中国的棉织品又便宜,质量又好,所以近代以来英国棉纺织品大量地进入中国,地方手工业特别是棉纺手工业就受到很大的冲击,造成农村自给自足的小农经济破产。不管是江南也好、内地也好,到处都是类似的故事。但抗战时期的成都平原,棉纺织业却有一个繁荣阶段,这个就涉及一个全球的问题。为什么有这一繁荣期?这是由于抗战爆发以后,东南沿海被日本占领,航路被日本人所控制,西方的棉纺织品要进口非常困难。在这种情况下,由于西方产品的竞争减少了,长江上游的传统纺织业就发展起来了。1944年,燕京大学社会学系的大学生杨树因做过一个社会调查,即《一个农村手工业的家庭:石羊场杜家实地研究报告》,就讲到抗战时期石羊场家庭棉纺手工业的兴旺。在第二次世界大战这样一个全球史的大背景下,落实到成都郊区一个小地方的变化,全球的战争就这样影响到中国内地一个小小的手工棉纺家庭。

因此,区域研究应该和中国史乃至全球史进行对话。各个区域加在一起,并不见得就是一个完整的中国史。实际上,在研究一个区域的时候,不管研究西南,还是研究西北、江南、华南或者是珠江三角洲,首先要把它放到中国这样一个大语境中来考虑,这样反过来更能全面地认识那个区域。这其实是一个逐步扩大的过程,比如可以把东亚各国放在东亚这样一个大区域中来观察,从东亚逐步扩展到亚洲,然后从亚洲到全球,这样一来就有了各个层次。就像《茶馆》第二卷的最后一章我研究麻将,就分为四个层次,一个是个人,一个是社区,一个是城市,一个是国家。我们研究区域史也可以用各种不同的层次,从一个一个"小区"(比如说县),到施坚雅(G. William Skinner)说的"巨区",然后到像亚洲这样的洲际的"区"……所以说,关键是看怎么限定所做的区域研究,但必须要把区域研究放到相对更大的一个区域中间,这样才能更清楚地认识所研究的那个区域。

第二章　进入茶馆后，我们能看到什么？

茶馆好比一扇窗户，我们可以通过茶馆，了解国家如何管控民众的娱乐生活、传统文化与生活方式之间的连续与断裂、公共生活的复苏与公共领域的扩展，以及以茶馆为代表的地方文化所展示的生命力，等等。

在晚清至民国期间，大众文化一直与精英和国家之间开展对抗。我们可以看到，许多娱乐与大众文化的传统形式逐渐消失了，但是公共空间、日常生活和大众文化始终顽强地喘息生存，一旦有了机会，便又复苏和发展。

改革开放是公共生活的一个转折点，因为国家把重心放到了发展经济上，减少了对日常生活的介入。在经济和社会发展的同时，公共生活也逐渐复苏。新兴的商业文化对茶馆和茶馆生活产生了重要的影响。不过，到了改革开放以后，国家也从未完全置身于社会和文化生活之外，仍然力图施加影响，也积极介入消费和经济文化。在我看来，这只不过是找到了一种新的更微妙的方式去影响文化与娱乐。虽然人们有了更多的自由，可以前往公共空间,享受公共生活,与此同时,国家也一直积极参与到大众文化的创造之中。换言之,改变的只是国家的管理策略与方式,国家自始至终都维持着对社会公共生活的巨大影响。这些变化,都可以从小小的茶馆里看到。

"吃讲茶"活动的消亡

所谓"吃讲茶",就是在传统社会中,人们发生纠纷的时候,请一个中间人到茶馆里进行调解。受到新文化影响的知识分子对"吃讲茶"这类传统活动其实是持批判态度的,例如,李劼人就对茶铺讲理提出了批评。因为在"吃讲茶"的过程中,有时可能会出现斗殴,甚至造成伤亡,连带着殃及茶铺。每当这种不幸发生,街首和保正就会出面处理,要求参与打斗的人赔偿茶铺损失。李劼人说,这些茶铺会抓住机会,把过去的破板凳、破茶碗都拿出来,要求赔偿,而且他还嘲讽说,由于这个原因,许多茶铺看到有人前来评理会感到很开心。李劼人的描述当然是很生动的,但是,档案和报刊资料都显示,茶铺老板其实非常害怕"吃讲茶"引发暴力冲突,因为这种事件不但会把顾客吓跑,还会导致茶铺无法营业,由此造成的财产损失其实是难以完全弥补的。所以,在使用文学资料的时候,必须持批判的态度。

事实上,"吃讲茶"这种民间调停活动是当时基层社会自治的重要组成部分。人们之所以接受去茶馆讲理,是因为,茶馆向来都广纳四方客人，管他三教九流，一律热情接待。而在这样一个公共场所处理争端，实际上就暴露在了公众的密切关注之下，迫使判决者或调解者必须尽量保持"公平"，不然的话，民众的舆论会对调解人的声誉不利，这也就是"吃讲茶"为什么会成为社会调解的同义词。而这种活动更深刻的意义在于，它的存在及其对社会产生的影响，使得官方的"司法权"在基层被分化了，换言之，它是一种抗衡官方的民间力量。茶铺讲理这样一个看似简单的小问题，背后却隐藏着这样一个地方权力结构的大问题。

也正是因为这个原因，官方很早就开始试图对这种情况加以控制。自晚清改良以来，从北洋军阀到国民党时期，政府不断向茶馆提出要求，汇报诸如"土匪""特务"这一类人员在茶馆的活动。面对这类要求，茶馆经常是敷衍对待。作为小本生意，茶馆是得罪不起地方豪强的。

茶馆中的艺人的生存状态

对地方戏剧目的审查、取缔，其实早在晚清、民国时期就有了。比如抗战时期，国民党政府就要求审查茶馆里演出的脚本，只不过因为政府对基层社会的控制力不够强，这种检查常常流于形式，大多数茶馆都不会遵守这方面的规定。

在《茶馆》第二卷中，我把"打围鼓"作为重点案例进行了分析。在晚清、民国的成都，业余戏曲爱好者在茶馆中非常活跃,他们会定期到茶馆聚会,大家围坐打鼓唱戏,俗谓"打围鼓",也叫"板凳戏"。这些参加者不用化装,也不需要行头,自己满足了戏瘾,也给茶客增添了乐趣。这种免费表演经常会吸引一大群观众,一些参与者后来甚至成了专业演员,这种在茶馆里进行的非正式练习,为他们后来的卖艺生涯奠定了基础。

但是,到1949年以后,新政府认为这项活动是"旧社会袍哥会门中川戏玩友借茶馆场地清唱消遣的一种形式,实际等于帮会俱乐部的堂会",等于给"打围鼓"判了死刑,很快它就"与袍哥活动同时绝迹"。1950年,成都曲改会筹备会成立时,由于围鼓没有得到政府承认,有一些"围鼓玩友"就以木偶戏、灯影戏演员的身份登记入会,也就是说,当时无人将表演"打围鼓"作为职业,它只是一种业余的娱乐活动。到了1953年9月,"打围鼓"又复苏了,政府对这种不合法的聚众活动十分关注。1954年1月,成都市文化局进行了调查,得出的结论是,这些参与者"成分极端复杂",有曲艺艺人、小商店老板、手工工人、"自新人员"、流氓、娼妓、"旧日川戏玩友"、川戏教师、"反动军官家属"等。他们都"以演唱为副业,并非一贯职业艺人"。根据这个调查,"打围鼓"已经从过去的自娱自乐成为一种谋生的职业:他们每晚七八点钟开始"营业","大鼓大锣喧腾",演唱"既不严肃,戏码也极芜乱",以迎合"低级趣味,卖座赚钱"为目的,甚至演唱"诬蔑历史英雄"的戏目。随后,经过一系列的部署,成都市政府彻底取缔了"打围鼓",这项活动只能在社会的角落和缝隙之中求得一线生机。

事实上，当时在更大的层面上，各种大众娱乐都面临着社会主义改造。这种改造是有计划、分步骤的。例如，针对曲艺艺人，首先会展开调查。而调查会分成三个部分：第一部分是宣传动员，采取小型座谈会、个别访问的形式，动员大多数艺人都来积极学习文化部的指示，同时，还要发现和培养积极分子；第二部分是普查，全面了解艺人各方面的历史、政治和学习情况；到了第三部分，基于之前的动员和普查结果，会开展进一步的工作规划，审查过关的曲艺艺人会获得演出证书。

茶馆打麻将是日常性的回归？

上世纪六七十年代，茶馆比较凋零。不过，一旦条件具备，茶馆就迅速复苏，重新出现在城市的各个角落，并且发展到了前所未有的繁荣，继续服务于社会各个阶层的人。而麻将是茶馆——尤其是街角小茶馆——最为流行的活动。2000年10月，成都发生了中国第一起由打麻将引起的法律纠纷。其实事情很简单，就是某个小区的一位女士因为受不了居民活动室日夜不停的麻将声，将居委会告上了法庭。这起麻将官司的第一次法庭听证会可谓全国瞩目，此后却迅速淡出了大众的视野，官司还没有判决，这位女士就"消失"了，随后更是搬离了那个小区。

通过这起事件，我们可以从中看到改革开放以后城市文化几个方面的重要变化。跟上世纪50至70年代对社会文化强有力的直接管控相比，到了这个时期，管控一定程度上出现了松动，人们的权利意识日益凸显，开始重视对私人空间的保护，相对应地，另外一些人则是努力保护他们的公共空间和娱乐活动。如何理解、处理以及平衡个人权利和集体利益的关系，尤其是个人之间、集体和邻里之间的多层次复杂关系，就成了一个问题。这个时候，居委会作为调节两者之间矛盾冲突的中间人，会显得吃力不讨好。居委会实际上是国家权力的最基层实施者，可是，国家对打麻将的态度是既不鼓励也不反对。这是因为，一方面，打麻将长期以来就被认为是某种"落后""腐败"的生活方式；而另一方面，麻将不需要很多资源，是老年人的一种合理的娱乐选择。从经济角度而言，对社会稳定具有非常重要的作用。事实上，政府是通过这种具有"中国特色"的娱乐活动来进行更为宽松和大众化的社会管理，以此应对公共空间的大众娱乐需求。

更进一步，从宏观层面来看，成都的政府、媒体和社会各界精英其实面临一种两难的处境。一方面，虽然很多人都很喜欢打麻将，但是，他们却不愿意让整个城市因为麻将而被"标签化"，担心这样会损害城市形象，因此很少有专家学者愿意为这种生活方式辩护；另一方面，尽管有不少人反感打麻将，却很少有人站出来公开反对这个最流行的娱乐活动。正因如此，这位女士站出来的时候，很多人甚至称赞她为"反麻勇士"，对"扰民麻将"大加鞭挞。早在晚清时期，民众娱乐活动就一直受到政府和精英的关注和批判，麻将也不例外，从来都是社会改良者和政府执意批判和锐意改革的对象。时至今日，茶馆和麻将不但没有消亡，反而越加欣欣向荣。从这个案例，我们也可以看出，当今中国的市场经济如何和传统生活方式融为一体。现代化对人们日常生活的改变并不像我们想象的那样是天翻地覆式的，其中当然有断裂，可是也有连续。打麻将的社会大环境从20世纪早期就开始变化了，可是身处今天的茶馆之中，放眼看去，这项游戏的核心属性——娱乐、赌博和社交——与过去相比，也并没有什么本质上的不同。

按照日常轨迹的生活

我们生活在日常之中，生活在公共空间之中。今天讲到城市，就一定要讲到公共空间。这是我们每一个人都能公平地进入和分享的地方，而且我们每天在那里进行日常生活和公共生活。什么叫公共生活？我们一旦从家里进入到一个公共场所，那么我们考虑的就不是隐私，而是考虑社会的联结，相互之间的关系，是和大家一起在公共空间中进行公共的活动。

在公共空间，我们可以进行信息的交流，我们可以进行感情的联络，建立人与人之间的关系。19世纪20世纪初，当我们没有更多的公共空间的时候，成都的茶馆承担了这样一个任务。

其实人与人之间的联结是非常简单的事，就是一张茶桌。2020年的冬天，由于疫情的防控，我已经有一年没从澳门回到成都了。我就把 2019 夏天在成都彭镇观音阁老茶馆拍的照片拿出来看，当看到一张照片的时候，我就注意到一个打牌的老大爷很面熟，似乎在哪里见过，但是我又对他没有任何记忆。

后来想起来，我在 2015 年秋天也到过观音阁茶铺，也拍摄了大量的照片。我就去把那些照片找出来，一张一张地找。结果就发现了这位老大爷。因为他的面部特征特别明显，2015 年那些照片我是反复看过的，所以虽然我当时没有特别地注意到他，但是他的形象在我的头脑中间已经不自觉地留下了印记。

我觉得这个太神奇了，拍这些照片所捕捉到的人物，完全是随机的，但居然相隔 4 年，同一个人出现在我的镜头中。我想这后面是不是有什么故事？我一定要找到这个人。那时候是 2020 年的年底，我也回不去，我便联系在四川大学的朋友，帮我找了一个研究生完成这个任务。我把这些照片发给他，给他写了一个详细的指示，一步步怎么做。

这个研究生去了，就像我所想象的，老大爷还在这里，研究生知道了他的名字，姓甘，知道了他的背景。我在 2021 年的夏天终于回到了成都。我马上又去这家茶馆，我就是想去找甘大爷，他仍然在那里，后来又去过几次，都能见到他，他永远没有让我失望。他的牌友叫胡大爷，每一次去观音阁老茶馆，甘、胡两位大爷都在那里打牌。

显然，茶馆对于这些老人、对住在附近的居民，是多么地重要啊！茶馆就是他们的精神世界，他们的日常生活，他们的人与人之间的联系。作为一个历史研究者的观察,我觉得八年的跨度,从 2015 年到 2023 年,对他们来说,时间就像凝固了一样。我认为,像茶馆里的日常生活,这种没有什么剧变的状态,这种对未来有预期的和平生活,才是日常,是值得特别珍视的。这难道不是我们普通人最宏大的叙事吗?

过去我们讲历史,就要讲轰轰烈烈,要讲改良,要讲革命。其实,对老百姓来说,没有大变化的日常才是最重要的。对每一个普通人来说,面临剧变实际上都是一个艰难的选择,经常可能是灾难。所以我们不应该盼望那种剧烈的、波澜壮阔的时代,每天能够按照日常轨迹生活的时代,那是我们的福气。历史上没有什么可以值得记载的时代,往往都是和平安定的好时代。那些人为打破这种和平,试图以"做大事"以无数生命作为代价,来青史留名者,无论有什么冠冕堂皇的名目,都只会成为历史的罪人。

虚拟空间让我们的交流更容易了吗?

现在我们面临着一个转折,就是从实体的空间(physical space)到虚拟的空间(virtual space)的转化。在过去的社会,不管是茶馆也好,餐馆也好,酒馆也好,街头巷尾、桥头、公共广场、咖啡馆、酒吧等等,在这些地方人和人之间都可以进行面对面的双向交流。

但是，报纸和其他印刷品、广播、电视出现，我们坐在家里得到信息，是单向的，没有交流。现在进入了网络时代，在虚拟空间里，我们则可以进行双向交流，虽然我们并没有面对面。网络虚拟空间，确确实实是改变了信息传播和人际交流的形式。

因为交流不需要面对面，进行互相之间的谈话甚至不一定需要认识，不需要知道彼此的面貌，不需要知道彼此的姓名，甚至我们都不需要知道彼此在哪个国家，彼此的性别年龄、政治观点。在这样一种情况下，当然我们的交往是扩大了。在网络虚拟空间，可以通过文字、声音、画面进行交流，我们也可以面对面，可以完全在世界不同的角落进行沟通。当然这会产生一系列的问题，到底我们的这种沟通是不是行之有效的？

因为我们没有面对面，我们也可能是可以完全无所顾忌地说编造的东西。这会不会成为无效的沟通？因为我们只是把网络作为发泄的渠道。但是从另外一个侧面来讲，我们也可以特别地真诚，因为我们不认识，彼此没有利益关系，可以完全把心扉打开，把自己的观点和主张讲给一个完全不认识的人。因为没有任何负担，不用担心讲得不正确。

网络这样的虚拟空间，实际上也确实重塑了我们日常生活的模式。由于我们有了网络，我们可以独处。我们也不用每个时刻都希望与人交流。需要找朋友的时候，也可以立即在网上进行对话，甚至可以视频。那么实际上面对面的交流减少了，而且我们越来越少地进入实体的公共空间。我们可以待在家里，但是我们仍然可以参与公共活动，可以听讲座，可以参加会议，可以听音乐会。那么是不是还有必要到实体的公共空间去？这些都是我们面临的选择。

而且，独处变得比过去更惬意了。过去如果要单独待一段时间，会觉得相当困难。但是现在由于我们有了网络，有了手机，有了电脑，我们觉得可以非常容易地度过一天，甚至度过一个星期、一个月。所以这和过去完全不一样了，网络能够满足我们的精神生活，我们对知识的需求，我们对娱乐的需求，虚拟的网络已经成为我们日常生活的一个部分。

那么，由此也产生一系列问题，网络连接了我们与世界吗？还是可能造成了隔绝？多年前，我在东京大学做访问学者，住在白金台东大的宿舍，一个有全套设备但是非常小的房间，我在那里住了7个月，写《茶馆》英文版的第一卷。我常一个星期都不出门，但坐在电脑前，仍然可以通过网络连接世界。那时我常想到"秀才不出门，便知天下事"的这个古代的说法，网络使这成为可能。坐在那个小小的一个人的世界中，我可以知道外面大世界上发生的任何新闻。如果需要什么资料，马上就可以通过网络查到图书馆、档案馆，我一点都不觉得我与世界有任何隔绝。

我就在想，我可以一个星期不出门，到底我们是变得越来越封闭，还是越来越开放？我们到底是拥有了更多的思想交流的机会吗，还是实际上网络是把人与人之间隔开了？沟通变得更容易了吗，还是变得更困难了？我觉得这些问题的答案，取决于我们每个人怎样处理实在的空间和虚拟空间的关系。

到底未来我们怎么办？能不能回归实体空间？我的回答是肯定的。人是社会的动物，虚拟的空间绝不能代替现实的空间，我们人需要面对面的交流、面对面的接触。但是怎样走出虚拟的空间？

现在确实有一部分人，特别是年轻人，已经生活在虚拟的空间。他们长大在网络时代，手机就可以取代一切，他们甚至更愿意用手机进行交流，而不愿意进行直接的沟通。怎样让他们走出虚拟，进入现实？这就是我们每一位城市规划者、管理者、设计者要思考的问题。

怎样能创造出有足够的吸引力的公共空间，让我们走出房间、走出虚拟、回到真实的世界？必须要打造这样的为人们提供优质服务的公共空间，无论是自然的，还是社会的。在建设现代城市的时候，我们应该努力达到这样一个目标：让人们能走出家门，进入到公共空间，参与公共生活。

第三章　现代中国的城市管理

讲到现代中国的城市管理，就不得不回到传统中国，特别是在中国历史上"公"的概念。过去一说到公共领域，就说是从西方引进的一个概念。其实，在中国，一直有"公"的概念，即介于官和私人之间的领域，是一种社会空间，其实就是各种社会组织、商业组织等等，如行会、同业公会、善堂、育婴堂、慈善会、救火会等，还有储存粮食、以避灾荒的义仓、社仓、常平仓，以及各种爱好如读书、吟诗、社交等团体。这些社会组织和团体对社会的稳定，起着十分重要的作用。

从小政府到大政府

在传统中国城市，是这些社会组织对城市进行管理，这不同于西方概念中的公共领域。按照德国哲学家哈贝马斯的概念：公共领域是与国家权力进行对抗的力量，在这个领域发展了早期的资本主义。但是在中国，介于官与私之间的"公"的领域，公和政府其实是经常合作的,传统中国城市基本上是自治的城市。过去,西方和中国历史学家对传统中国社会存在极大的误解,认为政府可以管控一切,其实并非这样,虽然是专制制度,但是基本上都是小政府。过去中国城市没有市政府,现代意义的市政府是1920年代才出现的。中国真正开始有城市管理机构,是义和团运动之后的清末新政时期,即1901—1911年间,学习西方和日本,开始创办警察,成为现代市政的萌芽。

过去中国社会的自主性非常大,乡村更是如此,所以才有"天高皇帝远"的说法。在清代,县衙门就是最基层的国家机构。但是,一个县衙门,只有几百号人,却要管理几十万乃至上百万的人口,所以只能依靠地方士绅。所谓地方士绅,就是地方上的退休官员和有科举功名的精英。他们参与地方管理事务、负责地方安全、修桥铺路、帮助收税、发展慈善、救灾赈济。他们不领工资,但是国家也给他们好处,如享受不服劳役、吃官司不上刑等等特权。社会上的事情,让社会去办,政府与社会各司其责。

到了现代社会,公共领域发生了极大的变化,现代化的同时是国家权力的扩张。20世纪初的清末新政,随着中国城市管理的现代化,传统社会组织被摧毁,政府的权力越来越大。美国历史学家杜赞奇(Prasenjit Duara)也讨论过这个问题,称这是国家权力的内卷化。内卷化本来是一个经济的概念,是什么意思呢?举一个例子,中国人多地少,一个家庭种5亩地,为了提高单位面积亩产，就只好在有限的地里面多投入，这个投入，主要是劳动力投入。如果过去 5 亩一年收入 1000 元，那么这家人为了更多的产出，多投入了价值 200 元的劳动力，但是总收入则是 1100 元。也就是说，虽然总收入增加了，但是按每个劳动投入的边际效益看，反而缩小了，这就是内卷化。

杜赞奇借用这个经济概念来解释国家权力的内卷化，在《文化、权力与国家》这本名著中指出，20 世纪初，现代化国家开始深入社会，开始摧毁传统的社会组织，试图控制一切。国家权力的扩张，必然增加官员，多控制资源，多收税，但是当国家权力扩张了，花费增加了，但是社会管理却削弱了，这就是权力的内卷化。我在《街头文化》那本书里也讨论过这个问题。

清代成都各个街坊都有土地会，又叫清醮会。清明节要举行打醮活动，就是庆祝神的生日。先是会首（就是土地会的负责人）到各家各户收钱，用这些钱雇戏班子在街上演戏，一起吃宴席，然后大家一起掏阴沟。为什么要掏阴沟呢？因为成都地势低洼，夏天雨水排除困难，所以每年春天要清理淤泥。这个活动不是由政府组织的，而是土地会。但是民国时期，这些组织在国家的打击下，都没有了。那么清理淤泥的事情也没有人管了，所以民国时期，成都的水灾十分频繁。政府的权力扩张了，但是如果没有公共领域和社会的广泛参与，反而削弱了对社会的有效管理。

政府对城市社会管理的角色

随着社会和城市管理的现代化，政府对城市的一切事务，扮演越来越中心的角色，这应该是国家现代化和城市管理现代化的一个必然结果。而且这个趋势，是在 20 世纪初的清末新政就开始了，民国时期继续发展，中华人民共和国成立以后进一步强化。在改革开放之前，人们端着社会主义的"铁饭碗"，生活在一个单位之中，例如工厂、学校、机关等，单位要负责个人和家庭的工作和生活的方方面面，包括住房、食堂、娱乐等等。就是说，社会只有私和官两个领域，中间缺少了一个中介：公的领域。

资源多数在政府手中，政府负责城市的一切事务，这也导致了政府的不断扩大，权力的不断集中。其实，政府太强大，控制太多的资源，反而不利于治理。我们必须认识到，政府的主要职责应该是服务。

我们还应该认识到，即使是再大的政府，也不可能无所不能。有人说，中国的事情难办，所以需要一个强大的政府，这是认识的一个误区。中国的事情，如果能调动社会的能动性，其实不难办。中国人特别是中国农民，勤劳、聪明、朴实、肯吃苦，他们知道怎么做，怎么持家，怎么经营，无须政府操心。当政府缺乏经济和社会干预的时候，就是发展的机会。这是历史反复证明了的。

例如宋代，是军事力量最弱的王朝，却是经济和文化发展的辉煌时期。20世纪也是这样，1917—1927年的北洋十年，军阀混战，中央政府衰弱，却是中国民族资本主义发展的"黄金时代"。社会主义时期也是这样，国家的全面指导和介入，组织人民公社，吃大食堂，取消自留地，造成严重的后果。刘少奇从1960年底开始实行"三自一包"，即自负盈亏、自由市场、自留地和包产到户，准许农民到自由市场卖产品，允许农民有点自留地，解开了一点农民被束缚的手脚，很快经济就复苏了，全国人民的日子都好过了。但是"文革"中，权力又强行介入，甚至农民种什么农作物、怎样种，都要由上级来决定；而工厂则成为"社会主义的铁饭碗"，效率低下。经过反复的折腾，国民经济陷入了崩溃的边缘。

1978年开始的改革开放，政府退出经济和社会控制的许多领域，中国迅速从一个贫穷落后的国家变成世界第二大经济体。但是，今天我们仍然需要让市场去主导经济，也就是坚持市场经济，减少政府干预。改革开放，在经济上，就是让市场决定生产。从计划经济转型到市场经济，让市场这个"无形的手"来对经济进行调配，所以中国才一步步发展到了今天。

少作为可能就是最好的作为

其实，中国经济最稳定，发展最迅速的时期，人们收入增加，市场和贸易空前繁荣的时期，恰好是政府相对作为比较少的时代。即跨入 21 世纪的十多年，政府放松哪个领域，哪个领域就发展，无数例子证明了这一点。历史常常是这样：政府不强力进入，很可能就是它对社会的最大贡献。我这里不是要低估国家的作用，政府的作用应该是在法律、安全、公平等方面，保障人民的权利，公平竞争，而不是决定经济怎么发展。我们经常听见有人说，中国人太多，地域太大，所以事情难办。但是他们似乎不懂得，一切都靠政府，事情焉有不难办之理？

这里我想问一个问题：前苏联与中国几乎同时改革，为什么它的经济发展不如中国？过去很长时期，我也有这个困惑。大概十几年前在美国当教授的时候，一次我与同事——一位俄罗斯历史专家聊天，我们便扯到了这个问题上。他告诉我，为什么俄罗斯的经济难发展，为什么俄罗斯的事情难办？是因为过去帝俄时代，俄国是农奴制度，农民被束缚在土地上，在庄园里为地主干活，他们没有自给自足的经济，不会经营。十月革命后，直接进入集体农庄，也没有经营的任何经验。苏联垮台以后，集体农庄解散，他们无所适从，家庭企业很难发展。

而中国的情况却不一样，为什么中国可以很容易发展家庭经济、私营企业？因为中国农民有自给自足的小农经济的传统。在过去，他们除了务农，还做小生意，家庭手工业，他们知道怎样经营家庭经济。而中国的经济起飞，除了引进外资，私营企业是主力军。政府松开对他们的束缚，他们就知道怎么办。我们都知道,浙江温州商人非常会做生意,把生意做到了全世界。他们的成功,如果说和国家有任何关系,也就是国家不再束缚他们的手脚而已。自由经营是他们的权利,这种权利长期被剥夺,一旦还给了他们,他们就可以爆发出无限的发展动力和创造力。

2020年,由于受疫情严控的影响,许多人生计面临困难,成都允许占道经营,两个月增加就业岗位10万个以上。但是我在2020年12月北大的博雅讲坛上指出,希望这不是政府的权宜之计,而是一个长期的政策。我在《街头文化》中,就描述了街头小商小贩和夜市是一个城市充满生机的表现。城市要有生活气息,就是我们所说的"烟火气"。要把日常生活空间,归还给城市居民。例如泰国的曼谷、清迈,那里真是夜市的世界。就是西方发达城市,占道经营也都是常见的。哪怕是美国华盛顿的白宫前面,也有卖热狗的流动摊子。

对于城市中的流动摊贩,政府所应该做的,不是去简单地一刀切地禁止,而是进行有效的管理和提供必要的服务,如确保他们不阻碍交通,保持清洁卫生,等等。在中国城市中,城管的粗暴执法,引起了无数的纠纷,败坏了地方政府的形象,疏远了官民之间的关系,影响了普通民众的生计,既浪费了资源,又让无数小民失去了生计,可以说是损人不利己。还有一些城市治理,造成许多小饭馆、咖啡馆、小商铺、杂货店等等不得不关门。本来好好的服务设施以及完备的社区,又变得萧条。周边居民的生活,也受到极大影响。

还有就是不少城市所谓统一店铺招牌的运动，出现这种状况真是匪夷所思。这哪里是审美，为什么这种政策能够实行？这个运动，浪费了资源，丑化了城市。多样性，才是城市的生命。如果全国城市都是千城一面，或者一个城市每条街都是一样的面孔，那将是多么可怕的景象！

要让社会发挥活力

中国社会有自治和能动的传统，如果能够调动起来，就可以做到政府所不能做到的事情。其中最典型的例子，就是 2020 年武汉"封城"期间的那个顺丰快递小哥汪勇的故事。他开始是发现抗疫的医护人员没有交通工具回家，于是用汽车送他们回家。然后凭一己之力，建立起了一支志愿者队伍。还扩张车队，去跟摩拜单车、滴滴公司、其他网约车公司的负责人联系沟通。汪勇想办法募集了 2 万元钱，给这些医护人员买来了方便面、饼干、矿泉水。两家饭店表示每天愿意给金银潭医院的医护人员，提供 100 多份免费盒饭。汪勇志愿者餐厅每天产盒饭 700 份，后来发展到每天提供盒饭 15000 多份，还着手解决医护人员的其他生活需求。

但是这种只是靠个人的能力，是远远不够的。"封城"期间，那些滞留武汉无家可归的人只能在街边、停车场睡觉，处境很困难。在这种情况下，如果武汉有强大的社会力量，有社会组织出面，情况一定会好很多，他们就不会受那么多苦。我们应该在平日就发展社会的功能，而不是说需要的时候才临时招募志愿者。一个健全的社会，就是社会自治能力非常强的社会。如果任何事情都必须政府办理，说明这个社会还不成熟，不成熟的社会经受不了任何打击。

举一个不恰当的例子：犹如一个永远长不大的小孩，怎么能走到世界上去闯荡呢？如果这个小孩永远长不大，父母当然要负责任。为什么说这个例子不恰当，因为我反对说什么政府官员是父母官，其实人民才是官员的衣食父母。但是我所有表达的意思是：中国社会和公共领域不发达，政府要负责。其实政府权力太大，那么责任就大，包办一切，是政治、社会和管理不成熟的体现。而且容易产生依赖。公民参与社会管理，应该说是职责，是义务，而且他们经常比政府管理得更好，因为这实际上涉及他们的切身利益。如果政府能够将一些社会自己能够做的事情，交还给社会，这样更有利于社会的管理。其实这里所说的社会，就是指公共领域，就是市民（也包括那些城市新移民）组织起来的社会。

我们经常听这样一个说法，中国这么大，人口这么多，政府管不了那么多事情，这说的也应该是实情。但是，接下来的问题就应该是，既然政府管不了那么多事情，难道不应该交给社会去管吗？分担和分散责任，才能让这个社会运转得更好。其实中国改革开放本身，没有什么成功的秘诀，而恰恰是权力下放的收获。国家退出一些行业和领域,让个人和社会承担自己相应的角色和责任。不仅仅是城市,农村也是这样,撤销人民公社、实行家庭承包制就是最关键的一步。然后在城市中允许发展私有经济,国营企业也被迫纳入市场经济,这样才开始了城市的经济改革。

要相信社会和人的能动性,法律没有禁止的,就是可以做的。对于国家来说,应该尽可能地隐藏自己的存在,而不应该无处不在。对于国家(这里是指 state,即国家权力机构)的观念,不应该把地位和作用无限地放大,而尽可能地把空间留给社会、社会组织和个人。权力高度集中,举国体制虽然有成功的方面,但代价也太高,并不是一切事情通过举国体制都能办好的,特别是关于民生和经济的问题。

我想指出的是,如果政府的角色得当,中国本来应该发展得更好,人民的生活应该有更大的提高。由于资源多数在政府手里,其实造成了许多资源的浪费和经济发展的曲折。在经济发展的同时,也有许多失误,如环境的代价、土地财政造成的高房价、医疗教育的不公平等。

让社会去管理社会事务,特别是鼓励慈善和救助,是非常有必要的。现在中国富翁很多,但是能够让他们参与社会、文化和慈善的选择则很少,让富人们把钱留在国内发展社会教育、文化事业,利国利民。这也是国际惯例,给他们免税、留名的好处。我们现在消除贫困的努力,政府需要出力和领导,社会也可以发挥作用。政府可以制定法律去监管，而不是动用国家力量去限制。

最后，我还想提出的是：公共领域还有一个重要内容，就是"公论"，也就是公众舆论。其实，也就是今天我们经常说的"舆论监督"，要让公众去对一些重要事情发表看法，做出评判。让人民参与城市管理的决策，是有益无害的事情，可以让政府看到民意、民情。一个正常的社会需要上情下达，信息不畅，反而助长了流言蜚语。

其实，本章所讲的关于中国城市的管理，没有什么深刻的道理，无非就是回归常识而已。希望我们的城市管理回归常识，而我们大众，也需要回归常识。要认识到，社会上许多理所当然的存在，是违背常识的。我们需要从历史中不断吸取教训，只能不断改革开放，只有让社会更开放，才是中国的未来。中国是上一拨全球化的最大受益者，现在还需要进一步拥抱世界。

第四章　城市历史写作，怎样面向大众？

按照历史学家克罗齐的说法，一切历史都是当代史，其实我们今天的历史写作所要表达的思想，在很大的程度上是反映了我们对现实社会的认识；我们对历史的理解，也是由于对现实问题的思考而做出的回应。所以我们说，每个时代有每个时代的历史和历史写作，反映了那个时代人们所关心的共同问题。那也就是为什么我们在思考历史问题的时候，都必须把其放到特定的语境中进行理解。对历史的认识以及历史的写作，不可能超越我们所生活的现实社会，所以也将帮助我们认识今天和展望未来。

如何面向公众讲历史？

有两种历史写作，一种是写给专家看的，有的研究论文全球也可能只有几个人、十几个人看，这是应该允许的一种学术探索，也就是说，不是通过看有多少人读来决定研究是不是重要。第二种历史写作，本身就是针对大众阅读的，所以在写作风格上更引人入胜，而不是进行学术的探讨，让更广大的读者对历史阅读感兴趣。

我在撰写自己著作的时候，定位为严肃的学术研究。但是在出版以后，历史学界之外，甚至学术界之外的人也愿意读，包括社会学、人类学、文学、新闻学的一些读者，这是没有想到的，属于"歪打正着"。我的这种写作方式在出版以后受到的关注，超过了我的预期。当然，这就增加了我对大众阅读的关注和兴趣。

但是，从写《袍哥：1940年代川西乡村的暴力与秩序》那本书开始，我有了一种主观的愿望，期望这本书写出来，能够让更多的人都喜欢读。不过，哪怕是针对大众阅读的书，也有我的史学观、理论和方法。

要面向大众，就一定要注重文学性，大众不会有兴趣去读那些干巴巴的枯燥的历史说教的。过去我们写学术论文或者专著，坚信不要对不重要的东西费笔墨。例如，我们不会花任何工夫去描绘景色，像《袍哥》中写到水牛在水渠里面洗澡，水面漂着浮萍，鸭子游来游去，这样一类非常有画面感的东西，过去的历史写作中是要尽量回避的。如果有许多细节的话，会觉得是累赘。比如说，如果把这种描述放在《跨出封闭的世界》里面，就会觉得很不搭，因为那本书的风格是讨论和分析为主，但是在《袍哥》里边就一点都不违和。到现在为止，没有一个人批评我说这种景色的描述不好。

所以说，我觉得主要是看所写的题材和风格。风格一旦转变了以后，实际上就进入了人类学家吉尔茨所说的"深描"。而要深描的话，就必须具体到人，比如说《袍哥》中的雷明远，就是一个立体丰满的人，而非一个简简单单的"坏人"或者"好人"。因此，把好多细节自然而然地糅合了进去，就不会觉得这些东西是多余的。

当然，有一种批评是《袍哥》"注水"，批评者没有说风景描写不好，只是说依靠一个两三万字的田野调查报告，写了一本20多万字的书。其实批评"注水"的那些人，可能也并不是觉得那些描述的东西不必要，只是不能接受根据一个大学本科生完成的两三万字的调查报告来写本书。其实，我觉得历史写作的妙处就在这里，在一般认为不可能完成的研究，通过新的研究思路和写作手段，在主线明确的情况下，利用各种其他辅助的资料，最后形成一部完整的历史叙事。我想，这也就是为什么书出来以后受到史学界和文学界的欢迎，不仅获得了历史研究奖，还被授予了吕梁文学奖、单向街文学奖等等。

文学的探索其实帮助了我的史学思考，让我能跳出史料本身。我一直强调有多少资料说多少话，但是我自己在过去的写作中，在史料的框架之下，很难发挥自我，缺乏合理（甚至是必要）的想象。在写《袍哥》的时候，我进行了一些推论，比如说由于没有资料，我也不知道雷明远以后到底发生了什么，在史料可以解读的范围内，设想可能有几个结局。但是我会告诉读者，这是我的推论。实际上从逻辑的推论而言，雷明远的结局要不是因为吸鸦片毁坏了身体，可能早就已死去；或者就是由于杀过人，也可能在1949年以后就被镇压；要么便是成为贫农，还分了土地。但是到底是哪一种结局，实际上目前没办法做出结论，非常大的可能性是我们永远也不可能知道。当然，如果哪一天一个偶然的发现能够回答这个问题，那就是最理想的。总之，就是利用了这样合理的想象，这个想象不仅仅是我自己的想象，实际上读这本书的读者，也可以产生他们自己的合乎逻辑的其他推论。

《那间街角的茶铺》更是我最近把历史、文学甚至艺术结合起来的一种尝试。我过去关于茶馆的写作，几乎都局限在学术研究，但是这本书让我能够进入文学的状态，在历史资料作为基础的情况下，进入一种文学的境界，跳出史学研究那种格式的限制，而让文学的色彩在这本书中得到充分的展现。对于这本书，在我写作的时候定位就是非常清楚的，不是为专家所写，而是为了大众的阅读，让读者感觉到历史的写作也是可以有文学性的。

另外，在这本书中，我自己绘制了19幅插图，试图用一种艺术的形式与历史和文学有某种连接。每幅插图都有相对简要的文字说明，对茶铺从具体的故事到抽象感受的表达。

没有想到的是，这本书出版以后，在文学圈子得到了非常好的评价，出版之后两三个月就入选了人文社年度好书、腾讯十大原创、名人堂十大好书等。市场的反应也非常好，现在已经印了四次了。

没有一统的范式是进步

所谓的范式，就是在研究过程中所采取的理论方法形成了一个固定的模式，是学术研究发展的一种标志。研究范式，我认为应该是自然形成的。比如费正清（John King Fairbank）的"冲击—反应"（impact-response）模式便是他在研究近代中外关系的时候提出的观点，后来他的学生们都觉得这样一种范式对我们理解近代中国非常有帮助。西方在认识近代中国的过程中，还有现代化理论，从现代化的角度来看中国；殖民主义理论，强调帝国主义对中国的影响；还有革命范式，通过革命来认识中国社会；等等。这些都没有问题，都是根据中国近代的具体的研究课题，而提出的研究理论和框架。学者先做出研究，由于它们的影响，逐渐为其他的学者所接受。那么我们后来者看来，说在某个时期某方面的研究形成了某种范式。

再如法国的年鉴学派，也是因为一些志同道合的学者发表了大量的社会史的研究，形成了一个学术共同体，才被学术界称为年鉴学派。最早的法国年鉴学派的这些人，并没有在进入直接的研究之前，就宣称我们现在要来创造一个年鉴学派，他们的理论方法都是在不断的研究过程中、出版过程中形成的。

我经常提到的微观史也是这样,所以金茨堡今天也不承认他是微观史的鼻祖。他并没有宣布要搞一个新的研究取向,叫作微观史,而是他先写了《夜间的战斗》《奶酪与蛆虫》这些著作,大家觉得他这是从微观视野来考察欧洲的中世纪,所以才称为微观历史。

我反对在历史研究中为了建立某种范式,而先去创造理论框架,再来进行具体的研究。我甚至认为,在历史学者的研究中,是不是适合于哪种范式,其实一点都不重要。现在由于我们没有范式了,或者没有一统的范式了,大家不必焦虑。因为我们在进行某种历史的探索的时候,都在思考历史的问题,都在考虑怎样用最合适的理论和方法来研究自己的课题。那么在这些作品发表以后,也可能很多年以后,发现这一类的研究对我们了解中国历史、中国社会有非常好的启发,所以那时候的人们可以说这是一个范式。

在现在这个阶段,可能没有一统的范式,这太正常了。如果现在我们真的有一统的范式,我才真的担忧了。范式的弱化,其实是有利于学术研究的。我始终认为,"一统"对一个国家来说,不论是对于经济也好,对于文化也好,对于思想也好,对学术研究也好,总是起着消极的作用。秦始皇一统天下以后,就没有春秋战国时代的百家争鸣了,中国思想的光芒也就熄灭了,就是这个道理。史学研究也是这样,如果是"一统",不管是统一在什么之下,也只会禁锢我们的思想。而恰好是多样化,多元化,去中心化,才是学术发展的必由之路。如果说我们现在只能用某种理论、某种方法,或者说只能思考某种问题,所谓的这种"一统",对我们的研究肯定是有害无益的。要让不同的学者做出不同的思考,进行不同的探索。至于说很多年以后让学者总结这段时期的史学研究的时候,可以划分为某种研究取向,或者某种模式,或者某种范式,那是以后的事情,留给以后的人去总结。

认识现代中国的视角

对现代中国和现代中国历史的认识,由于视角不同,结论也就完全相异;视角不一样,对中国历史和政治现状的认识就不同,发现的问题也不同,结论和答案也就大相径庭。这里,我将讨论两种相反的视角,即"国家叙事"与"日常叙事"。当然也可能有其他视角,如精英叙事、民众叙事、地方叙事、个人叙事、集体叙事、乡村叙事、城市叙事等等,但这里集中在国家和日常叙事。请原谅我这里所做的高度概括,任何概括都是有偏颇的,都可能排除许许多多的例外,但我认为只有以这种鲜明的表述,才能清楚地说明我们所面临的复杂问题。

当然,对这两种叙事下一个准确的定义是很难的。什么是国家叙事?我认为就是大叙事,就是站在国家和国家利益立场上,眼睛向上,把国家作为一个整体,国家的荣辱至关重要。在国家叙事中,作为国家机器的国家(state)、作为地缘的国家(country)和作为民族的国家(nation)是不分的,因此党和政府即是国家，党和政府的利益就是国家利益，按照国家叙事的说法，这也就最大限度地代表了人民的利益。那么，什么是日常叙事？就是与国家大叙事相对应的"小叙事"，可以说是站在民众和民众利益立场上，眼睛向下，注重个体、个体的经历和命运。在日常叙事中，淡化国家，以人和民为主体。

这样我们可以看到，这两种视角，代表不同的历史观、政治哲学、政治文化、政治语言、政治理想和政治态度。如果我们仔细观察今天的中国，几乎对中国历史和现实、政治、社会和外交的一切领域的一切问题，总可以明显看到这两种叙事的分野。

不同的叙事，影响到对历史截然不同的评价。考察国家叙事，我们可以觉察到其中的大国情结和国家主义，以及对强力人物的崇拜。以对清朝的历史书写为例：由于清朝建立了一个大帝国，淡化"扬州十日""嘉定三屠"、对汉人的武力征服，顺康雍乾因此成为英明的统治者，历史研究因此也是英雄史观为主导。但在日常叙事中，则更多的是清朝的暴力征服，文明的倒退，专制制度对人民的压制和造成的苦难，文字狱对人们思想的钳制，家破人亡的惨痛。

对中国历史的大多数事件，总的事实应该还是清楚的，即使有一些细节不为我们所知，但这些秘密并不能改变我们对这些事件的基本估价。目前至少我们知道，没有任何一个大事件可以由于新资料的发现根本改变人们的看法。其实，不同的评价，并不在于人们对事实了解到多少，而在于他们的视角，即是说，从不同角度来看待和观察这些问题，得出的结论经常是相异的，而且令人惊奇的是，不少问题甚至是完全相反。是"以国为本"还是"以民为本"？或许这两种叙事都认为两者皆重要，但什么是第一位的则是反映了其政治哲学，个体生命和国家孰轻孰重，这是两个叙事的原则分歧，即个体生命服从国家利益，还是国家首先应该对个人权利和幸福进行保护？国家大叙事多关心国家的未来，但日常的历史观则强调个人命运。

"中国"这个词在不同的叙事中，其含义是有差异的。在国家叙事中，中国是一种身份认同，划分我们与他们，东方与西方，社会主义与资本主义……但日常叙事则认为中国是家乡，是故土，淡化中西方、社会主义与资本主义的分野。这是不同的话语系统，使用不同的政治语言和词汇，所描述和所看到的是不同的中国。

在国家叙事的词汇中，我们看到的是国家、民族、强盛、爱国、牺牲、中华民族的灾难、西方帝国主义、大国崛起……国家是叙事的主体。但在日常叙事中，则是个人的经历、痛苦、权益、幸福生活、尊严、免于侵犯、财产安全、受教育权利等，个人是叙事的主体。

"爱国"是国家叙事最常使用的概念，在这个话语下，爱国是无条件的，主张人民为国家利益牺牲个人利益，这样才能团结一致，动用一切资源。正是这样的以国为中心的话语系统，使许多知识分子，都心悦诚服地为社会主义服务。人们都相信国家强大了才会幸福，没有国就没有家。在这种话语下，"中国梦"就是中国强大之梦。

"民生"是日常话语最流行的词汇。人民的福祉是最重要的，主张国家保护个人利益和权利。日常话语认为，文明的程度，是看怎么对待弱势群体，强调包容和不同意见。普通人有各种各样的梦想，他们没有话语权，是"无声"的一群人。

不同的叙事，看到的是不同的历史和现实，即使他们面对的是同样的历史和现实。例如，中国在改革开放后，在世界性比赛中，取得越来越多的金牌，在国家话语中，这是显示国家强盛、成果辉煌，展示国威，还体现了社会主义的优越性，集中力量可以办大事，是中国的兴起和盛世的标志性事件。但在日常叙事中，却批评争夺金牌的举国体制，忽视国民体育，虽然金牌取得世界第一，但基层却缺乏基本的体育设施。

不同视角看今天的中国，虽然我们面临的是同样的中国，但看到的是不同的两个中国。在国家叙事的眼光下，看到的是中国大国地位、经济实力、内政外交的成功，认为现在是中国最好的盛世，中国有能力面对任何敌对势力的挑战。在一些问题上，如城市整治、维权、拆迁、小贩与城管的纠纷等等，也多是站在政府的立场上。日常叙事则更多的是发现和批评中国出现的各种问题，由于社会不平等，两极分化严重，社会矛盾尖锐，拆迁和暴力执法，官员的腐败，谋生的困难，加上环境的污染，有毒食品的泛滥等等。

这种不同的叙事也表现在大众媒体上,两个中国的分野更是泾渭分明。国家叙事派多是主流媒体,代表国家的声音;而日常叙事更多的是自媒体,反映民众的诉求。由于叙事的不同,对突发事件的报道和故事讲述也大相径庭。例如对灾难的报道,主流媒体更多是领导的重视,全力抢救,灾区重建等积极的方面。这种报道方式,有利于鼓舞人心,加强人民对政府的信心。而在日常叙事中,更关心灾民的处境,他们的权利和诉求是什么,要求调查房屋桥梁倒塌造成死亡的"豆腐渣工程",等等。

这种不同叙事,导致他们对中国未来开出不同的药方。国家叙事强调中国的特殊性和中国道路、中国经验,国家强大,经济上强调公有,扶持国有企业,重要资源由国家支配,只有这样才能最有利于民族利益。而在日常叙事中,则主张自由市场,宪法至上,必须对权力进行制约,走向自由民主是顺应世界大趋势,经济上反对国企的垄断,强调民生,认为民富才能国强。

在今日中国,主流媒体对历史和现实的认识都是国家视角出发的。不过,日常叙事也有广泛的基础,即使声音是微弱的。当然,认识当代中国的视角也并不是这么黑白清楚,它们也相互影响,有时候也模糊不清,也互相转化。甚至国家叙事和日常叙事也不是一成不变的,我们应该充分认识到问题的复杂性,非黑即白的两极观察固然说明问题,但也可能非常偏颇。但是,分清这两种不同叙事,对理解现代中国历史和现实,无疑将是有所帮助的。

第二编　新城市史的视野与方法

这里我想指出的是，不仅仅是中国城市史的研究，甚至整个中国近代史研究，都存在类似的问题，我归纳为：重沿海，轻内地；重精英，轻下层；重政治，轻日常；重变化，轻持续；重宏观，轻微观；重相异，轻相同；重乡村，轻城市。

第五章　从宏观到微观史的城市史

西方关于中国城市史的研究，在20世纪70年代以后才真正发展起来，可以说是学者们对20世纪60—70年代以来的"冲击—反应"模式、殖民主义理论、现代化理论所主宰的中国历史研究的一种反思。我自己的学术发展，经历了从宏观到微观的演变。在整个20世纪80年代，我基本上都在从事《跨出封闭的世界》一书的写作。这本书出版后，引起很大反响。但是，此后我的研究发生了极大的转向，2003年和2008年分别由美国斯坦福大学出版社出版的英文著作《街头文化》和《茶馆》，无论思考的问题，还是研究的方法、使用的资料，以及文字的表述，都与我过去的研究有非常明显的不同。这标志着我的研究经历了从宏观到微观，从精英到下层，从宏大叙事到日常取向的转变。

中国城市史研究的取向

关于中国近代城市的研究，实际上在学术界的发展时间也并不算长，如果我们把施坚雅《晚期中华帝国的城市》作为对中国城市史进行系统研究的开端的话，那么实际上是从20世纪70年代才真正开始出成果。[1]在1953年，R.墨菲（Rhoads Murphey）曾经出版过一本关于上海的城市史研究：《上海——现代中国的钥匙》，这算是最早的研究中国城市的专著。[2]但是在20世纪50年代和60年代，在西方学术界，关于中国城市的研究并没有多少实质性的进展，施坚雅才真正开拓了中国城市研究的新路径。

中国城市史研究的发展，与20世纪70—80年代以来中国中心观的兴起有关。研究中国近代史有若干个有影响的范式，比如冲击—反应、殖民主义、现代化理论等，柯文的《在中国发现历史》对上述西方研究中国模式的大概发展趋势，有一个比较系统的总结。[3]中国城市史研究的发展，就是注重中国内部因素的结果，而不是从西方外因的角度来观察中国的历史。如果是按费正

---

[1] G. William Skinner ed., *The City in Late Imperial China*.

[2] Rhoads Murphey, *Shanghai: Key to Modern China*.

[3] Paul A Cohen, *Discovering History in China: American Historical Writing on the Recent Chinese Past*.

清的冲击—反应模式,即主要考察中国怎样对西方的冲击做出反应的话,那么主要研究重点就会放在战争、贸易、条约、改良、革命等课题上,城市及其社会生活,便不会是考虑的重点。因而,中国城市史的研究逐渐受到关注,是随着中国中心观的兴起而发展起来的,学者越来越强调中国社会内部自身的发展动力。

当然,如果仔细观察从20世纪70年代以来的关于中国城市研究的发展,我们会发现存在相当多的缺陷。这里我想指出的是,不仅仅是中国城市史的研究,甚至整个中国近代史研究,都存在类似的问题,我归纳为:重沿海,轻内地;重精英,轻下层;重政治,轻日常;重变化,轻持续;重宏观,轻微观;重相异,轻相同;重乡村,轻城市。

第一,重沿海,轻内地。关于上海、江南等沿海地区的研究,有非常多的成果,吸引了众多学者的参与,但对内地城市的研究却非常薄弱。中国幅员辽阔,有着复杂的环境、地理、人文等因素。大部分研究者的眼光主要集中在沿海地区,但是沿海地区只是中国的一部分,沿海地区的历史也并非中国历史的全部,因此我们看到的只是一部分的中国,可以说是不完整的。我们只有对内地有了同等程度的了解,才能够真正认识一个完整的中国。

第二,重精英,轻下层。历史学家关注的都是重要的历史人物、思想家等,对那些默默无闻的芸芸众生,所知甚少,对99%以上的一般的民众漠不关心,他们到底是怎么思考的,是怎样生活的、怎样参与社会活动的，有什么样的价值观，等等，都是我们应该思考的。

第三，重政治，轻日常。这个问题和重精英、轻下层是相关的。我们重视战争、改良和革命运动，但是对于每天都可以看到的日常生活却视而不见，认为这是没有意义的，日常小事也上不了报纸的头条新闻，也不会引起重大的社会变动，没有研究的价值，因此我们对这种日常的每天发生的事情不敏感。而黄仁宇写的《万历十五年》，就是从没有意义的看起来平平常常的1587年，觉察到了明王朝重大的政治和社会危机。黄仁宇的眼光非常独到，不过他所研究的对象还是皇帝、大臣、精英人物，与我这里提到的日常还有相当大的距离。我认为，历史研究者应该从每天发生的小事，看到整个社会、政治和文化的演变。

第四，重变化，轻持续。由于西方的入侵，近代中国社会、政治、文化、经济都发生了重大变化，因此历史学家研究改良与革命，研究经济的发展和社会文化的演变，重视的是社会的发展和变化。我们知道，文化的演变并不像政治运动那么激烈。如辛亥革命带来了清朝的结束和民国的建立，但革命以后，社会和文化的变化却是非常缓慢的，在短时期内甚至我们可能觉察不到。但过去历史学家把眼光都放在变化的方面，对变化很慢甚至没有变化的东西，或者是持续下来的东西，缺乏关注。而文化有着持续性，有的经过了几十年，甚至上百年，仍然延续下来。甚至政治也有着持续性，例如1949年以后的许多政治经济政策，我们可以在民国时期找到它们的根源。

第五，重宏观，轻微观。研究者总是把焦点放在那些重大的政治事件，热衷于发现规律，总结历史经验，吸取历史教训，进行宏大的国家叙事。当然具有宏大的目标，对于历史研究者来说是有必要的，有现实的关怀也没有错。但是我们必须知道，如果想要驾驭宏观问题，必须对微观有很好的把握。如果不了解局部的话，我们又怎能懂得总体？

第六，重相异，轻相同。在对中外历史的比较研究中，包括城市史研究中，我们总是强调中国社会与西方有多大的不同，好像两者是格格不入的，没有交叉点，没有共同性。不言而喻，中国文化和西方文化当然有很大的区别，但是我们很少关注到，即使生活在两个不同世界的人们，有完全不同的地理、社会、文化的背景，如果我们仔细比较和观察，会发现也有很多东西是相似的。我并非一定要强调它们的相似性，我想指出的是，我们观察历史不能只看到一个方面，要全面地了解历史。我们知道中西相异，但我们在进行中外历史、文化、城市等比较的时候，也应该更多地注重它们的相同之处。而那些所谓的"独特性"，经常被历史上的一些政客，拿来当作证明中国不能进入世界潮流的最方便的借口。

第七，重乡村，轻城市。早期的关于中国历史的研究，着重在乡村。当然，从20世纪90年代以来这个情况在逐步地改善，城市史研究的成果多是从80年代末到90年代以后才出现的。我们不但需要知道乡村的社会、经济、文化状况，还必须了解中国城市的这些状况，这样我们才能够了解中国历史和社会的全部。我们研究中国城市，就要进入中国城市内部，去观察和探索中国城市的方方面面。

从韦伯到施坚雅和罗威廉

韦伯（Max Weber）关于中国城市的研究，在过去相当长的一段时间里，基本上主导了西方学者对中国城市的了解。他的名著《城市》和《中国的宗教》这两本书，都讨论了中国城市。[1] 韦伯强调了"城市共同体"（urban community）的概念，他指出西方能够发展成现代的资本主义，是因为城市扮演了重要的角色，其中最重要的是西方有城市共同体，其中市民又扮演了重要角色。他把中世纪的欧洲城市和中国城市进行了比较，发现在西方有城市自治运动，有自由法律的观念，有财产的自由转让，等等，这些实际上都加速了封建制度的衰亡。而中国的城市是失败的，这是中国城市本身的弱点所决定的，因为中国根本没有形成一个城市共同体。他以西方特别是欧洲的城市为参照系，按西方城市的模式来衡量中国城市。他的这个观点后来受到一些学者，特别是我的老师罗威廉（William Rowe）的批评（对罗的研究下

---

[1] Max Weber, *The City*. Trans. Don Martindale and Gertrud Neuwirth; *The Religion of China: Confucianism and Taoism*.

面有具体介绍)。

在韦伯看来,中国没有形成城市共同体的原因有两方面:一是政治体制,二是社会结构。从政治体制看,他认为中央政府控制了城市,所以说中国城市是没有自治的,都是在行政机构的严密控制之下。同时他认为中国城市的形成也不是经济发展的自然结果,是由于行政中心造成的,例如作为一个县的县府或一个省的省府这样发展起来的。要不就是作为一个军事要塞而兴起,即是由于国家政治的需要而形成。所以城市总是中国的行政中心,或军事驻扎地,这其中行政管理起了主要的作用。与之相比,西方的城市是自然形成的,由于经济、贸易等因素发展而来,而中国的城市不独立,它们受县的管辖。同时城市是驻军的地方,军队对它的控制非常严格。这个政治体制影响了中国城市,使之没有形成城市共同体。

从社会结构来讲,韦伯认为在中国,住在城市的居民们实际上在意识中仍然把他们的出生地(或他们的老家)作为他们的家,那里有他们的宗族宗庙,使他们有一种归属感,而城市只是一个暂居或谋生地。他们到城市谋生,挣的钱还要寄回家乡。他们死了以后,尸体还要运回家乡掩埋,同他们的祖先和父辈长眠在一起。从这个角度来讲,他们对城市没有归属感和认同感。而在西方,市民认为城市就是他们的最终归宿,在那里出生,在那里死亡,他们就是城市人。在韦伯看来,中国城市也没有像西方那样建立完整的法律体系,其秩序经常是靠习惯来维持的。中国城市的商业发展，会受到行会的控制，经常具有地域或行业的排他性，并形成垄断，其他人很难参与。在中国城市里，这种血缘和地域关系的制约，使城市难以自由发展。

但是，韦伯所描绘的中国城市存在很大的问题。他把中国和欧洲的城市进行对比，看到了中国城市和欧洲的不同，这没有问题，但是他没有从中国的角度来考虑中国城市的发展，还忽视了中国城市功能的差异。虽然许多中国城市是得益于行政中心或军事中心的推动，但是中国也有很多城市是因为交通、贸易和经济的需要发展起来的（下面关于施坚雅的研究将讨论这个问题），韦伯没有注意到这些因素与城市发展的关系。同时韦伯还认为中国的城市是停滞不前的。但是从20世纪80年代以来的研究已经完全证明了，即使到了晚期中华帝国，中国的城市仍然在持续地向前发展。中国的城市有广阔的地理和人文背景，其在发展过程中，经济的作用完全超过了政治的作用，这与韦伯的结论很不相同。

施坚雅的研究虽然没有直接与韦伯进行对话，但是他的成果实际上在相当程度上修正了韦伯对中国城市的误解。他的区域体系理论受到德国地理学家W. 克里斯塔勒（Walter Christaller）的中心地理论的影响，他把中国的城市系统划分为长江下游、岭南、东南沿海、西北、长江中游、华北、长江上游、云贵和东北九个"巨区"，对城市结构和系统进行分析。施坚雅认为，19世纪中国的城乡关系非常密切，各个地区已经建立了完善的市场网络，划分为各个层级，从最低级的乡场，到中级的镇，到县城，到中心城市，等等，形成了现代中国城市的完整结构。施坚雅的研究给我们提出了很多有用的思考。过去我们的研究总是按行政区划分，施坚雅根据市场结构把中国城市划成若干大区，超越了行政管理的范围，而且根据商业、贸易、交通网络等因素，进一步把一个巨区又分为中心与边缘区。他从农民赶集，短途贸易，到长途贸易，探索中国的市场模式。不过，近些年中外学者对他的这种模式都有商榷。因为他的研究主要是根据他20世纪40年代末到50年代初在成都郊区的调查，后来一些学者认为他的这种模式不一定适合于中国的其他区域。但他的研究至少给我们提供了一个新的参照系，就是从市场的角度来看中国的城市系统和社会结构。

20世纪80年代以后，新的研究逐步修正了韦伯对中国城市的看法。最早的是日本学者斯波义信，他强调从宋代以来中国城市的性质便已经发生了本质性的变化，宋代即发生了商业革命。[1] 西方学术界一般认为，从宋代开始中国便进入了晚期帝国时期，中国南方的人口第一次超越北方，这种人口重心南移，加上商业化、城市化、纸币的使用、长途贸易的发展等，使得中国城市发生了巨大的转型。实际上，城市的贸易逐渐取代了行政管理的功能。与韦伯的理解不一样，斯波义信认为官府对市场的影响和控制并不是很强，很多非官方的组织发生了作用。

---

[1] 斯波义信：《宋代商业史研究》。

不过，真正针对韦伯关于中国城市的这种认识进行正面交锋的应该是罗威廉，他写了两本大部头关于早期近代汉口的城市史，即1984年出版的《汉口：一个中国城市的商业与社会，1796—1889》和1989年出版的《汉口：一个中国城市的冲突与社区，1796—1895》。[1]他在第一本《汉口》中，与韦伯的观点进行论辩。通过对汉口商业及其组织的研究，他认为，实际上在相当程度上，汉口是一个自治的城市，政府对贸易的干预很少，鼓励商业的发展。中国城市并非像韦伯所说受到官僚的严密控制，完全没有自主权。而且中国城市中还存在着非官方的社会团体，罗威廉特别着重研究了各种不同类型的行会，他认为这些团体与城市的稳定和繁荣是紧密联系在一起的。因此，居住在汉口的居民，在相当程度上存在着韦伯所谓的城市意识，有着强烈的自我认同感。可以看出罗威廉所展示的中国城市与韦伯所理解的中国城市存在相当大的区别。

罗威廉这本书出版以后，有些学者也提出商榷，认为汉口是很特殊的，它处在长江中游这种特殊的交通枢纽，而且汉口是中国商业最发达的城市之一，也具特殊性，因此很难完全推翻韦伯对中国城市的认识。然而我自己对成都的研究，《街头文化》和《茶馆》实际上证实了罗威廉对韦伯的批评。成都是一个行政中心城市，它是四川的省会，也是成都府的府城，同时它还是成都

---

[1] William Rowe, *Hankow: Commerce and Society in a Chinese City, 1796-1889*; *Hankow: Conflict and Community in a Chinese City, 1796-1895*.

县的县城，因此行政管理的特点是非常明显的。但是我对成都的研究证明，官僚对成都社会的管理控制实际上是非常少的，成都社会相当大的程度上是自治的，这实际上从另外一个角度印证了罗威廉在两本《汉口》中的观点。

从宏观到微观，从精英到下层

我对长江上游地区的研究，是从宏观开始的。我于1993年出版的《跨出封闭的世界》一书，受到了施坚雅研究的极大启发，我没有把研究局限在四川省而以整个长江上游区域作为对象，便是其影响的结果。这个研究受两大史学思潮的影响：一是以布罗代尔为代表的法国年鉴学派，一是现代化理论。前者尤以布罗代尔的《菲利普二世时代的地中海和地中海世界》对我启发甚多，后者则是布莱克（C. E. Black）的《现代化动力：一个比较研究》使我获益匪浅。[1] 在年鉴学派影响下，这本书虽然篇幅很大，但研究对象基本集中在生态、人口到社会经济、组织和文化上，对政治事件的涉及甚少。如果说年鉴学派对我选择研究对象作用甚巨，那么现代化理论则使我能够把如此丰富的资料和复杂的内容统一于一个贯穿全书的主线。

---

[1] Fernand Braudel, *The Mediterranean and the Mediterranean World in the Age of Philip II*; C. E. Black, *The Dynamics of Modernization: A Study in Comparative History*.

与许多现代化问题研究者不同的是,我并不认为传统与现代是完全对立的,正如我在《跨出封闭的世界》的"导言"中所表明的:"我们不能把现代化视为是从传统到现代化中间的一场简单的转变,而应将其视为是从远古时代到无限未来连续体的一部分。这即是说,传统和现代并不是一对截然分离的二项变量,而是由两个极构成的连续体。因此严格地说,传统与现代化都是相对的,没有截然分离的界标,也不像革命那样有一个明确的转折点。在从传统向现代化的过程中,社会犹如一个游标,愈来愈远离传统的极点而愈来愈趋近现代的极点。"

因此,这个研究是以"动态的眼光看待长江上游区域社会"[1]。

这样的构想,使我避免了在中国现代化研究中很容易出现的偏向:即把晚期中华帝国或早期近代中国,视为一个停滞的社会,这正是在西方和中国史学界普遍接受的观点。从黑格尔的"一个无历史的文明"之说,到马克思"密闭在棺材里的木乃伊"之形容,还有韦伯所谓中国"没有形成一个成熟的城市共同体"的论断,以及中国史家"闭关自守"之论证,无一不是这种认识的反映。[2]然而在《跨出封闭的世界》中,无论从农业经济、传

---

[1] 王笛:《跨出封闭的世界》,第8页。
[2] 还包括像孟德斯鸠、密尔等欧洲启蒙时期的思想家。黑格尔的"一个无历史的文明"(a civilization without a history)其意思是指中国总是王朝兴替,周而复始,没有进步。他这里所称的"历史"是指历史的"发展",而非我们一般理解的"过去的事"。

统手工业，还是从区域贸易、城市系统与市场网络，以及教育、社会组织、社会生活和社会文化，都可以看到这种发展，证明即使是在中国的一个相对封闭的区域，仍然存在着发展的内在动力，而且社会从未停止它的演化。

不过，也必须承认，当我在进行《跨出封闭的世界》课题研究时，主观上并未把"停滞论"作为自己所要论辩的对象，而且本书是在现代化理论影响之下完成的，其宗旨是探索一个传统的社会是怎样向近代演化的。在这种思想指导之下，把传统的丧失和现代因素的出现都视为社会进步的必然结果，并给予这种发展积极评价。换句话说，这个研究是从现代化精英的角度来看待社会变化的，把主要注意力放到他们的思想和活动上。研究地方精英，无疑是了解清代长江上游社会发展的一个极好窗口，然而这个角度也制约了我在那本书中语言的使用，用目前比较时髦的话来说，是接受了精英的"文化霸权"（cultural hegemony）和"话语"（discourse）。例如在讨论民风民俗一节时，所使用的"懒散作风""惰性"以及"不良社会风气"，把大众宗教都简单地归之于"迷信"等，都是当时精英批评下层民众的常用语言，而我在使用这些带价值判断的词汇时却未做认真辨析。

但是我的研究风格后来却发生了根本性的变化。对照《跨出封闭的世界》，从《街头文化》和两本《茶馆》，可以看到我学术兴趣、学术观念、学术方法的极大转变。如果说《跨出封闭的世界》是从精英的眼光去看社会变化的话，那么后三本著作则是从下层民众的角度，探索现代化对他们日常生活的影响（虽然《跨出封闭的世界》也观察了普通民众，但并未对他们予以足够的重视），即注重传统的价值，并把下层民众作为自己的主要研究对象，而且把重点从对社会的全面考察，集中到对社会生活和社会文化，特别是大众文化的探索。在分析社会演变时，我更加注意下层人民的反应，以及他们与精英和国家权力的关系，并考察民众怎样为现代化付出代价，同时揭示他们是怎样接受和怎样拒绝他们所面临的变迁的。如果说《跨出封闭的世界》注重"变化"，那么《街头文化》和《茶馆》的研究虽然也讨论变化，但更强调"持续性"（continuity）。因此我的研究范围也大大缩小，从整个长江上游区域集中到一个特定的城市，从社会的各方面聚焦到公共空间和公共生活，从两百多年漫长的清代限定到20世纪前后60年（《街头文化》）和20世纪（《茶馆》）的历史。

研究街头文化和茶馆的课题是怎样形成的呢？在霍普金斯大学做博士论文之前，系里要求每个博士生必须提交一篇在原始资料基础上的研究论文，并在系里举办的讨论会上宣读和答辩。在选题的时候，开始我打算写晚清成都的改良人物傅崇矩，从他的经历和思想来观察社会日常生活和文化，通过他的眼睛来看晚清的城市社会。在晚清，精英人物大部分关注的都是很大的问题，如关于国家政权问题、经济问题、社会弊病问题、专制问题，还有关于西学东渐和西方影响问题。但傅崇矩的独特之处在于他非常注意下层民众的问题。他做了一个社会调查，编成了八卷本的

《成都通览》，非常详细，犹如晚清成都的百科全书。[1]他还创办白话文报纸，这些都反映了地方知识分子对他们所处社会的观察。当这个题目深入进去后，我发现收集的资料涉及很广，我的触角延伸到档案、游记、日记、报刊以及文学资料，包括诗歌和小说，其中有不少描述了下层民众在公共空间中的活动，包括他们的商业、娱乐、人与人之间的交往。因此我决定把研究的范围扩大到观察下层民众在公共空间的活动。虽然公共空间、下层民众和大众文化是一个很大的问题，不过我把我的研究局限在成都这个比较具体的区域。

《街头文化》的英文题目"Street Culture"的形成则带有某种偶然性。在我1998年题为"Street Culture"的论文发表之前，[2]可以说英语世界并没有这个用法，尽管当时"urban culture"（城市文化）、"popular culture"（大众文化或通俗文化）、"mass culture"（平民文化）、"plebeian culture"（庶民文化）等使用已十分普遍。记得1995年在草拟论文提纲时，我的最初题目是"Popular Culture on the Street"，直译便是"街头上的大众文化"。但在论证这个题目时，有时为方便起见，行文中也用"street culture"。不想我的导师罗威廉在审读这个报告时，

---

[1] 本书1909—1910年由成都通俗报社印，共8册，1987年由巴蜀书社重印，为上下两册。
[2] 即Di Wang, "Street Culture: Public Space and Urban Commoners in Late—Qing Chengdu," *Modern China*, vol. 24, no. 1（1998），pp. 34-72。

对"street culture"这个组合十分欣赏,建议以此作为题目,以更简洁醒目。因此,这组合虽然是我在偶然中所造,但却是罗威廉帮我提炼而成的。

这个更加限定的研究范围,使我能集中深入考察和回答一些问题,这些问题包括:公共空间在城市日常生活中有何功能?城市民众与城市公共空间有何关系?谁是城市公共空间的主要占据者?普通民众是怎样使用公共空间的?国家和地方精英在多大程度上控制街头和社区?改革和革命是怎样改变人们的日常生活的?在这个社会转型时期,大众文化和公共空间是怎样发生变化的?在公共空间中,下层民众、地方精英与国家权力的关系是什么性质?以及大众文化与地方政治是怎样交互影响的?这些问题对认识中国城市十分重要,但却仍缺乏研究,而对这些问题的回答无疑将加深我们对近代中国城市的理解。

《街头文化》完成后,在美国国家人文科学基金会的资助下,我把全部精力放在完成关于 20 世纪成都茶馆和公共生活的两卷本专著上。茶馆的课题是街头文化研究的一个逻辑发展。1995 年我着手写《街头文化》一书起,便竭力发掘关于地方文化的细节资料,然而困难重重。直到 20 世纪 90 年代末在成都市档案馆翻检出珍贵的关于成都社会的各种档案资料,我进入这个城市的微观世界才真正有了可能。当我在成都市档案馆阅读那些卷帙浩繁的案卷时,一份又一份有关日常生活的资料浮出水面,当时激动而兴奋的心情,仍然记忆犹新。甚至回美国路上也不放心托运复印资料，一直随身携带，须臾不敢离开自己的视线，生怕有任何闪失。

回到美国，当我仔细通读这些档案资料时，成都微观世界的秘密在我脑海中徐徐展开，我看到了晚清和民国时期整个国家剧烈的政治动荡，在经历着经济、社会、文化变迁之时，一个内陆城市的日常生活是怎样进行的，人们怎样利用茶馆进行聊天、消遣、娱乐等各种休闲活动。但这些茶馆远远超出其休闲功能，实际上从经济上讲，是一个市场；从政治上讲，则是地方政治的大舞台，亦是一个复杂的社会机构，是当时为数不多的公共空间之一，是人们能够拥有的公共生活而且乐意光顾的最大众化的设施。

把茶馆作为一个"微观世界"来分析，便涉及若干相关问题：微观世界能否反映大的社会，微观世界的个案能否说明外边更大的世界？另外，根据小的个案得出的结论是否可以推而广之到更大的范围？研究中国的人类学家经常以一个小社区为基地，力图为理解大社会提供一个认知模式，也经常被类似的问题所困扰。一个小社区是大社会不可分割的一部分，然而又不能完全代表那个大社会，因此其仅仅是一个"地方性知识"，或者说是"地方经验"。尽管有这样的限制，地方知识仍然提供了对大社会的部分认知。我的微观研究并不企求建立一个普遍的模式，或者确立一个中国城市公共生活的典型代表，而是为城市研究提供一个样本和一种经历，以丰富我们对整个历史、社会和文化的理解。总而言之，微观历史的意义在于为理解城市史的普遍规律提供个案，其不仅深化我们对成都的认识，而且有助于理解其他中国城市。

在《街头文化》中，我对茶馆问题已经进行了初步探索，提出了不少问题，而我其后关于茶馆的专著则将把许多已经提出的问题深入化、具体化和微观化。这个课题使我的研究范围进一步缩小，即从整个成都城市各种公共空间缩小到茶馆这个特定的公共空间，把茶馆作为一个微观世界来考察，去探索整个20世纪不同的历史时期、不同的政治环境下，人们的公共生活是怎样变化的，并通过茶馆这个微观世界去观察那个大的世界的变迁。由于空间范围的限定，进行非常细致的分析成为可能，从一定意义上来说，这个关于茶馆的研究或许可以说是"微观历史"（microhistory）。"微观历史"虽然在西方史特别是中世纪欧洲史的研究中已有相当的发展，然而在中国史的研究中则基本阙如，这除了史学方法的问题外，还因为对中国社会和社会生活研究缺乏系统的资料。在中国几乎找不到像欧洲教会档案、宗教裁判所那么大量、系统和完整的记录。虽然我并未能克服这种资料的缺陷，但多年的努力——从挖掘档案到实地调查——使我能够进入到茶馆的内部，去探索那丰富多彩、变化多端的微观世界。

我在《茶馆》的第一卷中强调了两个主要观点，一是所谓的国家文化（national culture）怎样影响到地方文化；二是以茶馆为代表的地方文化，怎样抵制和反抗国家文化的渗透和主宰。实际上我是在考察两者是怎样互动的。读者不难看到，我对近代以来国家政权无限的扩张是持批评态度的，这当然也反映了我的史学观——总是站在弱者一边观察问题，同情下层弱势群体的遭遇。我也不同意有论者所说的我忽视现代国家政权在现代化过程中所扮演的积极角色，对这个角色我从来是不否认的。但我关心的问题是，在无数推进现代化的措施中，普通民众究竟得到了多大好处，又做出了怎样的牺牲？

因此，微观研究的关键在于研究者是否能够把对历史的认识上升到一个更广义和抽象的层次。当然，在我们研究大众文化、一般民众和日常生活时，也应该重视那些具有普遍意义的重要事件。一方面，对微观和下层的研究，使我们能观察那些在社会底层知之不多的现象；另一方面，对具有历史意义的重大事件的考察，可以加强我们对政治和日常生活的深刻理解。这种取向使我们在研究微观问题时，也能充分注意到宏观的历史事件。虽然微观历史津津乐道那些微不足道的细节或"小历史"，但其所揭示的问题有助于我们理解大历史。

日常取向与宏大叙事

考察历史的角度和方法，经常因史家的历史观而异。过去我们研究历史，钟情于宏观历史和历史上的风云人物，风行一时的黄仁宇的《中国大历史》，更使我们相信，历史学家应该高瞻远瞩，写历史也应有叱咤风云的气概，指点江山的魄力，洞悉历史的眼光，或像《资治通鉴》那样，为当政者提供治国的借鉴，或为国家民族复兴在意识形态上奠定基础。当书写这样的历史时，在相当程度上满足了我们驾驭历史的野心。因此，整个中国的历史书写，从根本上看，可以说是一个帝王将相、英雄以及知识精英的历史，因为我们相信，只有写他们，才能建构民族和国家命运的宏大叙事，才能体现史学家的使命感。

宏观历史当然是重要的，问题在于研究历史何必厚此薄彼？我们似乎不屑把精力浪费在那些历史上默默无闻的芸芸众生之上，生恐这样降低了我们历史研究的意义。其实，难道我们不认为每天的日常生活，较之突发的政治事件，更贴近我们的命运吗？在我看来，没有无意义的研究对象，无论我们的研究对象是多么平淡无奇，多么缺乏宏大的"政治叙事"，如果我们有利用"显微镜"解剖对象的本领，有贴近底层的心态和毅力，我们都可以从那表面看来"无意义"的对象中，发现有意义的内涵。黄仁宇的《万历十五年》，不正是从一个平平常常的、"没有意义的一年"（a year of no significance）而发现了这个帝国内部所隐藏的、导致其灭顶之灾的深层危机吗？当然，黄仁宇的兴趣，仍然在于帝王将相，与我们所关注的默默无闻的，日出而作、日落而息的老百姓，仍然有着遥远的距离。[1]

---

[1] Ray Huang, *1587, A Year of No Significance: The Ming Dynasty in Decline.*

我们事无巨细地了解帝王将相的一举一动，对那些宫廷闹事、明争暗斗，了如指掌。他们当然比一个默默无闻的普通人对历史更有影响。但问题在于，我们所面对的占总人口绝大部分的小人物，他们每天也在创造历史，只不过创造的方式不同罢了。我们不关心他们的情感，他们的生活方式，他们对世界的看法，他们的遭遇，他们的文化，他们的思想，因为他们太渺小，渺小到难以进入我们史家的视野。因此，我们所知道的历史是一个非常不平衡的历史，我们把注意力放在一个帝王将相、英雄豪杰驰骋的小舞台上，而对舞台下面千变万化、丰富多彩的民众的历史却不屑一顾。在帝王和英雄的历史书写下，我们把希望寄托在历史上屈指可数的明君贤相身上，个人如沧海的一滴水，可有可无，似乎在历史上没有留下任何踪迹。

我在研究成都时也面临同样的问题。尽管在过去，可以说上千年来关于成都的各式各样的资料都留存下来了，但是并不能说我们只用这些资料就能找回成都的真实的历史，因为中间会出现很多问题，其中问题之一就是我们过去的历史记录，关于政治方面的内容很多，关于中央和地方政府的叙述很多，关于重要人物的记录很多，但是真正关于普通人、关于人们的日常生活到底是怎么样的，我们却说不清楚。当然今天我们了解我们自己的生活，但是对于五十年前、一百年前，一个普通成都人是怎么度过他的一天的，他是怎么在街头上或茶馆里进行活动的，我们所知非常有限。现在我们每天看电视，电视上演的都是皇帝、重要人物的事情，或者是政治运动、战争，对占人口绝大部分的一般民众，我们真正了解的非常之少。

研究日常和研究下层，说到底是历史观和方法论的问题。虽然我们的主流意识形态不断强调，人民"才是创造世界历史的动力"，但我们的历史研究实际上对这个动力却十分轻视。当然，论者可以反驳说，研究农民战争不也曾经是红极一时的"五朵金花"之一吗？不过，我们应该知道，这些农民战争的研究，基本是以其领导者为中心的。一个普通农民一旦成为农民起义的领袖，便成为我们历史撰写中的"英雄"。而他们的"英雄事迹"不过是进一步为我们的英雄史观提供更多的脚注和事例罢了。

地区或地方的研究是否可以提供一个理解中国社会和文化的普遍性知识，是历史学家们关心的问题。微观研究的意义在于，能够把对历史的认识上升到一个更广义层次而提供个案分析，其不仅能丰富我们的地方知识，而且有助于我们对中国的理解。由于中国地理、经济、政治、文化、社会特征的复杂性，任何同一性或特殊性都应在我们的思考范围之内。当我们研究大众文化、一般民众、日常生活时，也应该重视那些具有普遍意义的重要事件。一方面，对微观和下层的研究，使我们能观察那些在社会底层，人们知之不多的现象；另一方面，对具有历史意义的重大事件的考察，可以加强我们对政治和日常生活的深刻理解。因此，当我们将微观视野放在民众、日常、街头、茶馆等问题时，精英、国家、政治运动等也不可避免地纳入我们的讨论之中。这种取向使我们在研究微观问题时,也充分注意到宏观的历史事件。虽然微观历史对那些微不足道的细节或"小历史"津津乐道,但其所揭示的问题有助于我们理解大历史。[1]

2006—2007年我在美国全国人文中心(National Humanities Center)做研究员时,著名宏观历史学家D.克里斯蒂安(David Christian)也在那里做研究员,我们这两个走极端的历史学家,似乎还很有共同语言,经常一起交流。他的《时间地图——大历史导论》,是我所见到的最宏观的历史,从宇宙、时间和空间的起源写起,然后到生命和生物圈,之后才是人类的进化、农业的起源、城市、国家与文明,这本六百多页的巨著,以预测未来结束。大小历史都是可以进行对话的。其实我们关注很多共同的问题,如人与自然、人与社会的关系,正如人们在茶馆中所谈论的主题:大至宇宙,小至虫豸,都是历史学可能涉及的对象。

一位我十分钦佩、成就斐然的前辈美国华裔历史学家曾经告诫道:"千万不要做第二等的题目",言下之意是要选重要题材才可能成就杰出历史学家,所以他所做选题,都是关于国计民生的大题目。他的这种看法,引起不少国内史家的共鸣。但是我怀疑,是否真的存在所谓"一等题目"或"二等题目"。我想在那些崇拜"一等题目"学者的眼中,巴黎圣塞弗伦街印刷作坊学徒工的杀猫,巴厘岛上土著居民的斗鸡,成都穷街陋巷

---

[1] 见David Christian, *Maps of Time: An Introduction to Big History*。

边茶馆的清谈……应该都是末流题目了。[1]

我们的史家热衷于宏大的政治叙事,还在于我们受"定性历史学"的影响。这个"定性历史学"显然源于中国史学"臧否人物"的传统。在这种传统影响下,史家更重视的是价值判断,而疏于探索这种事件发生的前因后果,更谈不上在历史的语境下,对某个事件和人物的行为,站在客观的立场上,做出一种合乎逻辑的解释了。我们把过多的精力花费在对历史事件和人物性质的判定上,强调是进步还是倒退,正确还是错误,革命还是反动,社会主义还是资本主义,等等。与此同时,我们把自己的角色转换成了历史的审判官,而非冷静的研究者;把自己当作了政治的吹鼓手,而非独立的思考者。我们的研究经常充斥着政治名词,但又经常对这些名词缺乏学术的限定。

研究历史应该是作为一种学术和文化事业,应该与功利和运用相脱离,这便是国人颇为诟病的"纯学术"的问题。作为一个历史学家,为什么不能沉湎在他自己的世界,让他自己的思想在自己研究的历史中飞翔?历史是否给人们以启迪,是否能为当政者提供"资治",应该让他人去判断,而非历史学家本身。一旦一个史家对其所研究的对象带有一种功利的目的,我们就有理由怀疑其研究结果的可靠性和公正性。在社会高度分工的今天,在一个开放的社会中,为什么不能允许一些人进行"纯粹"的历史

---

[1] 关于这些研究的具体信息,见本书第五章。

研究呢？作为人文学科的历史学，与作为社会科学的政治学、社会学、经济学等不同的，便是它的非运用性，它是我们现实社会中传承和传播知识的一部分。当我们这个社会能够容忍历史学家脱离现实地研究历史问题，我们才能真正对一些历史问题做出深刻的认识。

当然，历史学家应该具有情感、正义与现实关怀，但所有这些因素，不应该左右他们冷静的历史判断。当我们看到一些史家带着强烈的感情色彩撰写历史时，我们应该对这些历史是否公正备感警惕；当我们听到一些史家义正词严地指责他人"违背"了什么原则时，我们应该认真问一问，历史研究除了诚实公正、言之有据、独立思考外，真的有什么不可违背的清规戒律吗？如果我们不断重复地宣称，马克思主义是一个开放的理论体系，但又把马克思主义的历史观看成神圣不可侵犯、自我封闭的系统，是否应该反思自己可能已经陷入了一种悖论？

要允许不同历史观和方法论的历史学家发表与现存的主流历史书写不同的历史观点，问不同的问题，作不同的解答。如果历史研究已经有了现成的标准答案，那么还需要我们研究历史吗？或者我们所研究的历史还有任何生命力吗？如果我们看到有史家以居高临下的姿态和口吻，指责目前史学研究的所谓"不正常"或"不正确"的倾向时，我们就应该问问，是谁来判断"正常"与"不正常"，"正确"与"不正确"？当我们只允许对一些重大历史事件作出一种既定的标准解释时，我们就应该问问，历史学家是否还有存在的必要？当我们用学术之外的权力，来捍卫一种学术观点，我们就应该问问，如果一种学术需要权力来捍卫，那么这种学术是否还有存在的价值？

其实，任何历史研究都不能逃脱所处的语境，尽管我在这里竭力提倡"出世"的纯学术研究，但也表达了对目前一些史学研究倾向的担忧，表现了一种实实在在的"入世"的态度。这恐怕也是任何一位试图独立思考的历史研究者都会面临的两难处境吧。

第六章　文学、图像与历史的真实

研究历史所使用的资料，大多是前人记录下来的，到图书馆和档案馆去查资料是历史研究者必须做的功课。由于中国大众文化资料在一般的历史记载中的匮乏，我们可以从文学资料——如诗词、民间文学、地方戏、小说、谚语等——中去寻找信息，同时图像资料——诸如照片和绘画等——也为我们了解过去的历史提供了视觉资料。过去历史研究者不愿意使用文学资料，但现在越来越多的历史研究者开始注重这类资料，从而大大扩展了资料的使用。但是，怎样从这些资料中发现历史，这些资料和历史的真实之间有多大的距离，则是值得认真思考的问题。

从文学看历史

这些年来，随着多学科交叉研究的日益发展，文学、人类学、社会学、政治学等都对历史的研究有所影响，而且历史学家开始感到了一种危机感，担心历史这块"蛋糕"不断地被切去，可能最后就所剩无几了。人们开始怀疑，还有真正的历史学吗？还是历史学已经被转化成了文学、社会学、人类学，或者其他什么学科的附属物？但我对此并不担忧。多学科交叉的研究是一个不可扭转的趋势，其他学科介入历史学之后，不但没有阻碍历史学的发展，反而给历史学注入了新的活力。

实际上，我们可能面临这样的问题，当一个课题发展到一定程度的时候，我们感到好像没办法继续深入下去。比如说研究中国近代史，我们的主要焦点是放在近代中国的一些重要的事件、外交、战争、政治运动、思想、精英人物等，我们觉得好像这些课题已经走到尽头了。但当其他的学科介入历史学以后，我们感觉到好像无路可走的课题，就像突然打开了一扇门一样，可以从另外一个角度，甚至用不同的学术语言进行研究。过去我们都是用历史的语言，当新的学科介绍进来以后，不管是人类学、社会学，还是其他学科，我们感到认识同样一个主体、同样一个事件、同样一个人物，可以看到过去没有意识到的问题。所以从这个角度来讲，其他学科为历史学注入了新的活力。我们对于其他学科及其方法，要持一个开放的态度。这里我将着重谈历史与文学的关系，而且主要讨论如何把文学作品作为史料的问题。

在过去半个世纪，西方对社会生活、风俗习惯、城市文化、下层人民等的研究日渐发展，这个倾向在西方便促成了新文化史。受西方的影响，大众文化史和新文化史也开始影响对中国的研究，越来越多的历史学家重视对文学资料的使用。如 J. 贝林（Judith Berling）的《宗教和大众文化——〈三教开迷归正演义〉中的道德资本控制》便使用小说作为分析长江下游地区社会和文化的主要资料。《三教开迷归正演义》是写于 17 世纪的社会小说，其中心是描写人性和礼仪、利益和欲望，显示了儒、佛、道的宣释者所规定的人际关系。这个小说反映了书中主角所经城镇的社会生活，包括客栈、茶馆和妓院等，还描述了各阶层的人，如盐商、小贩、铁匠、店老板、珠宝商、棺材匠、招牌匠和屠夫等三教九流。因此，通过对这个小说的分析，我们得到了在其他资料中所阙如的宗教与大众文化关系的信息。其实，从 16、17 世纪以来这种道德说教的书就相当普遍了，都反映了当时意识、宗教、文化和社会的状况，提供了大众文化研究的丰富资料。[1]

姜士彬关于地方戏的一组文章中，他使用戏曲资料把视角深入戏曲本身的内容来观察地方戏所包含的社会文化价值。例如他关于目连戏的研究，便涉及了对目连戏内容和表演形式的分析。他所使用的基本资料都是目连戏的剧本，如《目连救母劝善戏文》《目连传》《目连僧报恩经》，以及文学戏曲界学者关于目连救母故事演变的研究，如周作人的《谈目连戏》等。借助这些研究，其"染指"于过去文学史和戏曲史的领地，同时，延伸了历

---

[1] Judith A. Berling, "Religion and Popular Culture: The Management of Moral Capital in *The Romance of the Three Teachings*," in Johnson, Nathan, and Rawski eds., *Popular Culture in Late Imperial China*, pp. 188-218.

史学家的触角。[1]目连救母是过去民间广泛流传的故事,更是戏剧中的一个经常的主题。在长期的演变过程中,这出戏无论在表现形式上还是内容上都注入了中国传统宗教和伦理说教的内容,因而对一般民众有着相当的吸引力。因此,把其作为历史研究的一种对象,触及了传统史学中所难以窥见的普通人与地方文化的纽带及其连接方式。

不过,用文学资料研究历史必须抱十分审慎的态度,要充分认识到作者的写作并不是对当时社会的直接反映,而是经过了再创造的过程,因而不可避免地包含有大量"臆造"的东西。因此,当我们没有其他有力的资料作旁证时,在论述问题的时候必须时刻注意到自己的立足点,并充分警觉自己使用的语言。如我们采用文学作品来分析晚清的大众文化时,必须分清我们所讨论的就"是"晚清的大众文化,还是作者笔下所"反映"的晚清的大众文化。

我在研究成都的时候,使用的文学资料首先是竹枝词。与其他诗词不同的是,竹枝词一般并不表现作者的想象、感情或人生哲学,而是客观地描述人或事,从中我们可以看到精英对一般民众的态度。有关成都的竹枝词非常多,特别是从19世纪以来。但是,过去研究历史的人对利用诗词作为资料来写历史,是非常

---

[1] David Johnson, "Actions Speak Louder Than Words: The Cultural Significance of Chinese Ritual Opera." in David Johnson ed., *Ritual Opera, Operatic Ritual*: "*Mu-lien Rescues His Mother*" *in Chinese Popular Culture*, pp. 1-45.

谨慎的。我们知道，一个诗人或一个作家，他写一首诗，填一首词，写一部小说，都是文学作品，历史研究者通常认为这是不可信的，因为文学作品只表现了作者的情感，是他头脑中的再创造，而非历史本身的真实记录。我曾用英语发表过一篇论文，就是完全使用竹枝词来写19世纪的成都城市生活。[1]在这里我列举几首在那篇论文中所引用过的竹枝词。

第一首："名都真个极繁华，不仅炊烟廿万家。四百余条街整饬，吹弹夜夜乱如麻。"这首竹枝词描述了成都作为一个都市的热闹景象，还告诉我们在这个城市中，居住了有20万家。其实在19世纪时，成都没有20万户，大概成都全部居民有二三十万人。所以我们使用这个资料的时候应该非常仔细，不能说通过这首竹枝词就证明当时成都住了有20万户。按照历史学家的一般算法，平均每户有四个到五个人，20万户算起来的话成都就可能有100万人。这里如果把"家"当作"人"理解，就和事实差不太远了。如果要知道成都的人口数字，还要和其他资料仔细地排比分析。但是第三句是正确的，19世纪成都大概有400多条街道。最后一句"吹弹夜夜乱如麻"，则真正再现了成都丰富的娱乐活动，特别是地方戏和曲艺的演出。中国诗词基本上是一种情感或抽象的描述，但竹枝词的写作与其他诗词形式不一样，一般是作者对对象的真实描述，例如一个文人在街头上看到

---

[1] Di Wang, "The Rhythm of the City: Everyday Chengdu in Nineteenth-Century Bamboo-Branch Poetry," *Late Imperial China* vol. 24, no. 1 (2003), pp. 33-78.

街头的面貌，他就如实地记录下来，大多是对现实的描述。所以我们可以用作历史资料。但在怎样使用竹枝词的问题上，还必须考证作者的背景，他在什么情况下写下了这样的竹枝词。

第二首："鼓楼西望满城宽，鼓楼南望王城幡。鼓楼东望人烟密，鼓楼北望号营盘。"写的是站在成都中心的鼓楼上，往西望可以看到满城，往南望可以看到皇城，往东看起来人烟非常稠密，所谓"鼓楼北望好营盘"，因为北有北校场，是当时的清兵练兵的地方。

第三首："文庙后街新茶馆，四时花卉果清幽。最怜良夜能招客，羊角灯辉闹不休。"写的是文庙后街茶馆的环境和生意，描述了晚上是生意最好的时候，而且是灯光明亮，十分喧闹，这提供了另外一种场景。在这三首竹枝词中，第一首是讲了成都的总体情况，第二首是讲站到鼓楼上看成都，第三首是讲一条街，具体到街头的茶馆。可以说是像电影镜头一样，由远逐步拉近。

第四首："福德祠前影戏开，满街鞭炮响如雷。笑他会首醺醺醉，土偶何曾喝一杯？"这是描述在清明节前后成都的传统庆祝活动，当时成都每个街区或若干街区都成立有所谓的清醮会（又叫土地会），每年的清明节前后都要举行庆祝活动，每家每户凑钱雇戏班或曲艺班演出，并以街区为单位办宴会。这个以邻里为基础的活动，实际上反映了当时居民间的密切关系。清明会有会首，并不由官方任命，而是邻里自己推选出来的。这首词中的会首在宴会上喝得醺醺的，而最后一句"土偶何曾喝一杯"，则是指的那些土地神像,其实人们拜土地神,也是为了他们自己的娱乐。

清明会组织这个活动并非简单的庆祝或聚会,而是有非常重要的实际功效的。成都过去清明前后要清掏阴沟,把街边的盖阴沟的石板掀开,把污泥掏出来堆在路边,然后农民运出城作肥料。掏阴沟必须每年进行,因为成都地势低洼,到了雨季非常容易积水,必须通过阴沟及时排出去。但是过去这项事务不是由地方政府来办理,而是由市民自己组织的清明会或土地会来负责的。每年清明聚餐结束后,各家各户就参与清掏阴沟。

这个例子实际上证明了,我在《街头文化》一书中的一个非常重要的观点:在传统中国,中国城市的管理并不是由地方政府来负责的,而是由市民自己来组织的。成都在20世纪初大概有三十几万到四十万人,由成都县和华阳县两个县合管,这两个县的全部人口加到一起大概有七八十万,可能甚至还要更多。但是成都县和华阳县的县府都非常小,县衙门的各种官员和衙役加到一起,也就差不多三四百人,因此成都和华阳两县总共加起来也就七八百人,但他们要管理七八十万人的事务。[1] 政府非常之小,没有力量来控制地方,也不可能把他们的权力深入到社会底层。那么地方社区靠谁来组织?就靠市民自己。

此外,我在研究中甚至使用民间故事。虽然民间故事并非

---

[1] 王笛:《跨出封闭的世界》,第358—362页。

历史事件的直接描述，但它们的确揭示了一种文化、思想观念或现象。正如 M. 德塞托（Michel de Certeau）所指出的：如果说"标准的历史写的是权威势力的谋略"，那么那些"编造的故事"则提供了了解文化的基础。民间故事可视为一种口述史，生动地展现了过去的生活。20世纪80年代，先后有上千当地学者参加一个巨大的采风活动，后精选为《成都民间文学集成》。这个集子不仅提供了有关成都历史和文化的故事，而且从中我们可以看到普通人是怎样把他们的人生哲学和处世态度一代又一代传下去的。这可以说是我们了解民众文化、思想和生活的一部"宝典"。

虽然成都没有像雨果和巴尔扎克小说那样恢宏、深刻、引人入胜的、以城市为背景的世界经典，但却有颇为不凡的李劼人多卷本小说《大波》和巴金的自传体三部曲《家》《春》《秋》。李劼人和巴金这两位近现代中国的杰出作家都是成都人，这个城市为他们提供了丰富的素材和生活的源泉。他们关于成都城市和人民的描述都基于他们的自身经历，生动而真实。他们小说中提到的公共场所，像庙宇、街道、商店、广场、桥梁、会所、茶馆以及戏园等都是真实的记录。虽然他们的描述对我们研究下层民众及其思想文化是珍贵资料，但是把文学描述作为历史资料仍存在怎样运用的问题。即使我们有充足理由相信这些描述是基于历史事实，然而却都经过了作者的加工，注入了他们感情、意识、价值观和想象力。不过，这些因素并不能使我们放弃从文学作品中去发现"失语"（voiceless）的普通民众声音。当研究政治事件时，我们追求准确的资料；但研究大众思想和文化则不同，模糊的文字常常提供一些独特的、深层的和意想不到的信息。

例如，李劼人在《暴风雨前》描述了人们在茶馆里"吃讲茶"（又叫"茶馆讲理"）的情景：

> 假使你与人有了口角是非，必要分个曲直，争个面子，而又不喜欢打官司，或是作为打官司的初步，那你尽可邀约些人，自然如韩信点兵，多多益善……你的对方自然也一样的……相约到茶铺来。如其有一方势力大点，一方势力弱点，这理很好评，也很好解决，大家声势汹汹地吵一阵，由所谓中间人两面敷衍一阵，再把势弱的一方说一阵，就算他们理输了，也用不着赔礼道歉，只将两方几桌或几十桌的茶钱一并开销了事。如其两方势均力敌，而都不愿认输，则中间人便也不说话，让你们吵，吵到不能下台，让你们打，打的武器，先之以茶碗，继之以板凳，必待见了血，必待惊动了街坊怕打出人命，受拖累，而后街差啦，总爷啦，保正啦，才跑了来，才恨住吃亏的一方，先赔茶铺损失。这于是堂倌便忙了，架在楼上的破板凳，也赶快偷搬下来了，藏在柜房桶里的陈年破烂茶碗，也赶快偷拿出来了，如数照赔。所以差不多的茶铺，很高兴常有人来评理，可惜自从警察兴办以来，茶铺少了这项日常收入……这就是首任警察局总办

周善培这人最初与人以不方便,而最初被骂为周秃子的第一件事。[1]

所谓茶馆讲理,就是人们有了纠纷,无论是邻里打架或者是关于财物争执等,人们就会请一个中人,大家到茶馆里吃茶解决。根据李劼人的这个描述,双方在吃讲茶过程中大吵大闹,调解人也只是敷衍,谁人多势众就判谁方面赢。其实李劼人的这个评论颇有偏见。[2]他作为一个新知识分子,对传统中国社会的这种调解活动持批评态度,所以他描写的口吻比较消极。其他资料可以证明,所谓的茶馆讲理,大多裁决是比较公平的。因为一个中人被邀请来进行裁决,事关他的社会声望,如果每次他都是胡乱裁判,那么他的名声要受到非常大的损害。作为地方名人,在地方社区有影响的人物,是不愿意自毁声誉的。从另外一个角度来讲,如果这种茶馆讲理总是不能主持正义的话,这种社会活动就不可能延续如此长的时间。20世纪初清政府就开始禁止这个活动,后来的国民政府也控制茶馆讲理,但是为什么这个活动能长期持续下去?显然是人民不相信官府,宁愿把裁决交给自己相信的地方有声望的人,而不愿意到官府那里去打官司。

当然,并不是说李劼人的描述就没有用,实际上是非常有价值的。因为他描述了茶馆讲理的另一个方面,即茶馆讲理经常可

---

[1] 李劼人:《暴风雨前》,《李劼人选集》第1卷,第338—339页。
[2] 王笛:《"吃讲茶"——成都茶馆、袍哥与地方政治空间》,《史学月刊》2010年第2期。

能发生斗殴，人们把茶馆里的桌椅拿来当武器，而且我在档案和报刊中确实发现不少这类资料。比如斗殴毁坏茶馆财产，茶馆老板拟出了清单，上面记录了多少副茶具、多少桌椅毁坏了等，要求赔偿，印证了李劼人的这个描述。但是李劼人随后的说法则有所偏颇：茶馆很希望茶馆讲理，一旦斗殴就可以趁机讹诈，把过去的破板凳、烂茶碗都搬出来，要求赔偿。尽管这个描述很生动，但是却与事实不符。茶馆非常害怕"吃讲茶"时发生斗殴，因为财产损失非常之大，有的因此不能正常营业，甚至可能导致停业。所谓的赔偿也是一个漫长的过程，最后有可能就不了了之。所以在使用文学资料的时候，我们一定得非常小心，有些文学描述不能直接拿来用，而需要结合其他记载进行具体分析。

李劼人的短篇小说《市民的自卫》，讲的是民国初年成都动荡不安的社会状况。1917年，川滇黔军阀在成都混战，打得一塌糊涂，大量城区被毁。由于盗贼横行，各个街区自发组织了守夜，这篇小说便是描写市民的这个活动。小说的描写非常真实，当时虽然各家各户都应该出人，但有权有势的人并不参与守夜，这就引起了人们的抱怨和愤恨。小说描述道：

> 入夜不久，街上还有行人，二更以后，便只有一排门灯，同三十来个守夜的专丁。他们都静悄悄的坐在财神庙的大门外，那里有七八个大灯笼，写着某街团防，桌上一座亮纱桌灯，写着严拿奸宄。他们中间年纪在五十以上的有七八

个,都是各家公馆里派出的,年纪在十六以下有十几个,都是各家铺子里的学徒。这两种人在白昼都是极辛苦的,而且早晨照例天明就要起来工作,所以到这时,无论如何是要瞌睡的。纵然为主人与师父所派,不能不离开温和的被窝,出来"自卫",但是坐而假寐,是情理之所许……

中间一个人忽然的愤慨起来,吐了一口痰道:"他妈的,守夜!只是振我们的冤枉罢了(振冤枉犹言设法陷害)。白日要挣钱吃饭,天黑了还要出来熬夜,再熬十天半月,就是铁打的好汉,也熬不住了。"

于是大家的言语便应运而生。大家都归罪于街正,说是他兴的这件事,"明天去问他岂有此理!把我们弄来熬寒受冷的守夜,他龟子倒安逸的搂着小老婆在房里睡觉!他说的自卫,怎么他自己不出来呢!大家都是街坊,难道我们是他的卫队么……"[1]

可见,守夜也反映出阶级的区分。我们也可看到李劼人对自卫和街正以及市民间的不公平所持的批评态度。不过,这个故事也生动地表现了街道是怎么组织和行使自卫活动的。同时,守夜的组织也显示了邻里社区仍然能对像战争、抢劫以及其他外部威胁这样的社会危机做出反应。一方面,普通民众需要有人来组织

---

[1] 李劼人:《市民的自卫》,《好人家》,第131—133页。"振冤枉"为成都方言,即给某人惹麻烦或造成损失的意思,但我想可能"整冤枉"更合乎原意。

自卫，但另一方面，这样的活动也引起了巨大的不便，这种不便甚至会恶化地方领袖和民众之间的关系。《市民的自卫》真实反映了成都人民怎样度过了动乱、不稳定的非常时期。

此外，沙汀也写了不少描述四川乡场社会的小说，如《淘金记》《困兽记》《在其香居茶馆里》等，虽然沙汀写的是成都平原的小乡场，与成都城市生活有一定的差距，但是从大的方面来说，仍然颇为相似。《在其香居茶馆里》，沙汀描述了过去四川茶馆里"喊茶钱"的场面：

> 这时候，茶堂里的来客已增多了。连平时懒于出门的陈新老爷也走来了。新老爷是前清科举时代最末一科的秀才，当过十年团总，十年哥老会的头目，八年前才退休的。他已经很少过问镇上的事情了，但是他的意见还同团总时代一样有效。新老爷一露面，……茶堂里响起一片零乱的呼唤声。有照旧坐在坐位上向堂倌叫喊的，有站起来叫喊的，有的一面挥着钞票一面叫喊，但是都把声音提得很高很高，深恐新老爷听不见。其间一个茶客，甚至于怒气冲冲地吼道："不准乱收钱啦！嗨！这个龟儿子听到没有……"于是立刻跑去塞一张钞票在堂倌手里。[1]

---

[1] 沙汀：《在其香居茶馆里》，《沙汀选集》，第147页。

这段描述中的新老爷经常充当茶馆讲理的中人,在地方是很有声望的,所以他一到茶馆,在茶馆里喝茶的人都站起来要为新老爷付茶钱。为他"喊茶钱"的人越多,这个人的地位就越重要,越有脸面。沙汀的这个描述非常真实。当然要给别人付茶钱也有讲究,对堂倌来说,收谁的钱,是有一定的规矩的。如果收错了很可能得罪某个茶客,可能他以后再也不到这个茶馆来,甚至可能到老板那里去抱怨,说这个堂倌不懂规矩。

沙汀的短篇小说《喝早茶的人》非常生动地描述了茶馆生活,虽然讲的是四川农村一个小乡场的故事,但和我们所了解的成都人吃早茶的情形非常相似。人们早晨从被窝里爬出来,也不洗脸刷牙就到茶馆去喝早茶,甚至就在茶馆里把脸洗了,喝了早茶以后才回去吃早饭。如果不想回去吃早饭,也可在茶馆里吃早点,因为茶馆外就有各种小吃,可以叫堂倌把小吃端进来。在茶馆里吃饭的一般是经济条件不错的。沙汀描述了一个茶客到茶馆门口的酒酿摊去买醪糟蛋,他把蛋朝着天照,如果是透明的就是新鲜的。从沙汀的故事中我们还看到,有的茶客甚至在茶馆里做家务事,例如看到卖豆芽的来了,一个茶客买了就在茶桌上整理,他家的小孩到时候知道来取,说明这成了固定的模式和习惯。当时没有手机,不可能打电话通知家里来拿。这个描述非常真实,尽管是文学的描述,但确确实实地反映了当时人们日常生活的方式和节奏。

同时,游记也是非常有用的文学资料。从19世纪以来,就有很多日本人到四川、到成都，留下了不少的记录。比如说神田正雄的《西清事情》《四川省综览》等都有不少关于成都的描述，而内藤利信则写有改革开放以后的成都见闻。中国人自己写的游记也不少，如舒新城的《蜀游心影》，他20世纪20年代到成都，发现成都的生活方式与其他城市不一样。此外，20世纪30年代易君左也写了《锦城七日记》等。

舒新城是著名教育家，他在《蜀游心影》描述了春熙路的一家茶馆，他看到那里有几个时髦的女子，男的多是穿长衫的。当时男人衣着分为短衣和长衫，前者是体力劳动者的衣着，穿长衫的则是有身份的人，一般都是读书人、士绅等，所以我们可以看出这个茶馆是为中上阶层提供服务的地方，所以他说这些人生计上是不会有问题的。这些人不是学生，也不用上班挣钱谋生，在那里消磨时间。有钱的就在茶馆吃喝，但经济拮据的则只喝茶并不买吃食。吃饱了喝足了，就讨论天下大事，或交流风流韵事，要不就传播各种小道消息。累了还可以在茶馆里打瞌睡。茶客在茶馆消磨了一天以后，才回家吃晚饭，晚上又到戏园去看戏。舒新城很真实地描述了一个茶客的一天。

他在《蜀游心影》中提出的观点是非常有趣的。他访问成都的时候，正是新文化运动之后，这是对中国传统的生活方式、大众文化进行批评的时代。精英们一说到坐茶馆，以及成都人缓慢的生活习惯，就批评其消磨时间和生活的惰性，庸庸碌碌，不关心国家大事。我特别注意到，在这个时期，非常少的知识分子像舒新城那样对这种生活方式持赞赏态度：

> 我看得他们这种休闲的生活情形，又回忆到工商业社会上男男女女那种穿衣吃饭都如赶贼般地忙碌生活，更想到我这为生活而奔波四方的无谓的生活，对于他们真是视若天仙，求之不得！倘若中国在时间上还能退回数十以至百余年，所谓欧风美雨都不会沾染我们的神州，更无所谓赛因斯（Science）先生者逼迫我们向二十世纪走，我们要为羲皇上人，当然有全权的自由。然而，现在非其时矣！一切的一切，都得受世界潮流支配，成都式的悠闲生活，恐怕也要为川汉铁路或成渝汽车路而破坏。我们幸能于此时得见这种章士钊所谓农国的生活，更深愿四川的朋友善享这农国的生活。[1]

这段话流露出舒新城对茶馆所提供的那种节奏缓慢的传统生活方式的向往和欣赏。舒新城认为，那么多人在茶馆戏院里度日子，因此批评他们是浪费时间和金钱，这才真是愚不可及。舒说在茶馆中喝茶的花费并不多，实际上比上海工人的纸烟费还少。当然我在使用这个资料时，指出了舒新城的这个算法是不对的，

---

[1] 舒新城：《蜀游心影》，第144—145页。舒新城所提到的章士钊（1881—1973），北洋军阀时期做过教育总长，1920年他发表不少文章赞扬传统的农业社会及其生活方式，对工业化持批评态度。这些文章包括：《文化运动与农村改良》《农国辨》《章行严在农大之演说词》，收入《章士钊全集》第4卷，第144—146、266—272、403—405页。

因为当时成都的物价本来就低，收入也低，不能和上海进行绝对比较。但是我觉得应该特别注意的是他对成都人这种生活方式的理解。在20世纪20年代，由于西方浪潮的冲击，沿海像上海这样的城市里，人们的生活节奏加快了，都在为了谋生而奔忙，按照他的说法是"赶贼般地忙碌生活"。我们看到，那正是西化风靡的时代，但舒新城居然开始批评这种现代的生活方式。他把这样节奏缓慢的生活形容为像神仙一样的日子，说我们要珍惜这种生活方式，预言这种生活方式可能不久的将来就会消失。

当时谁都没有预料到，已经过了将近一个世纪，在21世纪的今天，在成都我们还看得到这种传统的生活方式。文中所提到的章士钊，在20世纪20年代到处做演讲，就是指出要珍惜这种所谓农国式的生活，即慢节奏的生活，不要被现代社会所驱使，不要只是为了挣钱而活着。过去，历史研究者在涉及这类问题时，对传统生活方式多是持批判态度，因为现代化就是快节奏，我们的生活就是要跟上时代的节奏。但我们应该意识到，现代化也应该容忍一部分人维持自己喜欢的生活节奏，而且我们越来越清楚，当现代化日益暴露出其各种弊病时，传统则显得更珍贵起来。

即使是文人骚客所写的一些"闲文"，仍然有着史料的价值。我曾经读到一篇关于编辑《清文海》的文章，其中提到选入这部达2000万字的清代文章总集的标准有四，即学术价值、文学价值、资料价值和借鉴价值。这无疑是非常恰当的。但是怎样确定这些标准却涉及以什么样的眼光来看待资料的问题。《清文海》的编辑者把清代文人所写的数量浩大的应酬文字、谀墓文字、时文作为"没有多少价值"的文字排除在外，这是颇值得商榷的。且不论它们作为清代文人广泛使用的文体而具有的文学价值，仅从史料的角度看这也是欠妥的。的确，在清史和中国近代史的研究中这类文字很少被用作史料，但它们是否具有史料价值在我看来仍然是历史研究者怎样对它们进行"解读"的问题。毫无疑问，从这些应酬、谀墓和时文中，很难有政治、经济等重大事件的反映（但不是绝对没有），但其仍然从不同的角度给我们提供了关于那个时代的丰富信息，甚至常常是从其他史料中所不可多得的。例如应酬文字往往是士绅和文人相互间交往的文字，从中可以观察他们之间的社会关系、交往、心态、个性、社会风俗、礼节等，更不用说由于空间、时间、社会群体、教育背景、社会地位、阶级以及个性等方面的差异所揭示的更深层的、在社会文化方面的意义。

从图像中找回历史的记忆

除了文学作品，视觉资料为我们研究都市文化，特别是都市大众文化提供了强有力的证据。我关于大众文化的研究中，尽可能地收入了不少照片、漫画以及民俗风情画。虽然我们在使用文字资料时应该尽量使用自己的语言和提供自己的解释，避免"让资料自己说话"的"懒汉"式的研究方式，但视觉资料却可以与文字分析相印证，从而加强我们对大众文化的理解。

钱廉成在19世纪用国画来描述成都街头的各种手工艺人，但他画得相当简洁。[1]清末傅崇矩编辑有八卷本《成都通览》，其中不少插图，以白描的画法，描述了成都三教九流的面相。但可惜的是巴蜀书社在20世纪80年代重印这套书时，可能觉得原版的质量不好，将全部插图重绘，作为历史研究者来说，这是非常遗憾的，因为毕竟不是原汤原汁了。我使用这些图像资料时，还不得不在四川大学图书馆找原版。在美国则出版有徐维理（William Sewell）配文、俞子丹绘画的《龙背骨——20年代成都人的画像》。20世纪90年代我在美国发现这本书的时候，便觉得非常珍贵。20世纪20年代徐维理在成都教书，俞子丹是他的朋友，俞经常把他自己画的关于成都街头的各种人物、各种行业风俗画送给他，积存了很多，徐维理后来把这些画带回到加拿大，自己加了英文说明，和这些画一同出版。这些关于成都人的风俗画都是非常真实的。[2]

晚清和民国初年非常珍贵的图像资料是《通俗画报》，由成都通俗画报社印刷出版，发表了许多时事画、讽刺画、醒世画等，这样的资料以图像的形式，给我们了解过去成都的日常生

---

[1] 钱廉成：《廛间之艺》。
[2] William G. Sewell, *The Dragon's Backbone: Portraits of Chengdu People in the 1920's.*

图1 成都第一劝业场正面图

活,留下了非常生动的记录。在1909年的《通俗画报》上有幅劝业场的白描(见图1),巴金《家》中的大哥觉新就在劝业场上班。[1] 从图中我们可以看到,当时的劝业场建筑是西方样式,屋顶上有座大钟,图像证明了至少在晚清成都便第一次出现了钟楼,告诉人们准确的时间。过去成都人时间概念很淡,因为没有

---

[1]《通俗画报》1909年第3号。

大工业、大公司，多是小商小贩，他们并不需要八小时上班制，对时间准确性要求不高。劝业场后来改为商业场，当时是成都最繁华的地方，历史资料对其有不少的描写。

商业场是当时成都现代化的代表，是最早使用电灯和自来水的地方。郭沫若那个时候还在读小学，看到商场的电灯，游人如织，还专门写了一首竹枝词，表达人们的这种兴奋心情："蝉鬓疏松刻意修，商业场中结队游。无怪蜂狂蝶更浪，牡丹开到美人头。"[1]十分生动地描绘了许多精心打扮、惹人注目的妇女游商业场的景况。由于使用了电灯，商业场里面茶馆的生意更好，三四家茶馆接踵开张，因为过去都是点汽灯或煤油灯，许多人去商业场就是为了看电灯，到了晚上电灯一亮，大家就开始欢呼，这是电灯第一次进入成都。

自来水也是最先在劝业场使用的，不过当时的自来水其实就是把城外的河水运到劝业场里，倒在水池里面，担水的人从这里把水担给住户，所以地方报纸上有幅漫画就称这是"人挑自来水"，也就是说不是名副其实的自来水（见图2）。[2]名副其实的自来水是到了20世纪40年代才开始使用，而且自来水到了20世纪50年代和60年代也并没有进入每家每户。住在街边的成都人还记得，不少街道都有一个水泥墩子封起的自来水开关，有个

---

[1]《通俗日报》1909年6月15日、10月1日，1910年2月17日；林孔翼编：《成都竹枝词》，第149—150页。

[2]《通俗画报》1909年第5号。

自来挑水

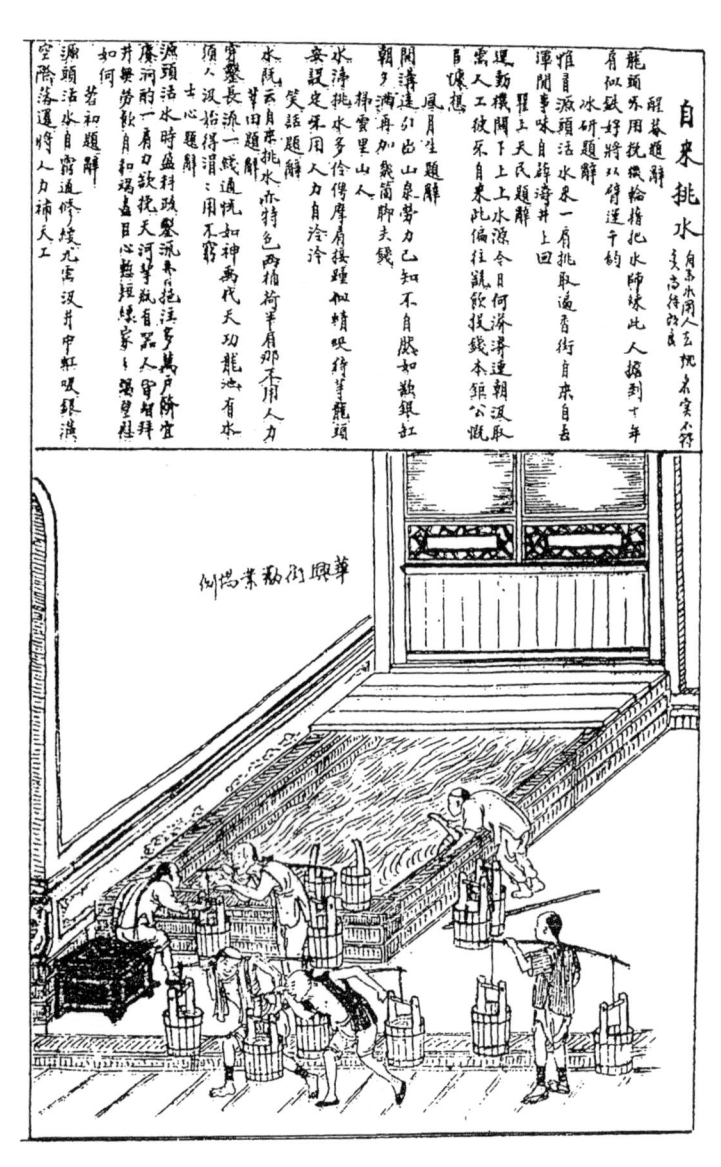

自来水开人玄机者实公符

龙头坏用铁输管把水师涨此人揭到十年
肩似铁将双肩运千钧
唯源活水味自筑梅井上回
潭闻事咏一肩挑尽适香街自去
迎新换闻下上以水源令日何溽浔逢朝没取
当人工彼东此偏往戤欺援钱本镇公慨

昌潭慇
凤月生题解
闲潭云月来挑水亦待色一桶荷肩那不用人力
水院
草田题解
朝夕满再加煎简聊夫钱
柳实里山人
水泽挑水多伶傅摩肩接踵如蚁脏衔茅龙头
安设定来用人力自泠泠
笑语题解
开潭达引出山泉劳力乙知不自殴如热银虹
宵鉴长源一峨遍忧扣神为代天功龙池有水
须人汲拾得渭之用不穷
士心题解
源头活水时盛科政磐流身挍注多万户阶宜
康洞酌一月欽揆天河等就看器人留拜
井无赀和渴盍日心监理填家为望挈
如何
若初题解
源头活水自窗道修绛九雷没井中虹吸银浪
空阶落道将人力补天工

图 2 自来挑水

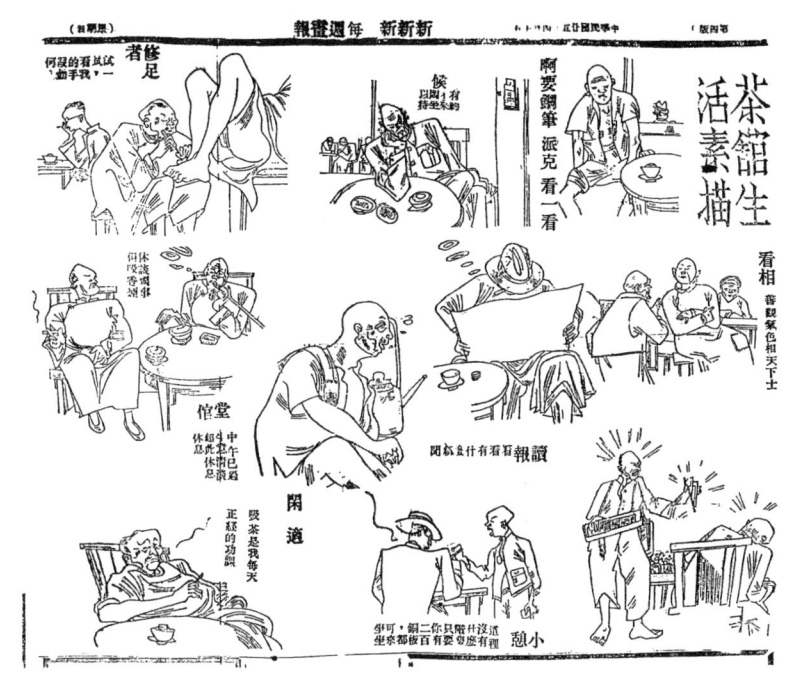

图3　茶馆生活素描

老太太白天把锁打开卖水，几分钱一挑。

图3发表在1936年的《新新新闻》上，叫"茶馆生活素描"，描写了茶馆里的各种人物，从图中可以看到买卖钢笔的小贩。过去读书人在衣兜上都是插钢笔的，派克是高级钢笔，所以这个小贩说要收购派克钢笔。图中还有修脚师傅。修脚过去在茶馆里非常流行，有的茶馆卫生条件非常差，修脚的皮就掉在地上，洗脚水到处泼，还有人随地吐痰。我在档案中就发现不少茶客抱怨茶

馆卫生差的资料。民国时期政府反复颁布茶馆卫生方面的条例，比如规定茶馆必须准备痰盂，禁止茶馆里修脚等，但这些禁令要不没有真正实行，要不就是虎头蛇尾，实行了一段时间，后来又恢复到原状。在这幅素描里，我们还可以看到茶馆里看报的、打瞌睡的、看相的等。我在《街头文化》一书中分析过，算命先生实际上给人们提供了娱乐，通过特定的方式给人们提供了文化服务。茶馆看相的人，有一种特殊的本事，比如说脸上有麻子的人，就说是满脸金星，是一个好兆头；如果是一个跛子，就说是龙行虎步，有贵人相；等等。我们可以想象，当一个人前途非常渺茫，但看相的人可以给他一种希望，说他以后必有大成，让他以更积极的态度面对未来，这何尝不好呢？这幅图的左边可以看到题有"休谈国事，但吸香烟"的字样。民国时期许多茶馆的墙上都有"休谈国事"的告白，叫人们不要去谈论政治，否则可能惹麻烦。此外图中还有小商小贩，今天在茶馆里我们仍然看得到小商小贩在卖东西。这类图画不多，从另外一个方面弥补了文字资料的不足。

图4表现的是"城隍出驾"的传统活动。[1]成都过去在春秋两季有两次"城隍出驾"的活动。过去西方学术界误认为中国每个城市都有城隍，这是不准确的，其实只有一级政府所在地，即有县、府、省府行政管理机构的地方，才会有城隍。成都有五个

---

[1]《通俗画报》1909年第2号。

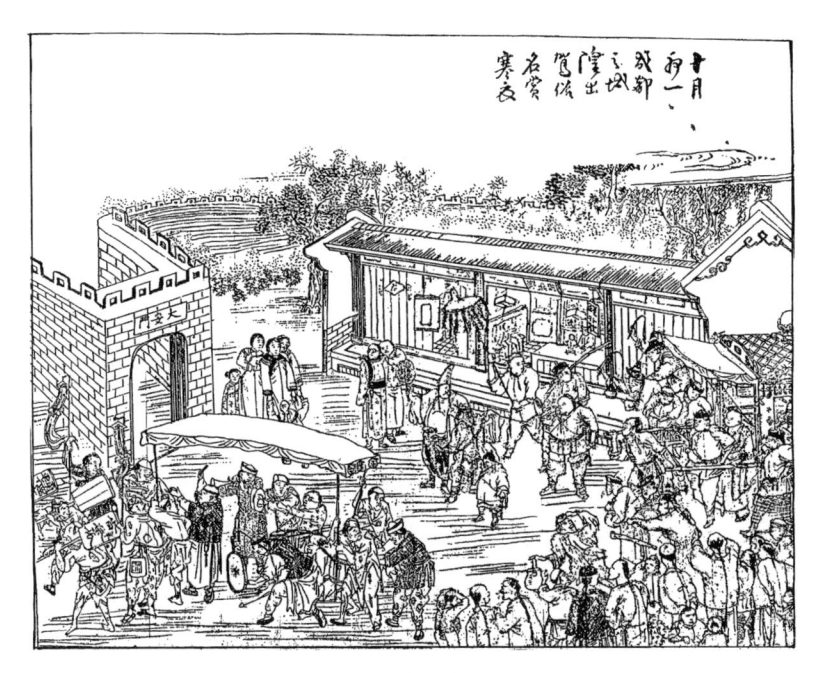

图4 城隍出驾

城隍庙，因为成都是四川省的省会，成都府的府城，成都县的县城，有三级政府在这里，外加两个都城隍庙。每年的春天和秋天，人们把城隍抬出来在街上周游，叫"城隍出驾"。从这幅画中可以看到城墙和街边的商店。最引起我注意的是前面的那一拨乞丐。城隍出驾的时候县太爷、很多官员都要一起出来巡游，但在这个队伍中，前面打旗子的都是些穿得破烂又脏的乞丐。现在我们很难想象，过去乞丐会允许参加这样的活动。民间举行婚丧活动，也并不排斥乞丐参与。例如，有人家要举行婚礼，可以请乞丐打旗子走前头，举行婚宴时，这些乞丐也可以免费吃席。如果办丧事，则请乞丐来帮忙哭丧。实际上这经常是成都富人施舍的一种方式，婚丧活动允许乞丐的参与是一种慈善的行为，有利于增加其社会声望。

记录历史的瞬间

很多老照片也为我们了解成都的社会和文化提供了珍贵记录。关于成都街头的照片实际上并不多，我在20世纪90年代写《街头文化》的时候，专门去了美国的各主要图书馆找关于成都的老照片，美国国会图书馆收集的中国图片可以说是最全的，但关于成都街头的照片我一张也没有找到，而老北京、老上海的照片则有成千上万张。不过我在美国从一些旧书中发现了不少关于成都的照片，那些早期照片几乎都是西方传教士、旅行者记录下来的。我关注的焦点是成都的街道和城墙、街头的人物，而这方面的照片不是很多，但是多年以来也陆陆续续地收集到一些。图5就是成都的通惠门，通惠门实际上是在辛亥革命以后才开凿的，收在一个传教士的回忆录中。那些穿制服的并非军人，而是邮政雇员，当时已经有了邮政局，车子上装着邮件，他们正在穿过城门。[1]现在通惠门的地名还在，可惜城墙和城门都已经没有了。如果这

---

[1] Alexander Hosie, *On the Trail of the Opium Poppy: A Narrative of Travel in the Chief Opium-Producing Provinces of China*, p. 1.

图 5　通惠门

个通惠门今天还能保留,可以说是成都的一宝,修得非常漂亮,哪怕是辛亥革命以后修建的,仍然有着历史的价值。

　　美国传教士那爱德(Luther Knight)拍摄了不少辛亥革命前后的成都。《街头文化》的英文版出版之后,我才得知那爱德的这些照片,后来 2006 年中文本出版的时候,得到了使用许可。图 6 这幅照片质量非常高,实际上是站在城墙上看成都,当我看到这张照片时,马上想到了另一个传教士的描述,他说站到城墙上看成都,眼前是一片黑色的海洋,也就是灰黑色的瓦,绵

图6 站在城墙上看成都

亘不绝,延伸到远方。刚好与另外一首竹枝词相印证:"蜀王城上春草生,蜀王城下炊烟横。千家万家好门户,几家高过蜀王城?"[1]站在蜀王城上,也就是皇城上远眺,可以看到底下家家户户的炊烟,当时城墙是成都城内最高的建筑,站到城墙上,成都城尽收眼底,这张照片提供了一个非常真实的过去的成都,有着登高望远的那种感受。

图7是那爱德大概在1910年或1911年拍摄的,这是成都春天花会的一个镜头。在清末新政改革中,地方政府把传统的花会改成劝业会,即产品展览会,鼓励发展工商业,四川各地的新产品,都拿到花会来展出。各商铺也都到那里摆摊售货,这幅照片

---

[1] 林孔翼编:《成都竹枝词》,第135页。

图 7　成都春天花会

展示了当时摆摊的情况,劝业会里搭有各种棚子。而且还有对展品的评奖和颁奖,这就是中国早期的博览会。我在《跨出封闭的世界》一书中,描写了在辛亥革命之前四川开过六次劝业会,而且我在四川省档案馆发现了劝业会的记录,哪些是一等奖,哪些是二等奖,有哪些产品参展,有多少销售,等等,这些资料都有记录。[1]

---

[1] 王笛:《跨出封闭的世界》,第 265—273 页。

图 8　辛亥革命时的成都

图 8 是关于四川辛亥革命的照片，也是那爱德拍摄的。从这张照片我们可以看到保路运动中的民众集会，旗帜上写着一个"汉"字，代表着"大汉四川军政府"，这是在皇城里照的，可以看到后面的牌坊，上面有乾隆皇帝手书的"为国求贤"四个大字，不过照片上看不到这几个字。皇城有一种厚重感，这张照片很容易让人联想到鲁迅所说的，"于无声处听惊雷"，民众被动员起来，革命发生了，白色的旗子和后面黑色的城墙形成了鲜明的对比，显示了民众的力量。可惜皇城在"文革"中被全拆了，如果能够保留到今天的话，成都现在所有的仿古建筑只会相形见绌。

图9是1906年至1907年另一个美国传教士在四川高等学堂教书时拍摄的,照片得来纯属偶然。有一年我在华盛顿美国亚洲研究年会上宣读了关于成都街头文化的论文,结束以后,一个老太太过来告诉我,她父亲1906年、1907年在成都待过,拍摄了许多成都的照片,问我是否感兴趣。后来她给我寄了很大一本相集来,我挑了若干和成都街头有关的,这就是其中之一。这是当时的一个铺面,店员和店主站在柜台前后。

图10也是这个传教士拍摄的,这是成都乞丐教养工厂,反映了晚清成都社会的改良和变迁。在20世纪初城市改良的时候,把流浪街头的小孩收容起来,给他们提供一个落脚之地,年龄较大的参加各种公共工程,年龄较小的做室内劳动,诸如打草鞋之类。他们挣的工钱会被存起来,等一两年他们离开乞丐教养工厂时,就把这笔钱作为本金给他们去做小生意,这是给他们找一种谋生的出路。

我们也可以通过今天的图像看到过去的日常生活、文化娱乐、经济状况、社会政治等。但可惜随着城市的大拆大建,过去的老街区和老建筑,已经所存无多。图11是我在2003年拍摄的。在去黄龙溪的路上,车开到一条偏僻的路上去了,沿途都是这种小茶馆,茶才一毛钱一杯,真是难以置信。图12是2003年拍的宽窄巷子,当年那里的茶是一元一碗,如果今天要到宽窄巷子喝茶,非几十块钱不可。这是宽窄巷子改造之前拍下的照片,珍贵的记录,可以说已经是物去人非了。图13是一个看相的妇女,

图 9　成都街头的铺面

图 10　成都乞丐教养工厂

图 11　路边小茶馆

图 12　2003 年宽窄巷子的茶馆

图 13　一位看相的妇女

当时我正坐在人民公园的鹤鸣茶馆,她来揽生意,我边跟她讲话边拍了这张照片。我说我不信算命,但她很不以为然,她的表情和姿势很有意思。

三幅图的故事

《街头文化》英文版出版过程中关于三幅图的一段插曲,是一个值得讲述的故事。根据斯坦福大学出版社的规定(其他出版社亦有类似的规则),在交最后定稿给出版社的同时,必须填写"版权许可一览表",以证明书中所征引的受版权保护的资料是获得了版权许可,包括书中使用的照片和图片等。例如关于图片的一览表包括:图片编号、题目、来源、版权申请寄出和收到时间、版权费等。本书英文版共使用了59幅插图,我将所有版权问题在表中都做了相应的交代,自认为不会有问题。但不想2002年7月31日收到斯坦福大学出版社编辑助理卡门的电子邮件,告诉我出版社的版权审查部门发现,本书中的三幅图取自大卫·格拉汉姆(David Crockett Graham)1927年在芝加哥大学完成的博士论文《四川的宗教》[1],博士论文的资料只有在1923年之前(即80年前)的才可以自由使用。因此这些图片必须得到版权许可,否则只好从书中抽出。

---

[1] David C. Graham, "Religion in Szechuan Province" (Unpublished dissertation).

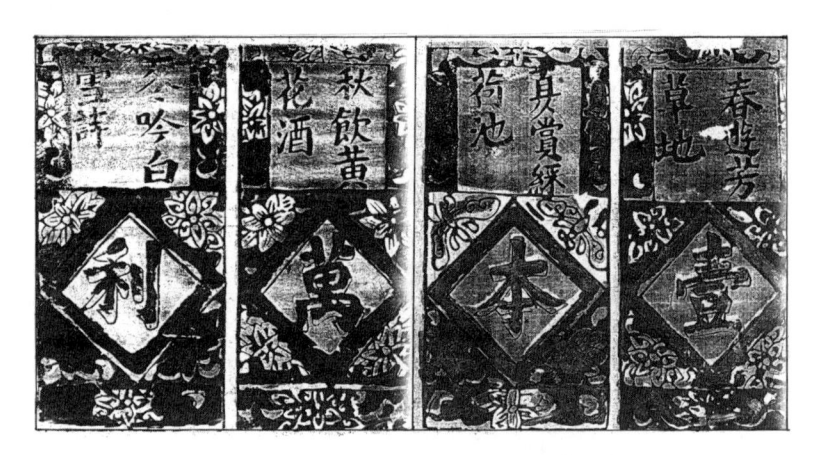

图14 大卫·格拉汉姆收集的方形门联

虽然只有三幅图,但它们对我要论证的主题却非常重要,它们都是大卫·格拉汉姆1916年至1926年在四川做田野调查时收集的。其中一幅图是一对方形门联,从右到左写着"一本万利"四个大字,每字的上方用小楷写有一句诗,连在一起即:"春游芳草地,夏赏采荷池,秋饮黄花酒,冬吟白雪诗。"该诗含春夏秋冬四字,虽然是大白话,却十分隽永,意境美妙(见图14)。另一幅图为"灶神",图中有"灶公""灶婆"和各种人物、动物,还有一副对联,正中是"奏善堂",上下联为:"人间司命主,天上耳目神",虽然画得粗糙、笨拙,但却非常有趣,是大众所喜欢的典型风俗画(见图15)。第三幅图为"门神",为"唐代胡帅",身着盔甲,手提节棒,威风凛凛(见图16左)。这三幅画都是表现大众文化非常生动的视觉资料,过去沿街的两边铺面的

图 15 灶神

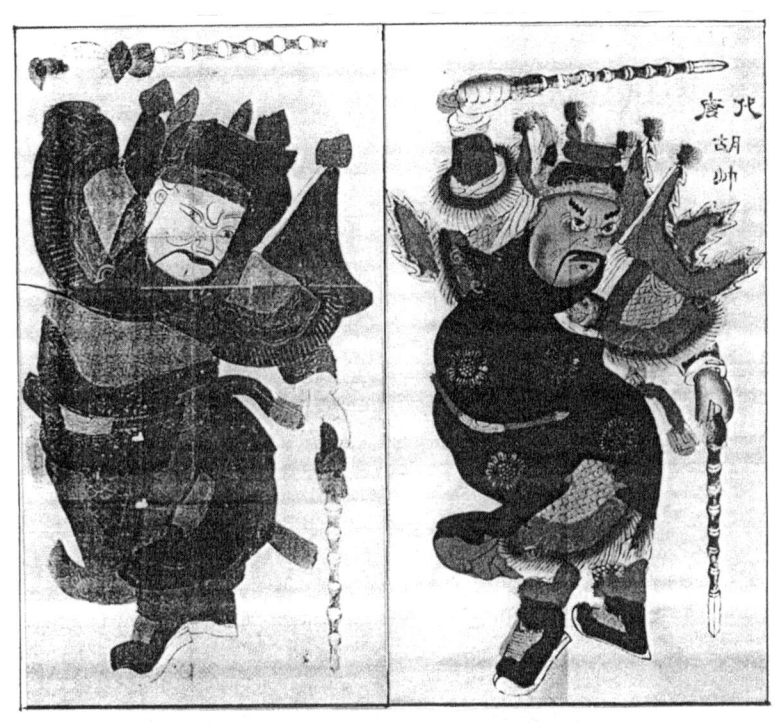

图16　大卫·格拉汉姆收集的门神（左）和作者1997年购得的门神（右）

门上都贴有门联门神，是展示大众文化的最好场所。

其中有趣的是那幅门神，当把其与我1997年在成都购得的一张门神相较（见图16右），我简直不敢相信自己的眼睛：一幅在芝加哥大学图书馆沉睡了70多年，而另一幅却是成都民间艺人新近制作的，它们在截然不同的时代出世，而且分处太平洋两边的不同世界，可以说彼此间没有任何直接的联系，但是它们真像一对孪生兄弟，除了细部有点差别外，姿态外表竟然几乎是一样的！从1916年（也可能稍后一些）这幅画到大卫·格拉汉姆的手中后，中国经历了新文化运动、大革命时期、土地革命战争、抗日战争、解放战争、社会主义改造、"文革"、改革开放等历史阶段，中间还出现若干次反大众文化的运动，中国社会已经发生了翻天覆地的变化，改良、革命和现代化运动是如此强烈地冲击大众文化，但大众文化却有这样惊人的生命力。今天人们不但继续绘制、张贴门神，而且在形式、内容上竟然和几十年前的如此相似！

正如前面所提到的，我在本书强调了大众文化的持续性（continuity），虽然它看起来是弱者，总是被国家权力和精英所征服，被正统文化和精英文化所打击和排挤，但它却顽强生存下来。过去对近代中国的研究，基本上是强调变化，考察的是在西方和现代化冲击下，中国政治、经济、社会和文化是怎样发生变化的，但人们忽略了文化是最根深蒂固的因素。其实，有时大众文化从表面看是改变了，但骨子里却仍然是传统的。

因此，如果把这三幅图抽出的话，那将十分可惜。但问题是我去哪里寻找版权许可？这是一个未刊博士论文，年代久远，到哪里去找作者？而且从年代来看，作者多半已经去世，寻找其家属恐怕就更为困难。说实话，对这么老的资料，在哪里申请版权，我也是一无所知。8月4日我给卡门发了电邮，询问具体办法。卡门马上回信，建议与芝加哥大学联系，一是弄清楚20世纪20年代的博士论文是作者还是学校拥有版权，二是看学校是否保存有关于作者或家属的联系办法。我默默祈祷芝加哥大学拥有版权，这样可向学校申请，问题就将迎刃而解。我立即给芝加哥大学博士论文办公室打电话，但回答却十分令人失望，他们告知作者持有版权。我只好寄希望学校能提供关于作者的联系办法，随即打电话到芝加哥大学校友会，但被告知由于年代久远，他们也没有任何有关信息。

在万般无奈的情况下，我决定下笨功夫，从美国各图书馆的资料库去寻找有关作者的蛛丝马迹，例如大卫·格拉汉姆可能出版的书或文章等，幸好互联网使我的计划成为可能，否则我根本不可能在较短时间内有任何斩获。经过一番努力，我还真的发现了大卫·格拉汉姆的近三十种其他作品，有的是已印行的，有的是存于博物馆的手稿，有的发表在杂志上，大多与四川有关，内容涉及大众宗教、风俗、民歌、方言、考古、少数民族等。而且有若干发表在具有很高声望的史密森学会（Smithsonian Institution）的会刊上。我这才意识到，我寻找的这位大卫·格拉汉姆是一位非凡的学者，其兴趣和知识是如此广泛，而且是如此多产。令人惭愧的是，我作为一位专门研究四川的学者，对他竟然一无所知，也为这样一位对四川宗教文化研究有重要贡献的美国人及其著作被默默无闻地埋没而深感遗憾！

不幸的是，这些作品大多发表在20世纪三四十年代，从中无法得到作者的联系办法。但令人鼓舞的是，我在总部位于华盛顿的史密森学会的档案一分部，编号第7006号的"亚历山大·威特莫尔（Alexander Wetmore）收藏"中，发现了大卫·格拉汉姆与威特莫尔的大量通信，时间从1943年至1974年。威特莫尔从1925年起任史密森学会副会长，负责国家博物馆、国家艺术博物馆和国家动物园的工作。他似乎对古鸟类和鸟化石学特别感兴趣，留下了大量与各国古鸟类和鸟化石学家有关的通信记录，而大卫·格拉汉姆曾在中国西部为美国国家博物馆（United States National Museum）收集自然标本多年，因此他们之间有不少信件往来。这些通信记录表明，从1919年夏开始之后的20年间，大卫·格拉汉姆在史密森学会的资助下，曾在四川进行了14次收集考察。

得到这个线索后我非常兴奋，这表明史密森学会与大卫·格拉汉姆有着密切的联系，很可能通过史密森学会能找到有关大卫·格拉汉姆及其家属的信息。于是我立即打电话到史密森学会档案部，但结果仍然令人失望。有关人员告诉我，关于大卫·格拉汉姆与威特莫尔的信件是20世纪70年代在大卫·格拉汉姆去世后其家属捐献的，档案部没有存任何其家属的联系记录。就这样，我好不容易找到的一点线索又断了。

我只好借助于互联网，继续搜寻有关大卫·格拉汉姆的蛛丝马迹，虽然其希望犹如大海捞针一般。但真是功夫不负有心人，我竟然在出版于田纳西州的《烟山历史学会通讯》（*Smoky Mountain Historical Society*）第26卷第1期（2000年春季号）上，发现了一则小消息，一位名叫琼·格拉汉姆·布朗（Jean

Graham Brown）的女士给《通讯》写信说，她对莎拉·欧格勒（Sarah Ogle）的家史感兴趣，因为莎拉·欧格勒在结婚以后，便搬到了阿肯色州的格林·弗勒斯特（Green Forest），那"是我父亲大卫·克罗克特·格拉汉姆（David Crockett Graham）的出生地"。正是这句话引起了我的注意，因为她父亲的名字与我要找的人完全一样！至于她为何对莎拉·欧格勒的家史感兴趣，莎拉·欧格勒是何许人也，对我来说关系不大。但正是她这句看起来随便的提示语，却令我如获至宝。更令人振奋的是，信末还附有布朗的通信和电邮地址。当天我便给布朗女士发了一个电邮，信中作了自我介绍，询问她父亲是否就是那位1927年在芝加哥大学获博士学位并长期在中国研究的大卫·克罗克特·格拉汉姆。但十分令人失望的是，电邮不久便被退回，原因是这个电邮地址已不存在。

现在就只有最后一条路了，即按那个地址写信去，在信中我还留下了我的电邮地址。信是2002年8月6日寄出的，我8月10日便离开得克萨斯州回中国，先到大连参加"第十届清史国际研讨会"。不想8月13日在大连时收到了布朗女儿南希·瑟维尔（Nancy Seewer）发来的电邮，告诉我给她母亲的信收到，我所要找的正是她的外祖父。这真是意外的惊喜，但不幸的是，布朗女士已于去年夏因病去世，因此她代母亲回信。她说她外祖父共有五个女儿，琼·格拉汉姆·布朗是最小一个，而且在中国长大，1927年至20世纪40年代同父母住在中国。五个女儿中目前只有一个在世，名叫哈里特－简·格拉汉姆·弗根德克（Harriet-Jane Graham Hoogendyk），如果我有任何关于她外祖父的问题，可以同她联系，她还告诉了我她姨妈的通信和电邮地址。我当即给瑟维尔回信，告诉她我费尽心机寻找格拉汉姆家属的目的。15日又收到瑟维尔回复，说授权应该没有问题，但需要直接同她姨妈哈里特－简·格拉汉姆·弗根德克联系，因为她是大卫·格拉汉姆的直接继承人。她还说已经把我的电邮转给了她姨妈。

于是，我便给弗根德克女士发了电邮，重述了请求版权的事。然后我又给斯坦福大学出版社的卡门发了个电邮，告诉她线索终于找到，同时还告诉她我要在9月1日回美国后，才能告诉弗根德克所要采用图片的标题及其在格拉汉姆博士论文的页码。另外，我还询问版权授予是否可以通过电邮认可，或是必须使用正式信函。8月15日卡门回信称电邮可以，只要把弗根德克授权的电邮转给她即可。她还说目前书稿万事俱备，只等授权信一到，书稿便将由编辑部门转到出版部门。我9月1日晚回美，第二天便又给弗根德克发了电邮，告诉她这三幅图的题目和页码。当天便收到了她授予版权的回邮，全文如下：

> 根据你2002年8月13日和9月2日电子邮件，我允许你在《街头文化：成都公共空间、下层民众与地方政治，1870—1930》在以下条件下免费使用所要求的图片：
>
> 1. 如果格拉汉姆博士的博士论文中的任何资料是引用他

人的成果，使用许可必须直接从原资料版权所有者得到。如果没有得到许可，不得在你的书中使用。

2. 使用的资料必须在注释或者征引书目中注明：重印自大卫·克罗克特·格拉汉姆著《四川的宗教》，芝加哥大学博士论文，1927年。重印得到哈里特－简·格拉汉姆·弗根德克的许可。

3. 重印只能在授权的范围之内。

哈里特－简·格拉汉姆·弗根德克

大卫·克罗克特·格拉汉姆著作版权经理人

此外，弗根德克还附言说，书出版后希望能购买一本。其实我想她完全有理由要求出版后赠送一本，她却是如此地客气。我马上发了电邮感谢她的授权，并表示书一出版便会寄上。在收到授权后，我立即把电邮转给了卡门。9月3日，卡门回复说书稿已移交出版部。到此寻找大卫·格拉汉姆算是圆满结束。

转眼几乎就是一年，2003年7月，本书英文版在美国出版，由于当时我正在中国做关于茶馆的研究调查，拖到2004年初才给弗根德克寄去一本。她收到后给我发了一个电邮，说是给我寄了一个包裹，但也没有说明寄的是什么。几天后包裹到了，打开一看是一大一小两个陶瓷花瓶，底座上都镌刻有弗根德克的签名，这是她自己制作的，她告诉我这是她的业余爱好。这真是十分珍贵的礼物！

2003年整年我都没有上课，在美国国家人文科学基金会的资助下进行成都茶馆课题的写作和研究。这年秋天在成都查资料时，关于大卫·克罗克特·格拉汉姆的追寻却有一个没有预料到的发展：我偶然从一本介绍三星堆的通俗读物中，发现我所费尽心机寻找的大卫·克罗克特·格拉汉姆，中文名字竟然是葛维汉——是他组织了最早的三星堆发掘！20世纪30年代初，葛维汉在华西大学博物馆担任馆长。当他第一次见到在广汉做传教士的英国牧师董宜笃那几件玉石器时，便意识到了其重要意义。1934年葛维汉与华西大学博物馆副馆长林名均教授组建起一支考古发掘队，在广汉月亮湾首次进行了发掘工作，从而揭开这个20世纪最重要考古发现之一的序幕。关于他主持三星堆的最初发掘，已经有不少文章提到，但可惜都很简略，很可能他的其他著作、信件或其他文献中记录了这次考古的详细情况。

我不厌其烦地讲述这个寻找大卫·格拉汉姆的故事，是想说明西方学术界对版权的重视和学术界是怎样具体遵守这个规则的，更不用说大卫·格拉汉姆是和举世闻名的三星堆发掘联系在一起。而且通过寻找大卫·格拉汉姆的过程，也使我意外发现了一段蒙上尘埃的历史。

图像的使用及其局限

研究城市所依据的资料，无论是档案，还是时人的记录，后人的回忆,哪怕是图像——例如照片和绘画等,都已经是经过别人筛选后记录下来的内容,而且资料本身,往往也有想象的成分。[1] 因为资料的记录者所描写的对象,都是从一个特定的角度出发,这个角度当然会影响观察的真实性和全面性。研究都市,经常使用游记,因为无论是外国人,还是外地人,对新到的地方都有一种敏感,他们记下了自己的所见所闻,这些记录无疑是珍贵的。但问题在于,旅行者走马观花式的体验,难免浮光掠影,这种体验不深,使得他们的描述有着相当大的想象空间,当他们的体验不足的时候,他们的想象便帮助填补了描写的空白。因此我们重构的城市,可能是我们想象的城市,也就是我们心中的城市,即使我们所描述的一切,都是有所根据的,但仍然只是想象的城市。

我自己的研究非常重视对图像资料的使用。视觉资料是都市日常生活和大众文化最为直接的展示,揭示了人们对公共空间的使用以及在公共空间的人间百态。从 19 世纪下半叶以来,传教士、中外旅行者、记者等便用照相机记录了中国都市的日常生活,这些照片出现在各种出版物上,但大多数则珍藏在私家手

---

[1] 关于图像资料与解读,见 W. J. T. Mitchell, *Iconology: Image, Text, Ideology*; David Freedberg, *The Power of Images: Studies in the History and Theory of Response*; Heinz Kuckertz, *Creating Order: The Image of the Homestead in Mpondo Social Life*; Fernande Saint-Martin, *Semiotics of Visual Language*; Chris Jenks ed., *Visual Culture*。

中。一些艺术家也用他们的画笔留下了中国都市生活的过去。那些照片和绘画作品为都市文化的研究提供了非常生动而且有力的视觉材料，与文字的记载或相映成趣，或互补不足。这些资料对我们今人来说，犹如亲临其景，便可体会到那熙熙攘攘的街头和芸芸众生的相貌：行人、小贩、手工工匠、茶馆茶客、街角的剃头师、摆地摊的算命先生……三教九流，无奇不有，它们从另一个角度帮助我们重构那逝去的文化和历史。

视觉资料为我们研究城市提供了强有力的证据，照片固然是实景的记录，但是绘画更是艺术创作，离真实有更远的距离。因此，我们还不得不问这样的问题：图像只是充当补充资料，还是图像使我们重新认识了从文字资料不能得到的历史？其实两种结果都存在，阅读文字与图像是不同的，图像给了我们文字资料所不具备的视觉感受。从这个意义上说，图像资料补充了文字资料的不足，因为并非城市的各个方面都有文字描述，这个缺陷有时候可以用视觉资料来弥补，使我们重新认识城市的过去。[1]

当然，我们在使用图像资料时，以下问题是应该注意的。第一，照片并不是客观的。虽然摄影镜头本身是非常客观的，没有

---

[1] 关于绘画的历史解读，见 Norman Bryson, *Vision and Painting*: *The Logic of the Gaze*; Bogumil Jewsiewicki, "Collective Memory and Its Images: Popular Urban Painting in Zaire: A Source of 'Present Past,'" *History and Anthropology* vol. 2, no. 2 (1986), pp. 389-400; Johannes Fabian, *Remembering the Present*: *Painting and Popular History in Zaire*。

偏见，可以如实记录拍摄的对象；但问题在于，摄影者的眼睛却是主观的，为什么选这个镜头，镜头包括什么，不包括什么，从什么角度，在哪个时刻按下快门，等等，都是主观选择的结果。我们今天看到的这些图像，貌似客观，其实显然已经是主观选择的结果。我们甚至可以这么说，这是摄影者的都市想象。当城市原有景观已经消失，这些图像（照片、绘画、影片等）便成为我们了解和重构城市景观的依据。但怎样重构城市景观则成为问题，即图像文本与城市本身之间的差距。而且同一个对象，图像取不同角度，在不同时间拍摄，表现的对象会有很大的不同。

第二，使用图像，哪怕是摄影，我们也必须持怀疑的眼光。[1]图像的作伪、移花接木是很经常的，误读也是很普遍的。例如，美国国家历史博物馆曾通过电邮给我发来一张清代衙门审案的照片，但是我仔细一看，发现人和衙门桌椅都不成比例，服装也是像戏台上的一样，我当时断定这不是真正审案的照片，而是戏台上的表演。最近有研究指出，清代的外国人所摄反映中国法律、判案、惩罚等的照片，不少是设计摆拍的，其实是外国人

---

[1] 关于照片作为历史资料的使用，见 Roland Barthes, *Camera Lucida*: *Reflections on Photography*; Melissa Banta and Curtis Hinsley, *From Site to Sight*: *Anthropology*, *Photography*, *and the Power of Imagery*; Alan Trachtenberg, *Reading American Photographs*:*Images As History*, *Mathew Brady to Walker Evans*; Joanna Cohan Scherer ed., *Picturing Cultures*:*Historical Photographs in Anthropological Inquiry*; Suren Lalvani, *Photography*, *Vision*, *and the Production of Modern Bodies*。

对中国法律的一种想象。[1]

第三，图像解读，首先是对图像记录者的解读，即了解这些图像是谁的想象。如果我们对记录者的思想、经历等有所了解的话，可以帮助我们进一步认识图像。例如，图像的记录，就有中国人和外国人之分。为什么大量的图像是外国人记录的？因为他们对一种不同文化十分敏感，而当地人对城市日常生活和文化经常是熟视无睹。但外国人记录也由此会产生问题：走马观花，表面现象，不能深入内部。

第四，我们今天能够正确读图吗？今天看过去的图像，是从我们今天的观念来理解和解读的，因此存在三个可能性：一是再现或重构了过去；二是读出了原本不存在的东西，加入了今天的意识；三是从对过去图像的解读，反过来帮助我们认识今天的城市。对图像的研究，可以分别往上述三个可能性的某一方面发展，也可能在三个方面进行综合分析。

---

[1] 张世明：《拆穿西洋镜：外国人对于清代法律形象的建构》，杨念群主编：《新清史·清史研究的新境》(《新史学》第5卷)。关于西方中心、殖民主义与图像的关系，见 Jan Nederveen-Pieterse, *White on Black: Images of Africa and Blacks in Western Popular Culture*; Linda Nochlin, "The Imaginary Orient," *Art in America*, May 1983, pp. 118-131; Gustav Jahoda, *Images of the Savage: Ancient Roots of Modern Prejudice in Western Culture*; Paul S. Landau and Deborah D. Kaspin ed., *Images and Empires: Visuality in Colonial and Postcolonial Africa*。关于图像与民族主义的研究，见 Benedict Anderson, *Imagined Communities: Reflections on the Origin and Spread of Nationalism*; J. G. Carrier ed., *Occidentalism: Images of the West*。

第五,我们不但要注意图像记录的东西,也不能忽视图像没有记录的方面。当我们发现过去一些东西在记录中并没有出现,我们就应该考虑,为什么这样一些东西在记录的图像中缺失?为什么一些东西在某一时间出现,又在某一时间消失?我们应该探索这种出现或者消失是由于客观对象的变化,还是由于当时人们主观的关注或者缺乏关注,等等。这些隐藏在后面的动机,也经常可以成为我们了解都市文化和日常生活的又一把钥匙。

第六,对图像的解读,不同学科所追求的东西不一样。历史学的解读注重空间、时间、变化,文学的解读着眼于语言、情感、想象力,政治学解读关心权力、控制、博弈,人类学的解读钟情于生活、风俗、模式,社会学的解读集中在结构、功能、关系,等等。因此,可以说对任何图像的解读都可以是多维度的解读,也可以是某一方面的解读。无论哪一种解读,都会帮助我们重构城市的过去,虽然这个认识是永无止境的。

第三编　新文化史的理论

新文化史从20世纪80年代以来渐成气候，加入这个阵营的学者们把普通人作为他们研究的主要对象，同时他们也从过去现代化理论流行时代的社会科学方法，转向讲究叙事和细节的人文历史学方法。虽然大事件的研究仍然是许多历史学家的研究中心，但在此大背景下，一些新课题如日常生活、物质文化、性别、身体、形象、记忆、语言、大众文化等却得到明显的发展。

第七章　大众文化与近代中国社会

1985年美国加州大学出版社出版了由姜士彬（David Johnson）、黎安友（Andrew Nathan）和罗友枝（Evelyn Rowski）等合编的一本名为《晚期中华帝国的大众文化》的论文集，预示着在美国历史学家中研究中国大众文化史的群体已初露端倪。[1]经过30多年的发展，此一课题的研究显然已取得了长足的进步。可以说继关于近代中国城市研究热之后，大众文化在相当一段时间内都会是美国的中国史专家所热衷的主题。虽然这个发展稍迟于美国史学界之于欧美大众文化史的研究，然对大众文化的认识却基本上经历了类似的过程，即由过去对大众文化的三分偏见和否定态度转变到试图揭示其深刻的社会和政治意义上来。本章便力求从各个角度对最近的重要研究进行一个概括的考察。

---

[1] David Johnson, Andrew J. Nathan, and Evelyn S. Rawski eds., *Popular Culture in Late Imperial China*.

大众文化与精英文化

大众文化（popular culture）和精英文化（elite culture）的分野在西方学术界已无大的分歧，然而对其界定却面临着相当的困难。人们发现很难为"大众文化"和"精英文化"找到一个满意的定义。一般来讲，大众文化就是大众所创造并欣赏的一种普及文化；而精英文化却是代表正统的、由主导一个国家或民族的那一部分精英所创造并欣赏的文化，也有人称之为"高级文化"（high culture）。大众文化和精英文化虽性质各异，然而它们的不同因素又被整合进一个复杂的文化系统，因而简单的划分的确难以包容如此复杂的文化内涵。而且研究者容易忽视的是，由于时间和空间的差异，"大众"和"精英"的含义也随之游离。在19世纪和20世纪初的中国，报纸杂志和其他大众传播工具是精英文化，然而在今天却是大众文化；如今，意大利歌剧在美国和中国都是精英文化，然而在意大利却是大众文化。此外，大众文化的创造者也不断地改变着其角色，并大有"下里巴人"与"阳春白雪"相互结合的演变之势。以至于，今天一些研究美国大众文化的学者认为现代大众文化的创造者是知识分子，因此大众文化的历史便有着"必然亦是知识分子的历史"的趋向。[1]

---

[1] Andrew Ross, *No Respect: Intellectuals & Popular Culture*, p.15.

在传统社会中，由于没有现代大众传播媒介以缩小时空，地域文化的特征表现得相当强烈，因而"大众文化"就难免常与"民间文化"（folk culture）胶合在一起。在西方文化研究中影响甚大的 A. 葛兰西（Antonio Gramsci），曾以"流行歌曲"（popular songs，或叫"大众歌曲"）为例，指出了大众文化的三种类型：1. 由大众谱写而且为大众谱写；2. 为大众谱写但不是由大众谱写；3. 不由也不为大众谱写，但由于表达了大众的思想和感情而为大众所接受。[1]在这种定义下民间文化被划归为第一种类型。这种由大众创造并为大众服务的民间文化便自然成为研究晚期中华帝国大众文化的焦点之一。总的来说，在讨论文化，特别是对文化进行划分之时，我们必须就所要讨论的对象进行时间、空间和内涵的严格的、仔细的界定，否则便可能陷入混淆、模糊以及无的放矢的境地。

"大众文化"的定义取决于对"大众"的理解，然"大众"实际上是一个变化多端的政治性词语，随时代和社会背景不同而时生歧义。由此，在西方大众文化的研究中，便有学者反对使用"大众文化"这个概念，而主张用"平民文化"（mass culture）来取而代之，其理由是，因为有时高级文化也不乏大众化。而平民指传统欧洲社会中那些未受过教育的人，在现代西方则意味着中下阶级和穷人。因此，"平民文化"被认为是由"无文化的"

---

[1] Antonio Gramsci, *Selections from Cultural Writings*, p. 195.

(uncultured)"平民"所创造的。过去,西方学术界对大众文化(这里指的是"平民"的文化)大都持批判的态度,认为其降低了社会的欣赏层次、损害了文明的平衡。甚至设想,如果没有大众文化的存在,人们的格调将会高雅得多。[1]显然,迄今为止没有证据能证明这个观点的正确性。事实上,历史上许多由国家发动的对大众文化的打击,提倡所谓官方的"高级文化"或"正统文化",成功者寥寥无几。

研究中国大众文化的学者也同样认为大众文化的含义游刃甚宽,正如《晚期中华帝国的大众文化》一书所提示的:"大众文化是由非常广泛的现象所组成,从住房到民间宗教,从水利技术到皮影戏。"[2]因此,姜士彬认为,虽然"大众文化"和"精英文化"之概念不可没有,然在使用之时若未意识到它们所呈现的复杂社会内涵,那么只能是把问题搞得更含混不清。他试图指出,创造和接受文化的人很难简单地按"精英"和"大众"来划分,而应该根据所受教育层次的不同来界定。并且他提出晚期中华帝国阶层的划分是基于三点重要的区别:教育、法权和经济地位。中国的社会分层便按照从受过良好教育、具有特权、处于主导地位的精英到目不识丁、处于依附地位的普通人依次排列。在其顶

---

[1] Herbert J. Gans, *Popular Culture and High Culture: An Analysis and Evaluation of Taste*, pp. 10, 44-45.

[2] David Johnson, Andrew J. Nathan, and Evelyn S. Rawski eds., *Popular Culture in Late Imperial China*, p. x.

端,是受过中国经典教育(几乎都参加过或准备参加科举考试)那部分人;在底层是文盲;处于中间者是受过一点教育,但程度各有差异的人。而这上、中、下三层又可分别按其法权和经济地位再各分为三个层次,这样中国社会大致被划分为九种不同的文化集团。[1] 这种划分是否恰当尚值得进一步的探讨,但这个研究至少提醒我们传统中国社会文化的复杂性。

任何国家都有自己的主导文化,可称之为"主流文化"。这种主流文化可能被各种文化集团所认可,无论其教育程度、年龄、性别以及贫富的差别。有的学者竭力强调中国文化的这种同一性,认为在传统中国社会中尽管人们在社会地位和个人财富之间差异甚巨,然士绅和农民皆处于同一社会文化系统中,只不过是各在一端而已。[2] 更有学者相信精英文化也可生产出大众文化,因为受过良好教育的大众文化创造者并不鲜见。人们进而还看到,儒家社会伦理不仅被科举制度、官僚体制和法律所强化,而且还产生出被大众接受的、散布广泛的礼仪和大众宗教。[3] 那些

---

[1] David Johnson, "Communication, Class, and Consciousness in Late Imperial China," in Johnson, Nathan, and Rawski eds., *Popular Culture in Late Imperial China*, p. 56.

[2] Bonnie S. McDougall, "Writers and Performers: Their Works, and Their Audiences in the First Three Decades," in B. S. McDougall ed., *Popular Chinese Literature and Performing Arts: In the People's Republic of China, 1949-1979*, p. 279.

[3] Kwang-Ching Liu ed., *Orthodoxy in Late Imperial China*, p. 21.

在人们口头流传、被大多数人所熟悉的神话、传说、故事和诗歌都渗入了主导社会集团的意识和价值观。[1]在中国宗教方面,佛教、道教和其他大众宗教与儒教有长期和平共处、共同繁荣的历史。有些大众文化甚至是由精英和民众共同创造的,例如中国的娱乐方式便很难以精英和平民来划分,富人和穷人、受过教育和未受过教育的人都共享诸如纸牌、麻将等那些我们称之为"大众娱乐"的形式。[2]地方戏也无贫富和阶级之分,在宋代及宋以前,那些在街道、市场、村庄演出的戏班和粗俗的大众戏也可进入宫廷表演,而宫廷的好恶则可染及下层民众。因而中国戏剧所传播给普通人的并非"纯粹"的大众文化,其中贯穿了复杂的包括正统和异端的价值观。因此正如华德英(Barbara E. Ward)所说,"戏是中国文化和价值的载体,也是成功的教育者"[3]。

但是也有不少学者倾向于强调大众文化的独立性。虽然晚期中华帝国时期的教育由正统所主导,以及其他文学活动也不可避免地与儒家价值观和信仰结合在一起,然而对于农民大众的思

---

[1] David Johnson, "Communication, Class, and Consciousness in Late Imperial China," in Johnson, Nathan, and Rawski eds., *Popular Culture in Late Imperial China*, pp. 35-36.

[2] Richard J. Smith, *China's Cultural Heritage: The Qing Dynasty, 1644-1912*, p. 262.

[3] Barbara E. Ward, "Regional Operas and Their Audiences: Evidence from Hong Kong," in Johnson, Nathan, and Rawski eds., *Popular Culture in Late Imperial China*, p. 171.

想控制并不十分成功。中国幅员辽阔,成千上万的村庄散布在国家权力难以企及的地方,精英的文化霸权(cultural hegemony)未必能够操纵以口述为主的农民文化。例如一项关于中国农村谚语的研究便试图证明这种大众文化和精英文化的分离。在中国农民中流传的谚语无不表现出一种对精英价值的抵制,充分显示出农民对正统价值观和信仰的接受都是十分有限的。同时,这些谚语说明了中国农民文化明显异于精英文化,却能被精英文化所容忍。[1] 此外,地方戏往往也在相当程度上摆脱了精英文化的束缚。流动戏班穿梭于各小城镇、乡村及庙会,比起那些在大城市或宗族典礼中所上演的戏要较少受到精英的控制,因此往往超越了忠、孝、贞节这类说教的藩篱而大胆表现情爱、历险和鬼神的题材。当然地方戏也不可避免地受到精英文化的影响。"大众文化是由普通人创造的",与民众的生活相互依存,同时也为地主阶级所接受,因此他们利用自己的权力施加影响,把其变得更为精致和具文化内涵。每当上层阶级在民众暴乱的打击下走向衰弱以后,农村社会便恢复到相对的平等,大众文化又恢复其活力并按其新的形式来表达自己,从而使大众文化的发展又开始了新一轮的循环。[2]

---

[1] David R. Arkush, "Orthodoxy and Heterodoxy in Twentieth-Century Chinese Peasant Proverbs," in *Orthodoxy in Late Imperial China*, pp. 312, 325, 331.
[2] Tanaka Issei, "The Social and Historical Context of Ming-Ch'ing Local Drama," in *Popular Culture in Late Imperial China*, pp. 149, 159.

无论是强调大众文化与正统文化的同一性，还是强调大众文化的独立性，都从不同的角度反映了大众文化与精英文化的那种错综复杂的关系。[1]其实，"同一性"和"独立性"自始至终都存在于大众文化之中，但由于时间、空间和具体的社会文化环境以及大众文化某些自身的特征等原因，其"同一性"和"独立性"在大众文化中或强或弱、或显或隐，交错地发生着变化。充分认识到这种交叉重叠的游离关系对研究和理解大众文化将是至关重要的。

大众文化与象征系统

在传统中国，统治阶级总是处心积虑地树立一些能代表正统思想意识的象征，以作为国家权力操纵的一种手段，它们进而融为国家意识形态组成的一部分，西方学者称之为"象征系统"（symbolic system）。虽然那些象征多是由国家所支持，但它们并不必然与大众对立，而且在一定程度上也可代表大众。对人物的崇拜便是最典型的创造象征的途径。对人物的崇拜在中国社会中非常普遍，一般来讲分为两类：一类是对像屈原那样的著名历

---

[1] 我在两篇文章中也讨论了这个关系，见 Di Wang, "Street Culture: Public Space and Urban Commoners in Late-Qing Chengdu," *Modern China* vol. 24, no. 1 (1998), pp. 34-72 和 "The Idle and the Busy: Teahouses and Public Life in Early Twentieth-Century Chengdu," *Journal of Urban History* 26.4 (2000): 411-437。

史人物的崇拜，一类是对像天后那样的传说人物的祭祀。美国研究中国大众文化的学者已经意识到研究这些具有象征意义的崇拜的发展、变化和影响对揭示中国大众文化的深刻内涵具有特殊的意义。

史乃德（Laurence Schneider）的《楚狂屈原：忠诚和叛逆之秘》，运用历史学、文学和人类学综合手段揭示了传说和象征在长期历史过程中的力量。本书的焦点并非放在屈原这个历史人物本身，而是着重在屈原对历史的影响以及人们对他的理解。屈原被认为是集忠诚和叛逆于一身的代表，但在不同历史时期中国人对他有不同的诠释。如该书作者所概括的："不同时代有它们自己的屈原。"[1] 屈原的故事与中国传统文化相糅合，其道德和行为被一代又一代知识分子奉为楷模。此外，由于屈原与端午节和民间龙舟竞渡的传统关系，又使他对大众和大众文化产生了难以估量的影响。在近代，人们更强调屈原事迹中所表达的情感。人们对屈原的敬重并不取决于他的成败，而取决于他以个人生命和心灵来证明的他的精神境界和忠诚品质。在清末，他被视为是一个道德上的超人和自我解放的人，以强烈的道德力量感召着人民，特别是知识分子。最具代表性的例子便是陈天华的自杀。陈天华来自与屈原有特殊关系的湖南，人们不难找到跳进奔腾的汨罗江的屈原和扑向汹涌日本海的陈天华在文化乃至心理上的继承

---

[1] Laurence Schneider, *A Madman of Ch'u: The Classical Myth of Loyalty and Dissent*, p. 202.

性,特别是他们忧国忧民的共同点。可惜,如此有力而且可以大施笔墨的证据史乃德并未包括在他的书中。屈原的个案可以说是证明精英文化和大众文化有密切联系的一个极为恰当的例子。

屈原崇拜并未演变成为一种宗教崇拜,而天后崇拜却成为地方大众宗教的一个重要部分。在沿海地区,根植于深厚地方文化和传统的天后崇拜散布甚广。华生(James Watson)的《标准化的神:天后崇拜的造成》一文分析了"天后"形成的过程以及天后崇拜在地方层次上是怎样发展起来的。中国的民间崇拜总是反映了社会共同体的价值观,而在各个社会层次上都有着代表他们自己利益的祠庙。像大多数中国的神一样,天后在不同地区、不同社会集团和不同权力层次中都具有不同的意义。渔民相信天后可以在风暴中保佑他们的平安,而地方精英却利用天后达到地域控制的目的。此外,天后也可用于确保地方社会的安定,正如华生所指出的:"天后被沿海居民作为一种社会稳定和安宁的象征而被接受。"但是,为什么近海的人们在众神中唯独钟情于天后?过去,人们往往认为是由于天后与海的联系,但难以解释的是,同样为海神的黄神和白帝却并未得到人们那样的青睐。对此,华生的回答是:"天后被人们普遍崇拜是因其与土地利益的关系。"[1]地方精英利用国家对天后的承认去加强他们的权力和影

---

[1] James Watson, "Standardizing the Gods: The Promotion of Tien Hou," in Johnson, Nathan, and Rawski, eds., *Popular Culture in Late Imperial China*, pp. 306, 308.

响，因而天后代表的不仅是海神，而且是宗族在地方的霸权，这就是为何天后祭祀活动总是排斥外人参加的原因。这也说明，民间崇拜经常超越信仰而成为地方社会控制工具这样一个事实，也进而解释了地方秩序和宗族控制与民间崇拜间的复杂关系。

西方中国学专家普遍认为，像天后庙祭祀那样的地方社会庆祝活动促进了社会的稳定，这些周期性的典礼表现了集体的价值观。杨庆堃（C. K. Yang）在其《中国社会中的宗教》一书中便对这个观点有过概括。在诸如庙会这样的公共活动中，宗教的基本功能是提供一种集体的象征。这种象征能把经济利益、社会身份和社会背景的分离加以转化，使其有可能融合到一个社会共同体中，因而形成了人们都能接受的大众崇拜。庙是社区及其集体利益的一种表达，共同的崇拜证明了共同的信仰和共同的利益。[1] 这种现象在欧洲社会中也表现得很明显，如 L. 亨特（Lynn Hunt）关于法国大革命的研究便认为，在 16、17 世纪，像狂欢节这样的庆祝活动促进了人们的集体认同。[2] 但一些人类学者认为，在一个包容许多宗族的社区中，有权势的宗族并不能主导政治观念，因此集体的象征并非总是表现得十分强烈。[3]

作为社会人类学家的华生却把这两种观点综合起来研究，并

---

[1] C. K. Yang, *Religion in Chinese Society*, pp. 81, 96.

[2] Lynn Hunt, *Politics, Culture, and Class in the French Revolution*, p. 67.

[3] John Brim, "Village Alliance Temples in Hong Kong," in Arthur P. Wolf ed., *Religion and Ritual in Chinese Society*, p. 102.

强调国家的角色。他认为，与其他农业社会相比，晚期中华帝国具有高度的文化整合性，但在各地方层次上由于血缘、人群和组织各有不同因而相互间有重要的差异。乡民修筑自己的庙宇，安置自己的神，组织自己的庆祝活动。通过仔细观察，人们就会发现，国家以微妙的方式在地区和地方层次上强制推行了官方认可的大众崇拜和象征系统。天后之所以能在地方秩序和文化中扮演综合和重要的角色，统治阶级对天后崇拜的推行至为重要，这也就是为什么天后被许多宗族接受的原因。人们不难看到，在许多地方天后崇拜不但被地方政权所鼓励，而且有的甚至就是由地方政权直接发起的。虽然地方政府并不给天后庙提供财政资助，但在地方志上却给其一席之地，从而使社会的各阶层都可以把这个国家认可的神视为自己的代表。

大众宗教与民众运动

大众宗教是大众文化的重要组成部分，它们总是与中国历史上的民众运动有着不解之缘。石汉椿（Richard Shek）在他的《宗教末世学与暴力》一文中，力图解释社会动乱与大众文化之间的关系。为什么白莲教与暴力联系紧密呢？石汉椿试图从其信条中找到答案。这个不满现实社会的宗教集团认为这个世界是腐败的和有罪的，它鼓吹：（1）现存的世界秩序由于救世主的到来正急促地走向死亡；（2）在世界大灾难中人们注定会幸存；（3）

决定胜利和拯救世界的最后一战已经到来。石汉椿认为这三个部分的结合可以产生非常强烈的暴力行为。对于该教的追随者来说，死并非生命的终结，而是获取新生命的一个机会，于是死便被视为给他们的最后奖赏。因而，其成员从不惧死亡，因为他们相信死会把他们带入天堂。"当杀戮被解释为救世，死亡就是一种解放。"结果便是"暴力畅行无阻"。[1] 因此，不难理解为什么政府总是限制和力图摧毁这类教派。这篇文章说明了在形成白莲教意识、暴力和行为的过程中，末世学所扮演的中心角色。然而他分析的欠缺之处在于他没有回答为什么会产生这种崇尚暴力的宗教和意识，显然，这有待于对其特定的社会环境进行深入的研究。[2]

如果说石汉椿忽视了社会环境的因素，那么这正是周锡瑞（Joseph Esherick）的长项。他发扬了自己青年时代的成名作《改良与革命——辛亥革命在两湖》那种对社会阶级及其力量透彻分析的优势，在《义和团起义的起源》这部著作中，把生态与社会环境的分析融合在一起。他论证了这场运动不仅导源于政治和宗教，而且具有社会生态和大众文化的因素。山东具有异端

---

[1] Richard Shek, "Sectarian Eschatology and Violence," in Jonathan N. Lipman and Stevan Harrell eds., *Violence in China: Essays in Culture and Counterculture*, p. 107.

[2] 韩书瑞（Susan Naqiun）对山东"邪"教理论与民众运动的关系有非常深入的研究，限于篇幅，这里不加评述。请参见其 *Millenarian Rebellion in China: The Eight Trigrams Uprising of 1813*。

宗教和崇拜勇猛斗士的传统,习武十分普遍,"当民间宗教与武术结合起来,便具有叛乱的极大潜力"。在过去,学者们大多强调"拳"与"教"的联系,但周锡瑞却认为有必要仔细把义和拳与教派加以区别。实际上,拳团是宗教的一个附属物,拳团可以相对公开地行动,吸收更多的当地人入教,但是"加入拳并非就必然是教的成员"。该教的特点是可以"给任何人神的身份",以及"使每个人成为领袖",这可能便是为何义和团运动不同于白莲教而并没有一个中心领导的原因。许多学者在讨论义和拳与宗教结合的时候大多注意于白莲教,而周锡瑞则力图去"发现白莲教传统之外的教派与义和拳礼仪的更清楚的联系"。[1]山东既是孔子的故乡即正统文化的大本营,亦是齐巫、黄巾军、水浒豪杰等异端的发源地。到18世纪,山东的许多教派都接受了《易经》中八卦的概念,因此白莲教的传统与武术的结合便成为煽动叛乱的动力。此外,人们还可以发现,义和拳的许多头衔、语言、行为和服饰都模仿地方戏。可以说,它从大众文化中吸取了许多东西,而这种大众文化又同时蕴含了正统和异端两方面的因素。

石汉椿和周锡瑞的研究告诉我们,在社会运动起源的研究中,大众文化所能揭示的东西与政治、经济同样重要,有时它甚至能对社会有着更深刻和更长久的影响。任何生活运动和叛乱都不是凭空出现的,都是有一定的社会、政治、经济和文化的土

---

[1] Joseph Esherick, *The Origins of the Boxer Uprising*, pp. 38, 53, 240.

壤，而要深刻理解这个运动，就必须对其产生的条件进行分析。周锡瑞的研究便做出了一个非常好的典范。

城市大众政治文化

在近代中国城市中，不同的地方文化通过各种社会机构和它们的活动而得以再创造。顾德曼（Bryna Goodman）和华志建（Jeffrey N. Wasserstrom）都注意到了这个特征在上海的表现，但前者的兴趣是在于移民文化，而后者强调的是大众政治文化。

顾德曼在其著作《家乡、城市和国家：上海的地缘网络与认同》中便探索了会馆与人们社区生活的紧密关系。[1] 上海是一个移民的城市，建立了许多供奉移民崇拜的神祇和先贤的会馆，因此会馆也具有了庙的功能。会馆的宗教角色使它们成为社区的象征性中心，对市民的日常生活产生了重要的影响。随着城市和城市文化的发展，会馆也成为城市大众的戏园，在那里，移民家乡的地方戏成为人们娱乐的主要形式。这些表演由会馆领袖组织，作为慈善和举行仪式的一部分。节日活动给那些贫穷的居民提供了暂时的工作、免费饭食和娱乐。此外，会馆的表演还反映了大众的口味，以更吸引人的浪漫爱情和武林英雄代替传统的忠孝故事。在这里，各种地方戏逐渐成为城市文化的一个组成部分。

---

[1] Bryna Goodman, *Native Place, City, and Nation: Regional Networks and Identities in Shanghai, 1853-1937*, pp. 91-105.

如果说顾德曼研究的是上海移民中像手工匠和商人这些较传统的社会集团，那么华志建则更着重研究较现代的学生群体和他们与城市大众政治文化的关系。在《20世纪中国学生的反抗运动》一书中，[1]他指出，五四运动建立了近代学生运动的基本模式，包括语言、仪式、口号、宣讲、抵制和街头戏等，而这些形式具有中国传统和西方文化两个方面的背景，这种结合正是学生运动具有不寻常力量的原因，这也是为什么在近代中国的公共舞台上是学生而非工人充当主角的重要原因之一。

研究政治文化必须注意到精英文化和大众文化的模糊界限，因此不可忽视那些处于精英文化和大众文化之间、边界并不是很清楚的文化现象。政治运动的参加者经常受到的是"高级"和"大众"两种文化的影响。虽然学生在学校里学的是精英文化、中国经典、西方科学和社会知识，但他们许多人是在村庄和社区的节日活动中长大的，甚至到上海后也仍然常在街头受大众文化的浸染。学生活动家为了建立起有广泛基础的大众运动，在政治活动中有意突破精英和大众文化间的界限。当他们有目的地以大众政治文化引领大众运动时，他们经常考虑以下问题：受过教育的年轻人参加哪种政治仪式？哪些其他社会集团可以合作？怎样影响受过教育的年轻人的行为？谁是他们的观众？当希望某一社会集团卷入时，怎样相应改变表演形式与内容？从学生运动中所运用的手段看，虽然西方

---

[1] Jeffrey N. Wasserstrom, *Student Protests in Twentieth-Century China: The View from Shanghai*, pp. 12-13.

思想赋予了他们精神指导，但传统却常常成为他们付诸行动的工具：乡约和乡训敦促村民遵循儒家伦理，在其影响下学生以宣讲形式来唤起民众；从传统的丧礼得到启发，学生组织公开的仪式哀悼遇难同胞等。可以说，宗教仪式、传统礼仪、故事讲述、戏剧表演等在20世纪政治运动中都被学生得心应手地加以利用。

算命和巫术与社会和政治分析

大众文化的研究不仅可以解释一种文化现象，而且也有助于对社会和政治进行分析。在美国历史学家中，人们喜欢谈论怎样"读"资料的问题。这个"读"不仅是对资料字面上的理解，更重要的是从什么角度对资料进行诠释和利用。一条史料不仅反映了某个历史事实本身，而且从中可能折射出在社会和政治方面所具有的深刻意义。此外对资料怎么"读"，常常体现了一个历史学家的理论和方法以及所持的历史观。例如，司马富（Richard J. Smith）以研究算命来挖掘中国社会、文化、宗教、哲学以及人民生活的丰富内涵，而孔飞力则以"叫魂"事件为切入点来揭示中国政治系统的运作规律和模式。

算命在中国有很长的历史，"涉及从皇帝到农民的中国社会的各个层次"。司马富在他的《算命先生与哲学家：传统中国社会的算命》一书中指出，像历史显示过去、礼仪显示现实的功能一样，算命则是显示未来。实质上，神和鬼怪即使是仅存在于人们的头脑之中，也仍然具有非常强大的力量。而算命正是"反映了不同的社会观念和世界形成的不同方式"。在书中，他力图回答许多问题，包括算命的基本形式、各类算命先生和他们的概念系统、算命的各种方法、各阶层人对算命的认识、影响算命的社会和文化因素以及哪些人与算命有关系，他们的背景，以及他们所拥有的权力和所具备的知识。像在中国这样的社会中，算命先生实际上是一种文化的掮客，其不仅是人与自然，而且是大众与儒家、佛道的中介，在一定程度上弥补了普通人和精英之间的知识鸿沟。

在过去，不少学者认为人们相信算命是因为他们不懂科学，但司马富指出这个解释并不可信，"相信算命的原因，在西方而且在整个世界，都与科学发达与否无关"[1]。作为一种"伪科学"，算命具有科学和宗教两方面的特点。像科学一样，算命关心的是自然现象和预测，但它也像宗教一样很大程度上依靠的是信念，它预测人们的未来以满足人们的心理需要。司马富对那些简单化解释进行批评并试图寻找更复杂和更深刻的因素，这种努力是无可厚非的，但他并没有对这个重要问题做进一步的系统分析。而且人们也许会问，如果司马富的命题成立，那么又怎样解释近代中国在科学知识普及的同时算命衰落，以及现代比古代相信算命的人大量减少这样的事实呢？

"叫魂"是中国传统巫术的一部分。古代中国人相信，人的

---

[1] Richard J. Smith, *Fortune-tellers and Philosophers: Divination in Traditional Chinese Society*, pp. xii, 283.

灵魂可以与他们的身体分离,巫师能够通过使用某人的名字或剪辫子的办法盗取灵魂。关于叫魂的起源和发展,在明清的故事和笔记中有大量的记载,但是过去学者并未试图从中揭示更有意义的主题。而孔飞力在他的《叫魂:1768年中国妖术大恐慌》一书中,以叫魂这个案例作为契机去揭示统治阶级是怎样在下层社会运用政治权术的。1768年江南地区有许多叫魂事件发生,不少陌生人、僧侣和乞丐都被指控犯了"叫魂罪",而且被朝廷看成是以推翻清廷为目的的政治阴谋,于是乾隆亲自插手这些事件的处理。不少地方官很快觉察到许多案例或信手捏造,或道听途说,或屈打成招,其可信度甚差。但乾隆坚持把这一事件扩大化,因为叫魂事件给了他一个整肃官僚系统的绝好机会。实际上,官僚们并不像乾隆那样关心政治阴谋,而乾隆则利用这些事件作为其随心所欲地运用权力的一种手段,借此机会惩治他不喜欢的官吏以加强对官僚系统的控制。

在书中,对叫魂事件发生的政治和社会背景做出了解释。从政治角度看,皇帝对剪辫问题十分敏感,因为辫子是满族征服汉族的象征。对皇帝来说,剪辫行为就是谋反,因此他决不坐视类似事件的发生。一旦发现任何他认为可以危及其统治的兆头,他便会毫不留情地根除。从社会的角度看,那个时期的社会仇视相当普遍,受人口压力、生活资源贫乏、官僚系统腐败等因素的冲击,人们的承受能力已到了极限,毫发之弊可引发肘腋之患。人们处在这样一个高度政治紧张的社会中,缺乏安全感,于是他们总是怀疑像乞丐和僧侣那样的社会行为和生活方式颇具神秘感的外来人。由这些外来人，以及他们所带来的不安全感，我们可以看出"巫术在政治系统中扮演了它的角色"[1]。

这个研究的基本出发点是对清朝的政治系统的剖析，其次是分析社会动荡和文化心理等因素。其意义在于把巫术、谣言、社会恐惧、乞丐、僧侣等社会因素与官僚结构综合在一起，对乾隆时期的中国社会进行研究分析。从叫魂事件，我们可以进一步理解清朝的独裁政治。书中，孔飞力的着眼点其实不在巫术本身，而在于政治系统，但他没有从传统的角度考察政治系统，而是把视角放在大众文化上。这个例子告诉我们，大众文化的研究不仅可以说明人物活动或事件的本身，其研究意义更在于从这些人物活动或事件中揭示深刻的社会和政治内涵。因此，发现大众文化中潜在的重大主题是十分重要的，这可以把我们对历史的认识引入一个新的境界。

大众文化与国家权力

在讨论大众文化与国家权力时，有两种不同的倾向：一种强调分离或对立性，一种强调相互影响和可容性。应该说，两者都有一定的道理，因为大众文化与国家权力就像它与精英文化一样

---

[1] Philip Kuhn, *Soulstealers: The Chinese Sorcery Scare of 1768*, p.186.

有着纠缠不清、错综复杂的关系。正如林培瑞（Perry Link）等所指出的，大众文化与官方文化有清楚的距离，大众文化——包括思想、信仰和实践——在其产生过程中是部分独立于国家之外的，但像节日庆典等传统活动则更多显示了地方社会与国家文化的联系而并非对立。[1]

此外，官方宗教有足够的伸缩性，允许各阶层人民去塑造他们自己的神，同时也有足够的稳定性以提供"一种国家的文化"。大众文化虽然是民众创造和享有的文化，但国家从未放弃对其施加影响。一旦大众在文化上显示出一种影响力，国家就会不遗余力地插上一脚，华生关于天后、姜士彬关于山西赛会和杜赞奇（Prasenjit Duara）关于关帝崇拜的研究都反映了这一事实。国家对大众文化的干预可以有多种形式，以提倡的形式加强控制，如其之于天后崇拜；以直接参与的形式以示支持，如其之于山西赛会；或以打击的形式消弭其影响，如清末及民国时期政府对关帝崇拜等大众宗教所采取的政策。同时，在长期正统意识的影响之下，大众文化已不可避免地被改造了。地方戏中关于浪漫爱情、武术和鬼神等的表演被官方认为是淫荡、暴力或迷信，认为它们对民众道德会产生坏影响，因而不断施加压力。[2] 所以地方

---

[1] Perry Link, Richard Madsen, and Paul G. Pickowicz eds., *Unofficial China: Popular Culture and Thought in the People's Republic*, p. 122.

[2] Tanaka Issei, "The Social and Historical Context of Ming-Ch'ing Local Drama," in *Popular Culture in Late Imperial China*, p. 148.

戏更多的是表现历史的主题，总是很接近现存政治系统，彰扬儒家正统。

长期以来，大众宗教都被认为是处于正统文化的对立面，在大多数地区这可能是事实，但也可能被过分强调。姜士彬所研究的山西东南的"赛"——一种地方宗教庆祝活动——为此提供了另一种认识，即大众宗教也可以与国家和正统结合在一起，精英和国家的意识形态和象征，在乡民的礼仪生活中扮演了重要角色。[1] "赛"是庙会和神的生日庆祝，一直受到官方的资助，它实际上也主导了村镇文化。其文化组成是复杂的，既是地方文化的一种表达，也反映了正统的价值观。上自知县下至村庄精英都是赛的组织者，同时，他们也是既成政治结构的组成部分。虽然儒教对赛有重大影响，但僧侣、道士、算命先生、风水先生等都参与其中，真可谓是万象包容。在山西，赛对人们社会和精神生活的影响是巨大的，大多数人在其一生中要参加无数次赛，在这个过程中培育了他们人生的信仰和价值观。

如果说姜士彬强调的是国家对大众宗教以支持的形式来施加影响，那么杜赞奇则把注意力集中在国家怎样打击和摧毁大众宗教。作为政治权威结构的国家所建立的价值观和信仰系统，经常

---

[1] David Johnson, "Temple Festivals in Southeastern Shansi: The Sai of Nan-she Village and Big West Gate,"《中国祭祀仪式与仪式戏剧研讨会论文集》,《民俗曲艺》第 91 期，台北，1994 年；"Local Officials and 'Confucian' Values in the Great Temple Festivals (Sai) of Southeastern Shansi in Late Imperial Times," presented in the Conference on State and Ritual in East Asia, Paris, 1995。

通过"礼"表达出来。杜赞奇认为,关帝是中国文化最有力的代表,官方对关帝崇拜的参与是由于他受到大众的尊敬。在清代关帝被授予了许多头衔并被竭力儒化,而官方的参与反过来更刺激了关帝崇拜的扩张。正如我们前面已讨论的天后崇拜一样,关帝对不同的人群也有不同的功能,他可以是忠臣和守护英雄,可以是战神,也可以是财神。在中国社会,可以说,关帝崇拜的发展反映了社会的需要。[1]

当20世纪初中国开始现代化的进程,新学校、新警察、新政府机构等成为其最明显的标志。国家力图在地方社会建立起它强有力的基础,由于现代化的精英把大众宗教和大众文化视为主要障碍,因此大众文化领域成为现代化机器的打击目标。现代化的推动者——包括精英和国家——都提出了反封建的口号,把具有精神、社会和政治需要的宗教组织和信仰复杂的现实社会加以简单化。在华北,推动现代化的国家机器没收庙产、摧毁村庄宗教机构以作为建立新学校和警察机构的经费。杜氏认为,清代国家利用关帝及其他大众崇拜在地方社会建立了权威,但清末和民国时期对大众宗教进行限制之后,国家又无力在地方社会建立强有力的组织基础,因此国家在地方社会的权威反而被削弱了。他

---

[1] Prasenjit Duara, "Superscribing Symbols: The Myth of Guandi, Chinese God of War," *Journal of Asian Studies* vol. 47, no. 4 (1988), pp. 778-795 and "Knowledge and Power in the Discourse of Modernity: The Campaigns against Popular Religion in Early Twentieth-Century China," *Journal of Asian Studies* vol. 50, no. 1 (1991), pp. 67-83.

通过考察20世纪头30年由国家发动的反大众宗教运动,认为不能以传统和现代截然两分的观念来看问题。传统的东西不一定是现代化的障碍,现代的东西也不一定就有利于现代化,大众宗教就是一个实例。这场反大众宗教的运动实际上反映了一种权力的斗争。国家企图把其统治意识深入到地方社会之中,在现代化的名义下重建在地方社会的权力。[1]

文章中,杜赞奇的思想脉络十分清楚,即着眼于现代化对大众文化的打击和破坏。从大众宗教在近代的命运来看,他所揭示的似乎是无可争议的事实。不过,应当说他只提出了现代化与大众文化关系的一个方面。从另一方面来看,正如一些学者已经以确凿的证据证明的,现代化在许多方面——例如大众传播媒介、小说和科学知识普及等——推动而不是压制了大众文化的发展,鉴于这也是一个颇费笔墨的方面,这里不予详细讨论了。

大众文化研究的意义与前景

大众文化给我们提供了理解地方宗教、民间风俗、节日庆典、社会组织以及它们与人民生活关系的一个新角度,同时也帮

---

[1] Prasenjit Duara, "Superscribing Symbols: The Myth of Guandi, Chinese God of War," *Journal of Asian Studies* vol. 47, no. 4 (1988), pp. 778-795 and "Knowledge and Power in the Discourse of Modernity: The Campaigns against Popular Religion in Early Twentieth-Century China," *Journal of Asian Studies* vol. 50, no. 1 (1991), pp. 67-83.

助了我们理解地方精英和普通人的生活方式和价值观,甚至揭示了更广阔的和更深刻的社会和政治方面的因素。对它的研究不仅具有历史学,而且具有人类学和社会学的意义。

文化和意识的领域总是与地理、社会、经济和政治有密切关系。明清以来大众文化的变化和发展也是社会和经济进步的反映。经济增长不仅导致了包括精英文化和大众文化两个方面的社会结构的变化,而且导致了文化结构的变化。宋元时期商业印刷的普及,推动了大众文化的过渡和扩张,明清时期由于城市化和商业化的影响,农村文化开始进入城市,而城市文化又反过来扩展到农村,形成了各种因素融合的丰富多彩的明清大众文化,并延伸进入近代。而在近代这个新旧文化、中西文化交汇和社会动荡剧烈的特殊历史环境下,大众文化也不可避免地受到了巨大的冲击,与精英文化展开了新一轮更为剧烈的碰撞和组合。

研究中国大众文化的历史,必须注意到外部因素的影响,诸如国家对文化事务的干预,精英在地方文化形成过程中的作用等。在正统文化的创造和发展过程中国家具有重大影响,同时又具有直接插手地方事务和大众文化的力量。虽然中国大众文化、特别是大众宗教与官方有一定的联系,有的甚至受到其资助,但其中也存在着大量的异端。正如我们在前面已经提到的,在正统和异端之间没有截然的分别,有时甚至难以明确区分。除了国家,大众文化更多地受到精英的影响。精英对大众文化的影响程度取决于他们的社会地位,包括财富、教育背景、权力以及他们组织宗教节日活动、对社戏的赞助、代表宗族和商人集团的能力等等。美国关于大众文化的不少研究揭示了那些希望引导下层人民的精英怎样利用文化手段达到他们的目的，以及传统社会中正统知识分子怎样用大众文化方式来灌输正统说教以影响下层社会。因此，注意大众文化所涉及的复杂关系是十分重要的，这也是这些研究给我们最有价值的启发。

不过，如果我们仔细观察就会发现，美国关于中国大众文化的研究主要集中在大众宗教和地方戏这类的题目上，与西方史学界对欧美大众文化的研究相比较，课题显得狭窄。在对欧美大众文化的研究中，诸如街头庆祝游行与权力、庆典仪式与革命、妇女的公共生活、城市形象与象征以及时间与空间等这些令人耳目一新的题目上都有重要的成果。例如 M. 欧若弗（Mona Ozouf）在其名著《节日和法国大革命》中，在研究法国大革命的庆典活动时，便注意到市民在重建城市空间的时候也塑造了新的城市形象，这种空间的重新建构在政治运动中可以产生非常特殊的力量。同时，在革命过程中，人们的时间观念也发生了变化，日历在人们的日常、社会和政治生活中日益显示其重要性并被赋予了新的意义。[1]

应当看到，美国的中国史专家已经开始把空间和时间引入中国史的研究中，如罗威廉在 1989 年出版的关于汉口城市共同体

---

[1] Mona Ozouf, *Festivals and the French Revolution*.

的著作中便有专章讨论城市空间；又如叶文心（Wen-hsin Yeh）在《美国历史评论》上发表的一篇关于上海银行职员日常生活的论文，便首次把空间和时间作为主题进行研究。[1] 不过，罗和叶都只强调时空与城市人民生活的关系，并未把视角放在大众文化的意义上。因此，虽然近年大众文化的研究在美国已经出现了良好的发展势头，但仍然有许多有意义的课题有待于开辟。不过他们的初步探索已经告诉我们，大众文化在近代中国历史的研究领域内，将具有特殊的意义和极大的发展潜力。

最后，应该提到和引起我们注意的是，在目前美国中国史研究的新一代有影响的史学家中，包括一些中国大众文化的研究者中，都或多或少地表现出一种"回归本原"的倾向。他们赞赏中国社会和民间那种固有的、传统的、"本原"的文化和社会结构模式，对在现代化过程中固有传统所受的打击或改造多持否定的态度。这种倾向可以说与过去流行的现代化理论是截然对立的。这样一批历史学家从过去现代化即西化的观念中脱离出来，强调一个国家或民族固有传统和文化的合理性，并相信这种合理性可以把一个国家或民族引向发展和进步，这无疑是对打破中国历史研究中的"西方中心"格局迈出了极其重要的一步。这种探索和

---

[1] Willian T. Rowe, *Hankow: Conflict and Commnity in a Chinese City, 1796-1895*; Wen-hsin Yeh, "Corporate Space, Communal Time: Everyday Life in Shanghai's Bank of China," *American Historical Review* vol. 100, no. 1（1995）, pp. 97-122.

思考是值得我们重视和欢迎的。

但是，我们还应看到问题的另一面。这些历史学家处于高度现代化的美国社会之中，而高度现代化所产生的各种问题在一个传统的社会中是不存在的，因此对当代社会的批判态度使他们不可避免地以传统作为参照系。他们发现中国传统社会中以礼来维系的社会成员间朴质的关系、社会共同体和谐而稳定的局面，在现今社会中是十分难能可贵的，但当他们在赞美和欣赏中国传统社会美好的时候，却经常忽视了它内部所存在的阻碍社会进步发展的那些消极因素。因此，怎样看待传统与现代、落后与进步、继承与扬弃这些在大众文化研究中的一系列矛盾仍然是值得人们认真思考的问题。

第八章　新文化史和微观史的启发

西方史学界正在发生着一个转向，新文化史和微观史的发展便是这个转向的重要标志之一。本章首先介绍西方新文化史和微观史学；然后概述中国史研究的有关成果；再其次以我自己最近的研究课题为例，来看目前西方史学的这个新趋势对我自己学术发展的影响；最后，我还将就新文化史和微观史与中国史研究的若干问题提出一些思考。应该指出的是，这里所介绍的西方新文化史和微观历史有关成果，仅是那些对我自己的研究有所影响和启发者，并非综合或全面的评述，难免有些重要成果没有在此进行讨论。

西方新文化史和微观史

新文化史从20世纪80年代以来渐成气候，加入这个阵营的学者们把普通人作为他们研究的主要对象，同时他们也从过去现代化理论流行时代的社会科学方法，转向讲究叙事和细节的人文历史学方法。虽然大事件的研究仍然是许多历史学家的研究中心，但在此大背景下，一些新课题如日常生活、物质文化、性别、身体、形象、记忆、语言、大众文化等却得到明显的发展。

西方新文化史的发展是有一定的理论渊源的，如A.葛兰西（Antonio Gramsci）的文化霸权与庶民文化理论便有着广泛的影响。作为意大利共产党的领导人，他20世纪二三十年代身陷囹圄时，认真思考无产阶级在对资产阶级争夺领导权的斗争中，怎样取得文化霸权等理论问题，并将自己的思考写在笔记本上，竟达几十本之多。他去世后，这些笔记被整理为《狱中札记》出版。他认为取得文化霸权的关键是看革命党能否成功地把新的文化观念深入到民众之中。但他也认识到，新旧文化经常交叉重叠，很难明显划分，因此工人阶级的"新思想"和"新文化"不可避免地以新旧杂存的形式显示出来。[1]

这种理论趋向在英国新社会史学派的重要代表人物E. P.汤普森（E. P. Thompson）《英国工人阶级的形成》这部名著中便体现出来。汤普森认为，从相当大的程度上看，英国工人阶级的形成并非源于产业工人，而是具有庶民文化传统的手工工匠。这个背景当然也影响到英国工人阶级的阶级意识、行为和工人运动，因此早期工人运动的中坚力量是手工工匠，而非产业工人。被认为是采取"新劳工史"研究取向的贺萧（Gail Hershatter）

---

[1] Antonio Gramsci, *Prison Notebooks*.

关于天津工人和裴宜理（Elizabeth J. Perry）关于上海工运的研究，便受到汤普森研究的启发。[1]

而南亚下层的庶民研究学派也深深打下了葛兰西的烙印。从20世纪80年代初，一批在西方的印度裔学者就南亚特别是印度庶民社会进行了长期的研究，他们的成果集中在系列丛书《庶民研究》中，其代表人物是印裔的澳大利亚人R. 古哈（Ranajit Guha）。当然庶民研究内部也有不同声音，如G. 斯皮瓦克（Gayatri Spivak）便批评古哈将庶民视为一个同一体，而忽略了底层之中的不同性。斯皮瓦克有一句名言，即"底层人能说话吗？"，这里实际指的是底层人能否发出自己的声音。但古哈表示，庶民一定要而且能够发出自己的声音，尽管这种声音可能是微弱的。[2]

新文化史得到人类学很大启发，例如人类学家C. 格尔茨（Cliford Geertz）的《尼加拉：十九世纪巴厘剧场国家》对新文化史的研究就颇有影响。格尔茨对"尼加拉"的研究，揭示了生

---

[1] E. P. Thompson, *The Making of the English Working Class*; Gail Hershatter, *The Workers of Tianjin*; Elizabeth J. Perry, *Shanghai on Strike: The Politics of Chinese Labor*.

[2] Ranajit Guha, *A Subaltern Studies Reader, 1986-1995*; Gayatri Chakravorty Spivak,"Can the Subaltern Speak？"in Cary Nelson and Lawrence Grossberg eds., *Marxism and the Interpretation of Culture*, pp. 217-313; Ranajit Guha, "The Small Voice of History," in Shahid Amin and Dipesh Chakrabarty eds., *Subaltern Studies, IX: Writings on South Asian History and Society*, pp. 1-12.

态、地理、政治肌体、宗族、庇护关系、婚姻、结盟、村落与国家、庙会、梯田组织、灌溉会社、庆典、祭祀、权力等方面的问题,这些问题不仅是人类学家的关注,也是新文化史家的兴趣所在。印尼曾经存在几百乃至几千个"尼加拉","尼加拉"可以有多重意思,如城镇、宫廷、首都、国家、领土等。在巴厘社会,虚幻的"国家政体"尼加拉与实际的像庙会、梯田组织、灌溉会社等的村落政体共存。而"国家政体"只有在进行仪式或庆典活动时才得到展示。例如书中对作为国家大典的国王葬礼,妇女被殉葬的情景进行了细致描述。在这里,国家典礼被隐喻为剧场表演,"国家"只有在这个时候才展示出来。因此,巴厘国家通过公共戏剧化,即举行典礼场面来建构一个国家概念。所以实质上尼加拉只是一个宗教意义上的结构,并非政治、社会或经济的实体。

格尔茨另一部为新文化史学者津津乐道的著作是其论文集《文化的阐释》。我特别感兴趣的是关于巴厘斗鸡的那一篇,其观察了斗鸡中所表现出来的社会、文化和政治。在20世纪50年代的巴厘,斗鸡被禁止,但仍然在村落中秘密进行,当时格尔茨夫妇在那里做田野调查,一次在观看斗鸡活动时,遭警察突袭,差点被警察抓住,仓皇出逃,得以幸免。他们第二天即成为村民嘲笑的中心,人们见面便要他描述那天狼狈逃窜的情景。不想因祸得福,在巴厘,被取笑即意味着被接受,从而使他能深入这个活动的内部进行仔细观察。他发现,虽然搏斗的是公鸡,但实际上却是男人间的竞争。在巴厘,公鸡经常隐喻着男人、英雄、单身汉、花花公子、勾引女性的人等等。男人喂养、打扮、谈论斗鸡,把生命中的大部分时间花在这个活动上,公鸡便成为主人人格的代理者。斗鸡还显示着族群关系,潜在的规则是,村民不把赌金押在对立宗族或外村的鸡上。对格尔茨来说,斗鸡是了解巴厘社会的一个文本,即民族文化的文本。[1]

新文化史的取向使历史学家对政治运动进行文化的阐释。例如新文化史的重要人物之一、研究法国革命的 L. 亨特(Lynn Hunt),观察了法国大革命中的服装、帽徽和旗帜等等这些文化的"标志",并从标志来分析政治和文化的关系。以她的《法国革命中的家庭罗曼史》为例,本书以家庭秩序来对法国革命政治文化进行解读。亨特指出,国王被杀,隐喻着家庭权力结构动摇,父权地位的下降,使得兄弟的地位变得更为重要。革命兄弟在"父亲"留下的权力真空中争权夺利。而妇女在法国革命中的地位是很尴尬的,在革命文学中,母亲经常作为坏女人出现,革命党推翻父权制,但不愿让女人参政。当时色情文学中的妇女形象便反映了男人对女性参政的恐惧。因此,通过讨论家庭成员间的关系,以家国互喻的手段,来解释法国革命中复杂的思想和文化。[2]

---

[1] Clifford Geertz, *Negara: The Theatre State in Nineteenth-Century Bali*; Clifford Geertz, *The Interpretation of Cultures*.

[2] Lynn Hunt, *Revolution and Urban Politics in Provincial France: Troyes and Reims, 1786-1790*; *Politics, Culture, and Class in the French Revolution*; *The Family Romance of the French Revolution*.

与新文化史齐头并进并相互影响的是微观史学。C. 金茨堡的《奶酪与蛆虫》应该说是微观历史最早和最有影响的著作之一。全书篇幅不大，只研究一位在16世纪意大利北部偏僻山村经营磨坊的农民。研究微观历史，首先需要系统的资料，宗教裁判所的详细记录为这个课题提供了必要条件。与那个时代的农民不一样，由于他受过一定的教育，能读会写，接触到一些异端思想，因此持有独特的世界观，竟敢挑战上帝创造一切的观念，宣称人是在泥土、空气和水的作用下而产生，犹如奶酪中生蛆虫（该书书名也由此而来）。他因"异端邪说"而被宗教法庭起诉，在经过长达十多年的审讯后被处死。宗教法庭对他的审讯记录等资料被完整地保存下来，作者从这些完整的记录中，竭力挖掘他的内心世界。例如，从其在受审中所交代的书籍入手，分析这个小磨坊主怎样理解那些文本，并将其言论与他所阅读的文本进行对比。金茨堡通过研究这样一个在历史上微不足道的小人物，建构一个小磨坊主的心灵史，并由此去解读当时的社会、宗教和文化，展示当时意大利大众文化与精英文化之间的关系和冲突。金茨堡研究的焦点，实际上是与精英文化相对的大众文化和下层文化的历史。[1]

此外，G. 鲁格埃罗（Guido Ruggiero）从微观史学的角度，以老妇玛格丽塔奇怪的死亡为分析案例，探讨了17世纪

---

[1] Carlo Ginzburg, *The Cheese and the Worms: The Cosmos of a Sixteenth-Century Miller.*

初意大利宗教、大众文化与日常社会生活的复杂关系。这个研究利用宗教裁判所和宗教法庭记录，探讨当时人们是如何解读疾病、身体，以及人们所生存的世界，从而进一步理解早期近代的文化世界。对作者来说，玛格丽塔的死亡不仅是一个医学上的神秘故事，而是探讨一种被遗忘的文化和前现代医学实践的窗口。在16世纪末，宗教法庭和宗教裁判所进行了大量的调查活动，竭力对日常文化加以控制，试图将其纳入正规教义之内，致使各种社会精英、教会对日常文化攻击日益增多。宗教法庭认为，玛格丽塔的离奇死亡与日常生活中人们的不轨行为有密切关系，同时也显示出教廷对巫术十分警惕。作者像写侦探故事一样，把我们一步步带入事件内部，把各种细节拼在一起，从而发现它们之间的联系。透过对症状的描述，我们知道玛格丽塔的死是由于梅毒所致。虽然死因找到了，使我们感到玛格丽塔的死亡并不像想象的那么离奇，但是我们却不能确定到底当时所用的巫术、魔法等等治疗手段，对她的死起了多大的作用。这个研究给我们提供了关于微观医疗史研究的一个很好的范例。[1]

法国的微观历史研究也有一些优秀成果，它们也是得益于宗教裁判所档案。例如 E. 拉杜里（Emmanuel Ladurie）的《蒙塔

---

[1] Guido Ruggiero, "The Strange Death of Margarita Marcellini: *Male*, Signs, and the Everyday World of Pre-Modern Medicine," *American Historical Review* vol. 106, no. 4 (2001), pp. 1141-1158.

尤》研究的是14世纪法国一个山村的日常生活。他探讨这个小山村的环境、家和家庭、心态、举止、婚姻、性行为、儿童、死亡、日常聊天、社会结构、小酒店、巫术、教士、犯罪、民俗等等。微观历史研究是否能进行下去，经常取决于资料的情况。作者在导言中，便详细介绍了资料的来龙去脉。该地区的宗教裁判所法庭，在1318年到1325年间共进行了近600次审讯，涉及近百案例。出庭受审的人有各种身份，贵族、教士、农民、工匠、小贩等，但大多数是一般百姓。这些审讯十分详细，案卷记录犹如人类学家的田野调查，事无巨细，为重建若干世纪前法国山村生活提供了可信的资料。这些审讯记录的形成有三个步骤：先由一名记录者听取审讯和供词，快速记录为草稿；然后将草稿给被告过目，进行修正；最后由记录者再把修改的稿子誊抄在羊皮纸上。[1]

当然，也并不是说，没有宗教裁判所的档案，就无法进行微观历史的研究了。R.达恩顿（Bobert Darnton）的《屠猫记》从不同的资料来源和侧面讨论法国社会和文化，包括民间传说故事、手工工匠的自传、城市指南、警察密探报告、狄德罗的《百科全书》、读者与出版社的通信等。该书是新文化史和微观历史研究资料利用和解读的经典之作。书中共有六章，我觉得最有意思的是第二章，即作为该书书名的关于屠猫故事的解读。该章根

---

[1] Emmanuel Ladurie, *Montaillou: The Promised Land of Error*.

据一个印刷学徒工所记叙的他们杀猫取乐活动，进行文本分析，来观察阶级冲突、师徒对立等。印刷学徒工的生活百无聊赖，平时经常酗酒甚至进行暴力活动。在学徒房里，师傅夫人最喜爱的猫是资产阶级的猫，吃得比学徒们好，还叫春，引人讨厌，因而引发了虐猫的恶作剧。而这个恶作剧是有文化渊源的，当时民俗便有虐猫的传统，如在狂欢及其他各种仪式中，对猫进行折磨。而且猫在大众文化中经常暗示巫术，民间便存在着免除猫魔的仪式，包括使猫致残的各种办法，如割尾、断腿、火烧等酷刑。有的人在新房落成后，把活猫封在墙壁里辟邪。在法国通俗文化中，猫还影射生殖和女性性欲，因此在民间故事中，经常描述女人在恋爱中像猫一样。通过虐待女主人的猫，也就象征欺辱女主人，使女主人象征性地受到性侵犯。在书中，杀猫行为，也是一种猎杀女巫行动，或暗喻反抗或造反。[1]

应该指出的是，新文化史和微观史在西方也是一个正在发展的趋向，虽然劲头很足，出版了一些好作品，并已自成山头，但从西方出版和发表的书和论文的总量看，比例也并不是很大，还有相当大的深入空间。关于中国史的新文化史和微观史研究虽然也有一些成果，但相较西方历史研究而言，还有更大的发展余地。

---

[1] Robert Darnton, *The Great Cat Massacre and Other Episodes in French Cultural History*.

新文化史、微观史与中国历史研究

空间和时间是西方新文化史所关注的主题之一。研究者发现，人们关于空间和时间的观念在不同地区、不同时代，有着不同的理解，对这个问题的考察，可以帮助理解人们日常生活的基本模式以及社会和时代变迁的轨迹。叶文心的文章从民国时期上海中国银行职员的集体空间和时间，来看当时这个中国最现代和西化城市中白领中产阶级的日常生活。钟表进入中国有很长的历史了，早在16世纪传教士便把它们带到中国。但是钟表的进入，并没有改变人们的时间观念，中国人基本把钟表视为一种玩具。欧洲人守时的习惯，也没有对中国发生明显的影响。但叶文心发现，在20世纪情况发生了变化，在上海的一些机构，时钟不再只是摆设，而成为作息的工具。这种变化对人们的群体意识有着重要的影响。叶文心观察到，上海新兴的白领阶层，成为中国改变时间观念最早的社会群体。时钟与日常生活发生密切联系，使中国中产阶级第一次生活于一种团体纪律和制约之下。这种共同遵守的时间，与"中行别墅"这样的院落空间生活的结合，创造了一种新的生活方式。以此为着眼点，叶文心进一步考察这个演变在文化史及政治史上的深刻意义，探索中国现代化过程中，人们生活模式的变化。在这个研究中，作者还注意到了日常生活和日常文化的持续性。过去，我们强调1949年后一切都发生了"翻天覆地"的变化,但是从叶文心的研究中,我们看到民国时期出现的生活模式,从相当程度上在社会主义时期被继承下来。[1]

如果我们试图在中国史研究领域找到微观历史的研究,史景迁(Jonathan Spence)的《王氏之死》可能是最为接近者。本书以乡村底层人民的生活为中心,描写了贫穷的山东郯城的生态以及农民的艰苦生活,从一场地震开始,然后看当地的自然状况、疾病、饥荒、暴力、满人征服等,并讨论土地、天气、农业、赋税、人口、行政机构等。史景迁还重点描述了下层人民的生活,例如寡妇如何把儿子抚育成人、地方上的各种争斗等。最后史景迁从一桩杀人案的原原本本,来看妇女的遭遇和地位。书中王氏为一个贫寒农民之妻,跟人私奔,数月后因走投无路而返家,丈夫恨其使他颜面尽失,在大雪之夜将她掐死,还嫁祸邻居。多亏知县黄六鸿发现破绽,侦破疑案。与欧洲的微观史研究不同,史景迁并无系统档案记录,只好根据《郯城县志》、黄六鸿所著《福惠全书》以及蒲松龄的《聊斋志异》等有限的资料来进行研究。史景迁能够根据不多的材料,重构几百年前一个贫穷村庄的社会和生活,显示了其运用资料的高度技巧。此外,史景迁前些年出版的《书的叛逆》,以讲故事的手法,记述了雍正时

---

[1] Wen-hsin Yeh, "Corporate Space, Communal Time: Everyday Life in Shanghai's Bank of China," *American Historical Review* vol. 100, no. 1 (1995), pp. 97–116.

曾静案和《大义觉迷录》出笼的前因后果，也非常接近微观史的写作手法。[1]

新文化史和微观史注重叙事和历史记忆，罗威廉的《红雨：一个中国县域七个世纪的暴力史》，以叙事为主，探索历史记忆。罗威廉很明确地表示该书是一本叙事史，倾向文学式描写，而非科学性的分析，把注意力集中在特定的、特殊的人的经历及其复杂性上。因此，我们可以说，这是一本微观的社会史，不过罗认为该书并不是真正意义的微观历史，因为该书研究的是一个长时段中人口达几十万的县城。但是，以中国幅员之辽阔、人口之众多，从全国这个角度看，麻城也的确只是一个小地方。像其他微观历史学家一样，罗威廉也关注普通人的生活，力图理解他们的经历。同时，这本书也是一部地方史。用长时段的眼光可以同时揭示一个小地区的文化持续性与历史演变、身份认同、城乡关系、地方社区、对外部控制的抵制、霸权与受制系统、集体行为发动模式以及地方暴力文化等。但是罗威廉并不像广受批评的年鉴学派那样，撰写"没有事件的历史"，而是对地方的重要事件进行了系统研究，从元末的红巾军、明末的白莲教、清军入关、清初的三藩之乱、19世纪中叶的太平天国和捻军起义，到20世纪20年代的国民革命以及30年代的国共内战，力图使读者感到中国历史在"现场"的意义。

---

[1] Jonathan Spence, *Death of Woman Wang* and *Treason by the Book*.

同时，罗开宗明义点明了书名和本书的主旨：1928年5月，这正是国共合作失败之后不久，当地人称麻城突然下了一场红雨。对于麻城人来说，这场红雨预示着什么是很清楚的，因为这是国民党围剿共产党的中心地带。为什么罗威廉要把麻城作为他研究的对象？很清楚是由于作为共产革命根据地的大别山地区的特殊地位，正如他指出的，当我们把深受考验的苏维埃革命根据地放到更长的历史视野中，中国革命看起来会是多么不同。但是如果我们从更宽泛的角度看，这个研究想讨论的是：为什么中国一些特定的地区有更多的超越其文化、经济、社会和政治变化的暴力？为什么这些地方用暴力解决问题成为最常见的方式？他希望通过对一个县从元末到抗战爆发七个世纪间所进行的长时段考察，对中国农村社会历史上的暴力现象提供一个宏观的理解，并把中国革命与其所萌生的土壤联系起来，来追寻中国农村社会暴力萌生的基本原因。

此外，罗威廉的研究也是在探索历史的记忆，观察一个事件记叙是怎样传下来，又怎样为人们所解读的。不同的解读反映了人们的政治目的和现实语境。例如，他以东山民变为切入点，来观察自然和社会环境是怎样造就了暴力行为。他试图解释，麻城之所以会发生周期性的流血事件，是由于其在地缘政治上的位置。除地理因素外，暴力的频繁还与其特殊的文化传统有关。作者发现当地社会具有以下特征：富有的大宗族逐渐成为当地社会组织中最重要的势力；由于土地的集中，出现了大量奴仆和佃仆,而奴变造成了麻城动荡;不断的动乱造成地主精英武装起来,为了自身安全而营造山寨,这些山寨在相当程度上具有自治地位。此外,罗威廉还强调了地方文化、集体记忆和当地历史的集体作用,导致了中国这一地区衍生了一种暴力传统。这些传统在当地民间传说和历史遗迹中流传下来,而官方史学家和方志编撰者都在其历史记述中,为各自的政治目的时而把他们打扮成英雄,时而又把其指斥为盗匪。作者在书中力图从长远的历史视野去考察,为什么有些地区能够成为中国革命的基地。罗威廉的这个研究,是从一个长时段来观察革命更深层的社会和文化因素,因此此书是一部微观历史与地方史的有机结合。这本书从长时段的历史场景的展示、对事件的细节描写、对资料的深入挖掘和熟练运用以及从"小历史"观察"大历史"的眼光,显示了作者精湛的历史写作技巧和对历史的深刻认识。总的来说,这本书可以为我们理解中国革命、政治演变及其历史土壤提供一个非常清楚而深刻的个案研究。[1]

与此相对,卢汉超研究的则是日常生活中的一个特殊的侧面。关于乞丐的研究是他对社会生活关注的最新成果。卢汉超试图从文化的角度来对乞丐进行考察。他认为,中国乞丐具有很长的历史,到了清代已成为一种职业了,虽然是十分低贱的职业。卢汉超认为,乞丐实际上创造了一种次文化,与主流社会有着密

---

[1] William T. Rowe, *Crimson Rain: Seven Centuries of Violence in a Chinese Country*.

切的联系。这种联系经常是通过丐帮发生作用,受到官方的认可,从一个角度反映了国家与社会的密切联系。他还发现乞丐组织实际上有很强的控制能力,帮主可以用帮规帮法把乞丐限制在一定的范围内,既可以控制他们,亦同时保护乞丐的利益。可以说,这些丐帮比官方控制更为有效。作者还提出了乞丐组织的中断和延续性问题,清末和民初的城市改革把乞丐作为主要对象之一,力图剥夺他们乞讨和流浪的权利。此外,卢汉超还探讨乞丐生存的各种形式,通过他们的挣扎和抗议、骗局和欺诈、政治和抵制,去揭示隐藏于乞丐生存术背后的文化因素。他也意识到研究乞丐问题所面临的困难,因为任何关于乞丐的记录,都可能渗透了上层社会的偏见,而乞丐们自己则根本无法表述他们自己的生活。尽管作者竭力要让乞丐们自己讲话,但仍然无法根本解决这样的问题。不过,可以理解,我们今天不可能完全再现历史,但在重构历史时,意识到我们的局限是十分重要的。[1]

新文化史、微观史对我自己有关研究的影响

近年我自己关于社会文化史的研究,很明显地受到上述西方史学新趋势的影响,这里大概介绍关于成都茶馆的研究。"茶馆是个小成都,成都是个大茶馆",这个民谚描绘了一个独特的

---

[1] 卢汉超:《叫街者:中国乞丐文化史》,见王笛编:《时间、空间、书写》,第56—68页。

成都城市形象。在成都，几乎每条街都可以看到茶馆，其对市民的日常生活至为重要，茶馆生活成为这个城市及其居民生活方式的一个真实写照。在20世纪前半叶，没有任何一个公共空间像成都茶馆那样与人们的日常生活密切相连，没有任何其他中国城市有成都那么多茶馆。茶馆是个微观世界，折射出大千世界的丰富多彩。但遗憾的是，到目前为止，无论是在中国还是在英语世界，关于研究中国茶馆的史学专著只有我2008年在斯坦福大学出版社出版的《茶馆》一书（这个课题的第二卷，2018年由康奈尔大学出版社出版），这是与茶馆在中国文化和社会中的作用和地位极不相称的。我关于成都茶馆的研究试图再现城市的公共生活方式和文化形象，勾画在公共生活的最基层单位上日常文化的完整画面。并通过挖掘在成都茶馆中所发生的形形色色的大小事件，建构茶馆和公共生活的历史叙事和微观考察。我希望这个研究可以把读者带入城市的内部，提供一个在"显微镜"下观察城市社会的机会，从而以一个新的角度观察中国城市及其日常文化。

我关于茶馆的研究集中在三个主题之上：一、作为小商业的茶馆，二、茶馆对人们日常生活的作用，三、茶馆在公共政治中的角色。首先，我强调小商业在晚清和民国时期的成都，是最重要的经济部门。没有任何其他店铺能像茶馆那样，与人们的日常生活有如此紧密的联系。茶馆不仅代表着一种独特的经营方式，而且还造成了丰富多彩的日常文化。同时，我还指出茶馆所面临的内部和外部的问题,考察茶馆与顾客、茶馆与地方政府的关系,分析茶社业行业公会和茶馆工人工会的角色,观察它们是怎样成为地方政府与行业之间、地方政府与工人组织之间的中介。其次,考察茶馆在人们交往和社区或邻里生活中所扮演的角色。各种社会集团利用茶馆从事经济、社会、文化活动。他们以茶馆为市场,在那里做大小交易;以茶馆为舞台,提供和得到娱乐。在这个主题下,我考察不同的社会集团、行业、性别是怎样利用茶馆而达到各自的目的。最后,通过分析茶馆里的冲突、控制、权力斗争,揭示政治在茶馆中是怎样被展现出来的。政治的变化总是清楚地反映在茶馆中,茶馆成为一个政治舞台,成为国家和地方政治演变的一个风向标。政府以维持公共秩序之稳定为理由,颁布了许多控制茶馆的规章。抗战以及随后的内战时期,国家和其他各种社会力量利用茶馆为其政治目的服务,更是达到了前所未有的程度。诸多政治的新因素都影响到茶馆里的日常生活。经济、社会、政治状况的恶化,国家日益强化的控制,都反映在茶馆的日常生活中,特别体现在人们所谈论的话题中。这样,茶馆里的政治成为外部大世界变化的集中展示。

  这项研究以茶馆为中心,考察20世纪上半叶中国经济、社会和政治的变化,其贯穿始终的主要观点是:在20世纪前半叶,坚韧的地方文化和习惯,不断反抗西化的冲击,抵制现代化所造成的文化同一模式,抵制国家权力的渗入。而这种国家权力的渗入并日益加强的过程,贯穿在20世纪上半叶的民众公共生活之中,即国家越来越直接干预人们的日常生活。换句话讲,在这个时期,城市改良和现代化过程中有两条线同时并进:一是国家角色加强的同时,现代化持续消弭地方文化的独特性,导致地方文化独特性的削弱;二是在此过程中,以茶馆为代表的地方文化,既显示了其韧性,亦展现了其灵活性,以对抗国家权力和现代化所推行的国家文化的同一模式。

传统中国城市的发展,多受制于地理交通、市场网络以及经济地位等诸多因素条件,然而城市空间和文化是自然形成的(当然像西安、南京、北京等首都城市,以及一些因政治或军事因素发展而来的城市为例外),并无一个"总体规划"或全国的统一模式。因此,中国各城市呈现出其结构面貌、经济功能、地方管理、生活方式、风俗习惯等方面的多样性,形成了丰富多彩的地方文化。

晚清以降,现代化潮流冲击整个中国,随之而来的城市改良运动,便是按照一个统一的模式来改造城市,这个模式包括整修街道以改进交通,重建城市空间以创造"现代"的城市景观,规定卫生标准以防止疾病,清除街头乞丐以推进"进步"的城市形象,设立各种规章以维持公共秩序,改良休闲娱乐以"启蒙"大众,发扬爱国精神以培养新的国家认同,强化政治以推动国家控制等。

目前,学者们对不同城市上述各种措施都有一定的研究,但一般局限在某个或某几个方面。其实,如果我们选择某个城市进行考察，可以发现在晚清和民国时期，一个城市如果采取了全部这些措施，则反映了整个国家政治、经济、文化一体化的趋势。在现代化和日益增长的国家权力的冲击下，地方的独特性和多样性的削弱是显而易见的，虽然有的变化剧烈，有的缓慢。从政治上观察，这个过程亦反映了地方主义与国家政治的斗争。在晚清，改良者和政府视地方风俗为"不文明"和"落后"的，试图按照西方或日本模式进行改造。但在辛亥革命后，以地方军阀为代表开始抵制中央政府的政治统一。直至抗战前，国民党和国民政府才最后确立了对四川的控制。而其后地方文化抵制现代化的同一模式，在抗战和内战时期达到了顶峰。

对成都茶馆的系统考察有助于我们理解：当晚清和民国时期整个国家政治剧烈动荡，经历着经济、社会、文化变迁之时，一个内陆城市的日常生活是怎样、在多大程度上被改变了，以及公共空间和日常文化的复杂关系。这个研究试图证明的是，茶馆是一个微观世界，是占城市经济主导地位小商业的一个典型代表，因此是一个理想的研究对象。通过对茶馆的探索，我们可以进一步理解小商业的管理、竞争、雇佣等问题。同时，茶馆也是一个复杂的社会机构，提供如聊天、消遣、娱乐等各种休闲活动，但却远远超出其休闲功能，亦是一个工作场所和地方政治舞台。

对城市居民来说，茶馆是当时为数不多的公共空间之一，即使是其他"现代"娱乐场所出现以后，茶馆仍然是人们能够承受的最大众化的设施。人们在那里追求公共生活和社会交往，同时茶馆也是信息交流和社会活动的中心，亦为不少社会组织的大本营，甚至成为地方和国家经济、政治、文化演变的晴雨表。由于其在市民日常生活中的重要作用以及其多样化和复杂性，茶馆总是成为社会改良和政府控制的对象，而各个政治和社会集团也争相对其施加影响和加以利用。

第四编　新城市史研究路径与概念

关于中国城市共同体的研究告诉我们，在一个中国城市里，那些来自不同地方的城市居民能够和平相处并度过极度混乱的时期，是城市社会本身的机制起了决定性作用，而并非像一些西方历史学家所断言的那样，中国不存在一个发展了的、成熟的城市共同体。此外，城市中的社会运动总是作为一种大众政治而发生。

第九章　中国城市的政治、组织和阶级

20世纪80年代以来,近代中国城市研究似乎成为美国中国史研究的"显学",有成就有影响的学者纷纷加入中国近代城市问题的研究和讨论,并从不同的角度揭示了近代中国城市社会的历史,诸如城市社会共同体和城市政治、城市社会组织、社群和妇女,以及城市工人阶级和劳工运动等。[1]他们的研究无论角度、资料还是观点和方法,都有极大的突破,可以帮助我们对中国城市的过去进行深刻理解。

社会共同体和城市政治

18世纪以来,中国城市社会共同体日趋强化。有的学者通过

---

[1] "社会共同体"是在西方历史学和社会学中常用的一个词,英文为community,也译为"社区"。"族群"英文为ethnicity,直译为"种族""民族"等。但近年美国史学界关于ethnicity的研究,实际指由于民族、语言、文化、社会地位等因素而形成的社会群体,远超出了种族的概念。

探讨城市空间、城市意识、城市冲突和控制等问题,揭示这个强化过程以及城市传统和从传统到现代的过渡等问题。有的研究则是通过一些集体和个人的社会经历,考察五四运动以后十年间城市民众政治意识的觉醒及其政治参与行为。

与马克斯·韦伯关于中国城市社会不能发展的结论相反,中国城市社会共同体的强化实际上贯穿于中国近代化早期。罗威廉在《汉口:一个中国城市的冲突和社区,1796—1895》一书中,揭示了汉口作为地区、全国以及国际贸易的中心,其城市社会的强化过程。罗提供的证据表明,韦伯关于中国城市没有能力扮演经济变革中心角色的观点是不正确的。在传统中国,社会共同体始终是儒家价值系统的重要部分,而城市共同体承认了儒家关于社会等级和家庭价值观的社会意识,强调重视民生。19世纪汉口的城市社会共同体就是制度化过程的一个结果。在西方势力进入之前,地方商人就修正了传统行会的职责,以促进发展个人和集团的经济利益。太平天国出现之后,随着城市团练的组成和所谓"冬防"的出现,汉口开始健全公共安全体系。到19世纪80年代,具有城市警察功能的官僚体制已有较大发展。1895年以后,各种社会集团都面临着工业化和国家权力扩张的现实。

19世纪的汉口与近代早期欧洲城市既有许多相似之处,也存在差异,两者对于研究汉口社会史都至关重要。对于相似之处,经济结构的变化带来了城市的新发展,如长途贩运的兴起在中国和欧洲的城市发展中都扮演了重要角色。与近代早期欧洲城市一样,汉口的城市阶级结构也是复杂的、不稳定的。旧的等级精英受到新的经济精英的挑战。但与近代早期欧洲城市不同,汉口基本没有发生大规模的内部暴力和动乱,真正的动乱来自城市外部,如太平天国。而汉口较少内乱的根本原因是"中国城市社会共同体的那种强力"[1]。同时,文化影响的多种多样以及邻里和次社会共同体的结合,都是社会趋于稳定的因素。事实上,可以说汉口是一个开放的社会共同体,城市社会组织能有效地处理各种与城市有关的事务,行会、行帮甚至丐帮都为实现社会和谐做出了各自的贡献。

不过,汉口的城市社会仍然存在着个人间和集体间的冲突,包括犯罪、社会异端、社会共同体集团内的纠纷,以及对政治经济实权人物的公开反抗等。然而,19世纪汉口的冲突事件大都规模有限。罗威廉认为这些冲突的存在并不意味着社会共同体的衰弱,因为这些冲突很容易得到解决,而解决的方式通常是通过调解而不是暴力。显然,罗很欣赏这个前现代城市的自我调节能力。

如果说罗威廉考察的是一个充分自治的传统城市,那么史谦德(David Strand)的研究对象则是一个受国家权力和政治影响最大的城市,二者分别代表了城市发展的不同的时期和类型。史谦德在《北京的人力车夫:1920年代的市民与政治》一书中,以北京的城市社会来解释城市政治。他选择黄包车"作为一个比

---

[1] William T. Rowe, *Hankow: Conflict and Community in a Chinese City, 1796-1895*, pp. 131, 185.

喻和缩影",因为在20世纪20年代的北京,黄包车极为普遍。这个新与旧、人力与机械、中国与外国的混合物,"使人联想到民国时期中国和北京的困境"。[1]在动乱年代,黄包车成为北京社会阶级分化和不平等发展的一个标志,而黄包车夫则被认为是城市贫苦劳工的一个代表。

现代中国城市政治秩序的形成,其原因是多方面的。民国时期的北京便反映了全国的政治态势。"像其他城市一样,北京的中心舞台被群众示威,国家和地方精英的集会,巡行的军事要员,自治方案的设想以及新机构的设立轮流占据。"五四运动推动了有组织的公开活动。史谦德认为,近代中国的城市传统——包括冲突与和解——都产生于20世纪20年代。而且阶级冲突、政治激进派、现代公论、政治暴力以及大众民族主义都源于城市。20年代,北京建立了许多自治组织,这些组织的集会常常吸引上千人参加。每个自治组织都代表了一个特定的集团。其中一些集团特别关注城市问题,如街道修建、卫生和犯罪等。一些商人和士绅还建立了"市民会",并经常开会,讨论社区事务。但史谦德断定,事实上大多数的组织对于权力比对公共问题更感兴趣。大众政治吸引市民去参与,"公民权给予市民参与政治的权利,一旦给予,就难以再取消"[2]。在史谦德的笔下,我们看到了20世纪20年代中国城市社会生活与政治的交织,看到了北京如何在个

---

[1] David Strand, *Rickshaw Beijing: City People and Politics in the 1920s*, p. 99.
[2] Ibid., pp. 17-18.

人、社会和国家相互影响下，起到全国政治舞台的作用。

社会组织、群体和性别

城市社会组织的形式和功能是如何从传统向现代转变的？它们是如何影响城市政治的？这些问题已引起学者的关注。同时，社会群体问题也开始受到重视。过去，学者是从不同民族之间相互关系的角度考察社会群体的，现在有的学者则从汉族内部关系去研究社会群体的形成。此外，城市妇女研究也有新的突破。

19世纪中期，传统组织开始在一些城市扩展活动，形成了城市精英和城市资产阶级团体。与欧洲城市一样，中国城市里的同业工人一般都住在同一城区，有会馆、公所等公众聚会场所。辛亥革命后到20世纪30年代，新的或现代同乡组织"同乡会"发展起来，但与此同时，作为传统同乡组织的会馆也继续扩张。顾德曼在《新文化、旧习惯、同乡组织与五四运动》一文中指出，虽然同乡会的形式来源于学生或工人社团，但它并非学生或工人的组织。同乡会一般依靠会馆开展活动，但经常"被社会共同体中更富有或更有权力的成员所控制"[1]。会馆和同乡会都是普遍存在的同乡组织形式，会馆主要由商业精英组成，成员则包

---

[1] Bryna Goodman, "New Culture, Old Habits: Native-Place Organization and the May Fourth Movement," in Frederic Jr. Wakeman and Wen-hsin Yeh eds., *Shanghai Sojourners*, p. 83.

括商人、记者、知识分子等。这些同乡组织与旅居的学生、各种商界和工界的同乡组织如广东帮、宁波帮、苏北帮、湖北帮、陕西帮、无锡帮和本帮（上海），互依共存。地区性集团一般受特定的贸易关系所制约。在20世纪二三十年代的上海，社会共同体按照原籍的地理区域划分的现象日益增长。解释城市共同体这种分裂是重要的，城市居民的地理划分源于移民人口的大量增长，社会共同体每当面临重要问题时，"来自同一个省的集团便汇集力量，联合行动，发布通电，并在同乡会场所集会"[1]。

同乡组织与社会革命目标之间没有必然的矛盾。同乡组织可以用来进行有效的社会调动。据顾德曼考察，五四运动时期，同乡组织的活动反映了一些现代价值观念，而现代组织也运用了传统组织的策略。如学生组织就是效法同乡会的模式建立起来的。虽然会馆没有过去那么重要，但在同乡社会中仍然起着不可低估的作用。这些社会组织的存在反映了社会的要求，而会馆和同乡会作为重要的慈善和社会福利机构在社会共同体中继续发挥作用。可以说，工人的地域划分并不妨碍团结，他们仍能有效地合作。

除了同乡组织，城市中还有另一种集团——青帮。韩起澜（Emily Honig）注意到在包身工中青帮的角色。虽然青帮对

---

[1] Bryna Goodman, "New Culture, Old Habits: Native-Place Organization and the May Fourth Movement," in Frederic Jr. Wakeman and Wen-hsin Yeh eds., *Shanghai Sojourners*, p. 91.

农村移民适应城市生活有所帮助,但他们控制了包身工的收入。因此,许多工人组织的主要目的就是保护其成员免受青帮的压迫。[1]可以说,青帮的压迫推动了工人组织的产生。史谦德考察了北京的社会组织和政治之间的关系。警察、政党、商会、工会等新社会组织都参与了政治,行会、自愿消防队、民团、慈善机构以及苦力帮等旧社会组织同时仍然起着作用。会馆和同乡会有着新的、更具政治色彩的目的,特别是同乡会,"总是与政治有关系",而且被当作"政治武器"。[2]这种现象与顾德曼所描述的上海同乡会相似。此外,市民集团开始参与地方事务,推动自治。史谦德的研究描绘了市民在地方和全国政治中的积极角色。

自19世纪中期始,苏北人就被视为一个主要的社会群体。所谓"苏北人"包含多种意思,但作为一个社会群体,其寓意着苏北籍身份、贫穷和无知。韩起澜在《创造中国的社会群体:苏北人在上海,1850—1980》一书中,从社会群体的当代问题追溯到它的起源,试图揭示上海的苏北人被歧视的原因。"江南"有着肥沃的土地,美丽的河流山川,方便的交通,成熟的文化;"江北"却恰恰相反,土地贫瘠,人民穷困,交通不便,文化落后。因此,江南人看不起"江北佬"。江南、江北都被视为一种象征,即使江南地区也存在差异,但仍被视为富裕的代表,而江

---

[1] Emily Honig, *Sisters and Strangers: Women in the Shanghai Cotton Mills, 1919-1949*, p.6.
[2] David Strand, *Rickshaw Beijing: City People and Politics in the 1920s*, p.170.

北则成为贫穷落后的标志。在上海,"江北作为一种象征,比它的现实存在更重要",已成为一个综合概念。[1]

"苏北人"概念的产生与苏北移民社会在上海的形成密切相关,反映了苏北人在上海的社会地位和工作经历。上海劳工市场是按社会群体划分的,经济发展的模式促使江南和苏北之间出现鸿沟,但这并不能完全说明"苏北"的含义。此外,苏北的概念也与移民类型有关。19世纪,贫穷是大多数移民迁徙的主要原因,上海成为苏北难民的一个目标,于是"苏北人"就通常被用于描述在上海的苏北移民,他们被视为外来者或"客民"。同时,居住的隔离也反映和强化了苏北人的身份,他们的居住区被称为"江北村"。但是,"在上海社会群体的形成过程中,苏北人并不是一个消极的参与者"。"苏北人并不是单纯地对移民或贱民的描述,即使他们代表着两者。应该把苏北人作为一个特定的社会群体来理解。"韩起澜的研究试图证明,"社会群体是如何在汉人中形成的"。[2] 显然,社会群体的形成并不是单纯的一整套关系,而是一个历史过程。

为了解释苏北人的劳工市场,韩起澜考察了苏北人寻找工作的状况。苏北人在上海寻找工作时遇到了与其他城市不同的情形。移居上海的苏北人大多是为自然灾害和贫困生活所迫,因

---

[1] Emily Honig, *Creating Chinese Ethnicity: Subei People in Shanghai, 1850-1980*, p. 29.

[2] Ibid., pp. 5, 90.

此，任何艰苦和低工资的工作都可能使他们的处境有所改善。雇主也歧视苏北人，迫使他们从事非技术的和低工资的工作。许多苏北人根本没有机会进入正式的劳动力市场，没有长期稳定的工作。"工作状况比其他经历更能决定苏北人在上海的社会和经济地位。"黄包车夫和搬运工是苏北人在劳工市场的身份象征。20世纪30年代，苏北帮几乎掌握了五万码头工人，同时，从事服务性工作的大多也是苏北人，甚至妓女也有苏南苏北之分。那些游荡街头或在黄浦江上向海员卖淫的妓女多来自苏北。此外，苏北的商人很少有成功者，因为他们资金有限，无力投资于城市企业。

关于社会群体的内涵也存在着争论。这个研究告诉我们，社会群体并不是一个客观事物，而是可能引起人们隔阂的语言、种族、历史和地理的过程，也就是一种人群关系、一种社会地位和一种阶级地位。因此，这个研究集中在一个特殊的人群而不是一般同乡身份上；它的焦点不是一般概念上的苏北人，而是他们在上海的特殊经历。实际上，苏北人在上海的经历还说明了潜在的阶级划分。很明显，阶级不平等的社会结构可能导致社会群体的出现。

城市史学者力图揭示不同集团在城市中的工作和政治经历，因此性别问题也成为他们关注的焦点之一。1986年，韩起澜出版了她的《姐妹们与陌生人：上海棉纱厂女工，1919—1949》，这本书从城市史和妇女史的角度，研究了工作性质、工作场所内的社会关系，工人阶级的形成以及工业无产阶级妇女的转变过程。上海纱厂的大多数工人都是女性，占上海工人的1/3以上。纱厂女工来自各个地方，衣服样式、饮食习惯、婚姻传统以及方言口音都成为不同工人形成群体的基础。[1]

从第一次世界大战结束到1949年，姐妹会组织在上海纱厂女工中普遍存在，反映了妇女相互帮助和自我保护的需要。20世纪40年代，在基督教青年妇女会的间接影响和共产党的直接影响下，姐妹会发展成为政治和社会性的组织。[2] 基妇会于19世纪90年代在中国出现，相比传统的传教士组织，较少宗教色彩。它是第一个对女工进行政治教育的组织，力图把女工培养成为劳工运动的领导者。1928年至1930年，基妇会在上海主要工业区建立学校，培训女工读书、演讲、分析社会的能力，并组织她们开展社会活动。虽然基妇会学校的教师并不鼓动罢工，但实际上她们在罢工中发挥了重要作用。30年代，基妇会进一步对女工进行爱国主义、民族主义和反对帝国主义的教育。到了40年代，许多基妇会女工参加了共产党，有趣的是不少共产党员也加入了基妇会。

1949年以前，中国妇女一直扮演着传统的家庭角色，阻碍了工人阶级阶级意识的觉醒。韩起澜指出，没有资料可以证明，

---

[1] Emily Honig, *Sisters and Strangers: Women in the Shanghai Cotton Mills, 1919-1949*, pp. 245, 449.

[2] 即 The Young Women's Christian Association，简称基妇会。

20世纪20年代的纱厂女工已是具有阶级意识的革命者。虽然一些人加入了共产党,但她们并没有成为工人运动的领导者,尽管有些女工参加了革命运动,但她们仍然留在传统的姐妹会里。女工们并不懂得什么是剥削,那些参加了20年代罢工的女工,"基本上不具有阶级意识或革命思想"。她们中的一些人甚至是被迫加入工会的,而那时的"劳工运动没有产生妇女领导人"。上海纱厂的女工即使"在她们最觉悟的时候,也没有把自己看作是完全的或者是基本的工人阶级的一员"。[1]

为什么女工没有成为劳工运动的积极参加者?首先,在工人和工厂主之间,并不是可以简单地划一条界线,他们有着各种复杂的联系。而且青帮对二者都有影响。20世纪30年代,青帮加强了对女工的控制,这种控制使得女工们很难成为劳工运动的积极参与者。其次,虽然上海女工发展了新的社会关系,但不过是同乡关系的延伸。她们的社会关系基本上是以原籍而不是以工人身份为基础。来自不同地方的女工大都劳动、生活在不同的工厂或地区,难以进行社会交往。再次,女工一般并不在某个工厂长期做工,经常变换工作,因此很难发展相互间的关系。这些都限制了她们阶级意识的发展。

---

[1] Emily Honig, *Sisters and Strangers: Women in the Shanghai Cotton Mills, 1919-1949*, pp. 245, 449.

工人阶级和劳工运动

近年来，美国学者重视把劳工和劳工运动研究与社会史研究结合在一起，特别是对上海、天津等大工业城市的研究取得了重要成果。如有的学者研究工人阶级的起源，分析了工人的地理分布情况，指出早期劳工运动的差异与运动参加者原籍的不同有直接关系。有人则研究了在帝国主义和地方动乱影响下城市的成长和资本主义的发展，考察了不同的工人集团，并追溯了他们的农村及血缘关系以及原有的社会地位。

工人阶级的研究可以提供大量城市社会和城市发展过程的信息。裴宜理（Elizabeth J. Perry）在她的《上海罢工——中国工人政治研究》一书中强调了"工人的分裂和活动之间的一个积极的连接点"。上海工人的分裂产生了"系统的和长期稳定的团结：同乡和同性别的移民得到相同的工作，从而为共同行动提供了潜在的基础"。[1] 这种籍贯和工作机会的关系表明，移民的籍贯限制了他们的职业分工，并因职业分工的不同而产生了各种移民集团。工人工种的技术程度也因籍贯、性别、教育程度的不同而有所不同。不同技术水平的工人的合作并非在工业化过程中自动产生的。从一定程度上说，劳工史是工人之间冲突的历史。技术工

---

[1] Elizabeth J. Perry, *Shanghai on Strike: The Politics of Chinese Labor*, p. 29.

人和非技术工人的工资存在着差别,他们在上海劳工市场的地位明显不同,因而也导致了工人内部矛盾的发展。

贺萧在《天津工人,1900—1949》一书中对城市工人阶级的状况做了详细的描述和解释。她讨论了在铁器和机器制造行业中学徒工的使用和受虐待情况、运输业中的工人组织、劳工的性别划分、工人闲暇时间的消遣方式以及有组织的天津劳工运动的历史。天津工业的发展并不能简单地按"前工业化"和"工业化"或"传统"和"现代"的概念来划分。天津大多数生产单位都是规模小、技术低的工场。这些工场不像马克思所指出的那样,是现代工业发展中的一个过渡阶段。小规模的经济单位不能为集体行动提供充分条件,因而使得天津的劳工运动相对不发展。而大工厂有组织的劳工反抗运动主要发生在 1925—1926 年和 1946—1948 年间。因此,天津工人阶级在工人运动中并没有扮演特别重要的角色。

天津工人阶级包括手工业者、搬运工、散工和工厂工人。他们的工作根据各自的性别、年龄、籍贯和社会联系而不同。手工业者一般单身住在工场里;工厂工人大多携家眷居住在城市。天津本地工人只占工人总数的 4%。纱厂工人大都来自天津郊区、河北农村以及山东和河南。20 世纪 20 年代的农村移民基本是男性,他们主要是为了逃避战乱、土匪和水旱灾害。到了 30、40 年代,大量难民为躲避日本侵略军而涌进天津,使天津的农村人口剧增,"甚至最大的工厂也保持着村庄生活的特点"[1]。此外，贺萧发现，地方文化与经济结构同样重要。艰苦生活与强烈地方主义的结合形成了暴力文化。在这种文化下，工人的活动常常不是反对城市上层，而是对抗本阶级的成员。这就是在当时的社会结构下天津工人阶级的复杂状况。

在1911—1949年的政治变化中，劳工运动起了重要作用。正如裴宜理所指出的，"劳工运动意识形态的意义发出了比相对小规模的工人阶级队伍大得多的政治声音"[2]。在近代中国，上海劳工组织的影响最为广泛深远。工业的发展为工人组织奠定了基础。在国共两党斗争出现之前，上海工人就拥有集体行动的传统，曾进行过许多成功的反抗。国民党和共产党都试图利用工人作为达到各自目标的强大力量，从而促进了现代中国劳工运动的发展。而历史给国共两党提供了竞争机会。

与许多欧美国家工人一样，中国工人也总是有分裂的，但"分裂并不意味着消极"。"工人的分裂可以为有政治影响的行动提供基础，不仅与政党相互支持，甚至可以产生新的政治权威。"不同生产领域的工人对政治行动的反应有所不同，为了揭示这种政治上的差异，裴宜理集中探讨了工人集体行动的最普遍的形式——罢工。罢工包括争取较好的工作条件、增加工资等经济和社会的目的，也可能有政治目的。裴宜理的研究显然带有"新劳工史"的倾向，即像 E. P. 汤普森一样强调通俗文化。工人阶级

---

[1] Gail Hershatter, *The Workers of Tianjin, 1900-1949*, p. 44.

[2] Elizabeth J. Perry, *Shanghai on Strike: The Politics of Chinese Labor*, p. 4.

文化在集体行动产生中起了重要作用,"文化类型在工人社会群体划分中表现得最为强烈"[1]。

此外,史谦德指出,在20世纪20年代,北京工人虽然组织起来,要求提高工资,改进工作条件,但他们并没有关于政治、经济、社会状况以及劳工运动方法的清醒意识,也不了解他们所处的社会环境。而贺萧认为,天津工人阶级反抗的历史也应该根据天津特殊的经济政治状况来解释。在考察大工厂工人的反抗时,她强调了三种关系:促进形成正式的工人反抗的工人间的关系;工人与工头、国民党官僚、政府军队等决定工人社会环境的控制集团间的关系;工人与那些促成天津工人反抗的重要外来政治组织者间的关系。由于工场规模小,行会不发展,经济落后,天津"跨阶级的联盟比以阶级为基础的反抗更为普遍"。同时,农村的纽带使工人较少参加劳工运动,城市环境使工人趋于保守。"对工头的忠实与惧怕可能妨碍他们团结起来进行反抗。"[2]

在近代中国城市史的研究中,大多数学者都注意到E. P. 汤普森20世纪60年代出版的《英国工人阶级的形成》一书。汤普森对于英国手工业者的分析,包括他们的思维方式、习惯和组织形式都做出了重要贡献。他指出工人阶级在形成过程中并不是一个单纯的被动集团,而是在自己的结构中的一个积极单位。"这

---

[1] Elizabeth J. Perry, *Shanghai on Strike: The Politics of Chinese Labor*, pp. 2, 29-30.

[2] Gail Hershatter, *The Workers of Tianjin, 1900-1949*, p. 238.

个单位不仅是工业的,而且是社会革命的;不仅生产了更多的产品,而且还生产了'劳工运动'本身。"[1]尔后,一些学者特别是新左翼学者都强调工人在英国和其他欧洲国家、美国及第三世界的历史。法国历史学家谢诺(Jean Chesneaux)的《中国劳工运动,1919—1927》,描述了中国工人成为有阶级意识的革命者的过程。他指出,"在1919—1927年间的经济和政治斗争中,中国工人阶级经历了深刻的内部变化。反过来,日益增长的阶级意识以及迅速发展壮大的阶级组织使其能够承受这样的斗争"[2]。相反,如前文所述,美国学者则认为中国工人阶级的阶级意识非常淡薄,即使在他们联合起来为共同利益斗争时,也没有表现出强烈的阶级意识。

城市空间的政治

近年来,西方学术界对中国城市空间和城市景观,以及它们所蕴含的政治意义的研究,有若干成果问世。特别集中在对南京和北京的讨论上。这些新研究的特点,都不是简单地讨论空间的变化,而是把空间的演变与政治、意识形态联系在一起,并试图挖掘纪念、城市形象构造乃至历史记忆等更深层次的内涵。

2015年,C. 伍德瑞吉(Chuck Wooldridge)出版了《理想

---

[1] Edward P. Thompson, *The Making of the English Working Class*, pp. 191-192.
[2] Jean Chesneaux, *The Chinese Labor Movement, 1919-1927*, p. 393.

城:乌托邦时代的南京》。作者认为,19世纪中国面临的一系列问题,诸如人口增长、政治危机、经济恶化等,再加之清王朝的软弱,使中国出现进入了"乌托邦想象"(utopian visions)的时代。[1]该书涉及的时段始于乾隆帝,迄于孙中山和革命党人时期,但主要集中于19世纪,审视了南京这座城市独特的乌托邦式的远景。本书不仅是对南京城市史的研究,也是对"用政治影响塑造这座城市"的政治权力与政治人物的考察。[2]空想理念曾经一度在全球流行,是对帝国主义、工业革命以及其他全球化冲击的一种反应,本书通过对乌托邦理念的个案研究,来看其对一个城市的影响。19世纪南京的政治活动家,运用空想理念来设计城市的未来。伍德瑞吉通过考察这些理念,提出了关于城市发展的许多重要问题,比如空间与国家权力的关系,19世纪乌托邦运动广为散播的原因,清政府对此如何回应,"气"如何与中国传统、与中国关于自然的观念结合一起,以及在空间上如何与礼仪及国家权力相关联等问题。

在整个中华帝国的晚期,南京都是长江中下游地区的中心。有宋一代,南京城市化进程十分迅速,孕育了繁荣的文学团体,而南京的乌托邦运动便为新文学发展提供了空间。此外南京本身也在从清至民国的政治史中扮演了一系列重要的角色。太平天国摧毁了南京绝大多数的公共设施,包括经典小说《儒林外史》里

---

[1] Chuck Wooldridge, *City of Virtues: Nanjing in an Age of Utopian Visions*, p. 5.
[2] Ibid., p. 20.

所描述的亭台楼阁、客栈茶肆等。太平天国失败以后，南京的重建者试图将"南京塑造为一个理想世界的缩影"，通过建筑、诗歌、写史以及典礼等活动，将乌托邦城市的实践表达出来。[1] 实际上在太平天国的兵燹之后，曾国藩便根据自己对这个城市未来的想象对南京进行了改造，包括书院、祠庙以及衙署的修建，彻底改变了城市的面貌。曾的设想是消除太平天国留下的痕迹，并创造一个新的区域行政的中心，同时纪念战争中的死难者。因此，南京的重建是基于曾国藩的理念，那些建筑、活动、文章以及典礼，都帮助塑造了重要的历史记忆。其中，纪念死难者成了太平天国失败后南京最重要的礼仪之一，而这一活动是为了创立新的政治和社会秩序。

伍德瑞吉发现，南京城市的规划者试图扮演某种政治的角色，他们想象出一种希望回归"古典中描述的那样的和谐世界"，并认为南京应该展示出"达到这一和谐的可能性"。[2] 1912年1月1日南京被确定为新生共和国的首都，孙中山希望借此将他的政府与清政府区别开来，并限制袁世凯的影响。但在袁世凯掌权后，便迁都到他的权力基础所在的北京。然而在随后的时间里，当蒋介石重新统一全国后，又立即将都城迁回南京，由此开启"南京十年"的新时期。抗战期间，重庆成为战时首都，而战争一告结束，蒋介石便再次迁都回到南京。

[1] Chuck Wooldridge, *City of Virtues: Nanjing in an Age of Utopian Visions*, p. 5.
[2] Ibid., p. 74.

自 19 世纪以来，国民党用乌托邦运动作为获取政治权力的工具，他们学会了"如何在一个现存的城市布局中构建有意义的空间，如何将这些空间与国家的更宏大的概念相连接，以及如何展示和创造他们的用于庆典的空间"。其实，乌托邦的幻想不仅是一种宇宙观，也是一种政治和都市的意念。精英们越来越多地加入国家的典礼仪式中，并希望建设一个"中华民族共同体的象征性中心"。[1] 不过，不同的人会表达出他们不同的愿景，城市规划者描绘的"乌托邦的世界本性"，多根植于中国历史的传统思想，如道教中的"太平"以及《礼记》中的"大同"世界。

通过对南京城市和乌托邦理想关系的研究，伍德瑞吉认为其有助于"阐明都市生活与政治权力间的关系"[2]。在20世纪80年代和90年代，历史学者开始重视城市精英的活动，一些学者运用"公共领域"（public sphere）的概念去分析公共机构及其影响。最近关于中国城市的研究已经出现了一种不同的研究方法，即通过探索物质建筑与文化的空间建构的关系，将19世纪城市生活与政治变迁关联起来。而伍德瑞吉的研究便是这一研究取向的新成果，通过一个独特视角来展示城市的历史，对一个首都是怎样基于意识形态、理想主义的规划以及各种典礼活动而发展起来的，提供了一个极好的案例。本书揭示了一个城市的重建过程

---

[1] Chuck Wooldridge, *City of Virtues: Nanjing in an Age of Utopian Visions*, pp. 177-178.
[2] Ibid., p.14.

及其丰富的历史，包括其中持续不断的政治权力的斗争。

比伍德瑞吉的上述研究稍早一些，即2013年，C. D. 莫斯格罗夫（Charles Musgrove）的新著也是着眼于南京。他考察了南京在1927—1937年间，是如何作为"中国国家地位象征"而存在的，并描述了建都的"政治资源"，还揭示了城市规划者与建筑师为建设"全新且现代的国家中心"所施行的程序与措施。在1912年中华民国诞生时，南京被选作首都。作为现代化的一个典型，这座城市"重新定义了……现代中国首都的象征性角色"。[1] 通过分析南京的重建过程，本书讲述了国民党是如何创造"国家认同观念"的。国民党努力塑造一个模范首都，改善交通和基础设施，创造全新的建筑风格和纪念碑式的空间，并举办国民党和政府的庆典活动。莫斯格罗夫认为，"国民党构建模范首都的努力，是为成功地培育出现代公民，以达到这个城市人们的期待"[2]。

此外，在书中莫斯格罗夫讨论了城市规划、建筑以及礼仪在现代公民中扮演的重要角色。城市规划不但有助于建设现代化的基础设施，还能"合理规划空间，使之更高效地用于发展"。通过对首都现代化建设过程的探究，该书展示了国民政府如何建立新秩序，人们对新的规划如何反应，政府在多大程度上建立其合法性，以及谁才是城市建设过程中的主角等问题。城市规划者相

---

[1] Charles Musgrove, *China's Contested Capital: Architecture, Ritual, and Response in Nanjing*, pp. 6, 262.

[2] Ibid., pp. 6, 245.

信,南京将成为"民族国家形象的中心",他们希望将这个城市"从一个落后的地方",转变为"熠熠生辉的中国元素的现代都市"。[1]莫斯格罗夫还分析了新的首都是如何通过国家组织的庆典活动,被用于建立普遍的民族认同的。此外,国民党还成功将南京打造为国家的仪式和庆典中心,并创造了一个"新的象征体系"。例如中山陵,当国民党"需要一个坚实的具体象征,使其对民族的抽象感情更加真实"时,其就被用作政府最重要的纪念中心。[2]

南京成为首都是政治派系、公众争论以及地方利益等综合因素相互作用的产物。莫斯格罗夫的考察触及了城市下层,并揭示了居民如何抵制空间管制的新规,以及人民如何利用首都作为政治活动的舞台,如在南京十年中,许多人都参与了公共事务。此外,该书考察了许多典礼活动,并解释了人们为何加入这样的公共庆典之中。作者还讨论了民国南京建都的过程,认为这是多种不同意见和对话的结果,且强化了"国家的神圣实体性"。这一特性被用于合法化国民政府的统治,建立一个新的集体身份认同,以实现"在一种意识形态下,但具有广泛执政的合法性"。[3]莫斯格罗夫将历史、建筑、城市规划以及文化研究融合在一起,

---

[1] Charles Musgrove, *China's Contested Capital: Architecture, Ritual, and Response in Nanjing*, pp. 18, 251-252.
[2] Ibid., pp. 127, 256.
[3] Ibid., pp. 16, 55.

使读者从新的角度理解近代中国。

舒衡哲（Vera Schwarcz）关于北京城市的研究也是从空间的角度出发，而且从一个比较微观的视野。惠端亲王绵愉（1814—1865）是嘉庆帝第五子，他于19世纪30年代在北京西北角修建了鸣鹤园，以作为远离尘嚣的隐居地，但这个园林在1860年第二次鸦片战争中被英法联军所摧毁。在一个世纪后的"文革"时期，这一园址被改造为安置北大教授的"牛棚"。其后，改革开放为这个地方带来了新的变化，这里在20世纪80年代后期被改建为一座考古与艺术博物馆。舒衡哲认为这座花园可以"在今天向我们述说"历史，因为"来自遥远过去的声音，仍在继续讲述我们今天的困境"。[1]这座园子静静地传达着政治纷争与人们苦难的故事，为我们提供了窥见近代中国重大事件的窗口：大清王朝、战争、国民政府、共产主义运动，以及"文化大革命"。读者们会对舒衡哲"将鸣鹤园的理念带出地面并进入历史与语言的领域"的尝试感到惊奇，因为作者将景观、文化、政治、社会变革，以及中国长达百年的伤痛巧妙地编排其中，"将过去带入现代的思考"。[2]

尽管书中讨论了许多的事件，但舒衡哲主要关注的是两个时段：鸣鹤园被毁坏的19世纪60年代，以及"文革"爆发的20世纪60年代。舒衡哲强调，悲痛的故事不是她做此研究的动力；

---

[1] Vera Schwarcz, *Place and Memory in the Singing Crane Garden*, p. 1.
[2] Ibid., pp. 5, 29.

相反,最使她着迷的是"在有创伤的遗迹中文化复兴的可能性"。她在书中展示了一个"事件的流动被重新排序"的空间,这一空间继续"在北京西北部构建历史事件,并赋予其更深的意涵"。[1]

因此,该书找回了许多早已遗失的历史记忆。比如,其中描述了在鸣鹤园废墟上建立起来的燕京大学(校园现在是北京大学的一部分),在1948年至1949年转移到新政权的管理之下。当作为燕京大学的创立者以及最后一任美国驻华大使的司徒雷登离开中国时,毛泽东写下了他那篇著名的文章,《别了,司徒雷登》(1949年),把他视为"美国侵略政策彻底失败的象征"。[2]巧合的是,在舒衡哲本书出版的几乎同时,司徒雷登终于在去世四十年后,在他出生的杭州入土为安。尽管司徒雷登本人希望被葬在燕京大学的旧址之中,但未获批准,为这段复杂的历史又平添了新的插曲。司徒雷登的骨灰回到中国唤起了沉睡半个多世纪的记忆。中国应当防止类似"文革"这样的悲剧性事件再次发生,然而对于"文革"何以在中国发生的深入研究和分析仍少之又少。"文革"后成长起来的一代人很少有机会获得相关的信息。

当我阅读这一研究时,有两本在2003年出版的著作浮现我的脑海:何伟亚(James Hevia)的《英国的课业:19世纪中国的帝国主义教程》(2003年),讨论了第二次鸦片战争期间英法联军对北京的洗劫;以及梅尔清(Tobie Meyer-Fong)的《清

---

[1] Vera Schwarcz, *Place and Memory in the Singing Crane Garden*, pp. 5, 223.
[2] Ibid., p. 143.

初扬州文化》（2003年），通过扬州的庭园，检视了扬州的历史与文化。[1]这两本书所包含的内容应该会引发对民族悲剧和历史记忆更为广泛的讨论，但在舒衡哲该书的参考文献中均未收入。不过，在书中作者运用了大量的材料，包括诗歌、绘画、图像和访谈，以及细致而详尽的描述，使读者置身于历史情境之中：他们被带入过去的时光，思考怎样从历史以及鸣鹤园的记忆中，吸取到经验和教训。

新的发展和存在的问题

从以上关于中国城市的研究中，我们可以发现一个十分明显的倾向，跨世纪前的研究，和过去费正清的"冲击—反应"模式不同，它们更多地强调了中国社会的内部因素。在更早时期美国关于中国近代史的研究中，从"冲击—反应"模式到帝国主义理论，都把外部因素作为中国近代社会变化的主要动因，忽视了中国社会内部的、逻辑的发展。但20世纪80、90年代以后越来越多的学者力图寻找中国城市社会发展的内部动力。这些新的研究用柯文（Paul Cohen）的话说是"中国中心"取向的新发展。[2]

---

[1] James Hevia, *English Lessons: The Pedagogy of Imperialism in Nineteenth-Century China*; Tobie Meyer-Fong, *Building Culture in Early Qing Yangzhou*.

[2] Paul Cohen, *Discovering History in China: American Historical Writing on the Recent Chinese Past*.

这些研究虽然还存在各种不同的问题,但不可否认,它为理解转型时期的中国社会做出了重要贡献。

关于中国城市共同体的研究告诉我们,在一个中国城市里,那些来自不同地方的城市居民能够和平相处并度过极度混乱的时期,是城市社会本身的机制起了决定性作用,而并非像一些西方历史学家所断言的那样,中国不存在一个发展了的、成熟的城市共同体。此外,城市中的社会运动总是作为一种大众政治而产生的。关于20世纪20年代北京市民与政治的研究说明近代城市市民所面临的问题:何时、何地以及怎样采取政治行动。当意识形态与国家和地方事务发生矛盾时,反抗的政治运动就产生了。外部和内部压力推动了社会和政治运动,商人、工人、学生、妇女以及其他职业者都通过自己的组织进入全国政治系统中。

在社会的剧变中,传统机构扮演了重要角色,它们通常可以为经济和政治权力提供物质和精神的基础。对城市社会组织演变的研究,有助于人们理解整个社会性质和功能的变化。我们知道地理和语言并非划分社会群体的唯一因素,但却促使移民与城市社会相隔离,保持了自己的文化特色。同时,区域文化各种因素的结合,造成了各地区移民之间以及移民与本地人之间的差异,也形成了他们的移民身份。这种差异甚至使某部分移民在城市中成为不受欢迎的外来人。我们还看到,城市女工在生活和工作压力下,为了生存而建立了相互帮助的组织。但她们没有创造新的组织形式,而是沿用传统的组织以适应她们在现代城市社会的需要。这种状况反映了组织的形式从农村向城市的转移。

对城市工人阶级及其运动的研究可以帮助我们加深理解近代中国城市社会及其政治。这些研究表明,籍贯、性别、通俗文化、教育背景等都会影响到工人的集体行动。过去的研究大多把工人及劳工运动与政党政治结合起来,而很少分析工人本身的行为和动机。而现在,学者用社会学方法研究工人的通俗文化;用政治学方法考察劳工运动组织者的策略及其内外斗争形式;用工业社会学方法分析工人阶级状况。这些研究告诉我们,工人阶级是如何与其他阶级相互作用的,并揭示了工人之间以及工人与统治阶级之间的关系,从而提供了一个通过社会的角度观察工人行为和意识的模式。

那些出版于20世纪80、90年代的研究著作,一般都强调中国社会本身的内部因素和动力,这可能是修正80年代以前费正清模式的一个必然结果吧。其实,近代中国社会的演化当然是内外因素共同作用的结果,就是说,内外因素都应该是历史学家需要认真探讨的问题。所以,跨入21世纪后出版的中国城市史著作,例如上面讨论的近些年关于北京和南京的城市空间的研究,比较全面地审视了内因和外因的诸多因素,并把空间和政治以及意识形态联系在一起。这些研究者看到,近代城市空间的变化,是由于战争、政治、革命、思想等的冲击所造成的。

我们还应该看到,西方对中国城市史的研究,几乎都局限在几个主要城市。在讨论近代中国社会、经济和政治变化时,如果只是把视野放在沿海或者西方因素作用明显的城市,并不利于我们对真实历史的认识,还有可能导致我们对整个中国近代历史过程的误解。另一个问题是,内地和中小城市在近代中国社会演化中扮演了独特的、不容忽视的角色,因此对内地和中小城市的研究,可以展示出我们从未观察到或未能完全理解的中国城市社会的其他面相。

第十章　城市文化与公共空间研究的关键词

在研究民众和大众文化之时，我们经常涉及地方、国家、地方文化、国家文化、公共空间、街头、邻里、社会、日常生活等词汇，对这些词汇的定义、认识和理解，会影响到我们对民众和大众文化的研究，同时也可能引导我们深化对这些问题的探索。在史学的讨论中，我们经常会发现争论者不在同一个层面上，他们甚至对一些关键的概念都没有一个共识，因此会经常出现鸡同鸭讲的局面。因此，为了使讨论更有成效，我们不得不明确一些关键性的概念。下面的一些概念，都是我关于大众文化和公共生活研究所涉及的，而对这些概念的讨论只是表明，在我自己的著作中，我是怎么界定这些概念的。

地方与国家、地方文化与国家文化

在我关于普通民众和大众文化的研究中，我力图探索国家权力是怎样逐步深入和干涉人们的日常生活的。"国家"这个词在我的研究中经常出现，在英文中，与中文"国家"一词有关的词至少有三个是常用的，即："country""nation"和"state"。但这三个词在英语中有明显区别，country是从地缘的角度讲"国家"，nation是从民族的角度讲"国家"，而state是从国家体制和国家机器角度讲"国家"。我所讲的"国家"是state，因此经常又是政府的同义词。作为state的"国家"，在我的研究中有时也具有不同的含义，当相对人民而言，这是指"政府"，可以是中央政府，也可以是地方政府，在军阀时期也可以是军阀政府；当相对地方而言，其是"中央政府"，具有state和"全国的"（national）的双重含义。

在我的研究中，还经常涉及"地方文化"和"国家文化"这两个词。我认为，所谓地方文化，就是由于地理、生态、生活方式所形成的地域的文化。由于过去交通不发达，社会相对分离，所以文化具有各自的独特性。"国家文化"即是national culture，其中也包含了state所推行的文化。而对国家文化下一个准确的定义基本上是不可能的，因为随着时空的转移，特别是近代由于交通的发展和政治的冲击，地域间的交流不仅更频繁，而且规模也扩大了，因此地方文化和国家文化的意义也在发生变化，同时这两个概念之间经常发生游离。但是我认为国家文化至少包含以下三个要素：第一，是由国家权力来提倡和推动的；第二，有利于中央集权的；第三，有一个全国的统一模式。

现在的城市缺乏文化的个性和多样性。以今天的中国城市为例,虽然建筑是丰富多彩,但城市外观和布局却是千篇一律:广场、大道、购物中心、政府大楼、居民小区等等。同时,中国今天地域文化正在逐渐消失,现代化使中国文化日益趋向同一。一直以来,中国是一个崇尚大一统的国家,许多人们有着强烈的国家情结,认为只要是为国家的大一统,不惜付出任何代价,他们对地域文化的衰落以及消亡是不会有一丝半点遗憾的。无疑,统一的意识形态,统一的民族文化,宏大的国家叙事,可以为建构强势的国家政权扮演积极的角色,同时还能满足那些具有强烈国家意识的人们之心理需求。

国家政权深入社会底层的努力,是从晚清开始的,民国时期进一步强化,国民党的失败,共产党政权的建立,使国家机器的强化达到顶峰,这是20世纪现代化国家政权建构(state building)的一个重要过程。在近代中国,爱国者们所憧憬的"国富民强"的"国",是作为民族(nation)的国,而非国家机器或政府(state)的国,但是政府有意无意模糊这些概念,让人们相信政府就是国家。一个过于强势的国家机器,经常会使"国富"与"民强"背道而驰,甚至使民权进一步弱化,因此,人们只好把全部期望寄托在出现一个"好政府"上。其实,作为民族的国家和作为政府的国家的强弱经常是成反比的,例如美国作为民族国家是最强大的,但作为国家机器却是相对很弱的,因为国家的权力被"强民"(或社会)所分化,而只有在"民强"的时候,才会出现真正强大的、受到世界尊重的民族国家(nation)。

但是在中国，整个 20 世纪走的基本上都是不断强化国家机器的路子。公民与国家（state）始终是一对复杂的关系，是保护公民利益，还是保护国家利益？地方与国家的关系也存在同样的矛盾，是保护地方文化，还是国家文化？无论这些关系对人民和民族是有怎样的利弊，但有一点是毋庸置疑的：如果国家有着无法挑战的霸权，绝对的权威，那是不利于民间社会的建立的。当国家的利益取代公民的利益，那么国家就成了剥夺公民利益的工具。在现代化早期，需要加强国家权力以推动现代化进程，建立民族国家，但如果国家权力大到任何力量都无法制约，社会则无法发展，民权也无法伸张。

公共空间和公共生活是地方文化的强烈表达，在中国城市生活中扮演了一个中心角色，为市民参与社会和政治提供了舞台。欧美城市史学者对公共聚集场所，诸如咖啡馆、酒馆、酒吧等都有相当深入的研究，在那些地方陌生的人们聚集在一起，交流信息，进行家庭和朋友之外的公共生活。同时，公共空间是观察社会关系的极好场所，在这些地方，各种人们，特别是下层人民，从事着各种各样的日常活动。但是中国城市的公共生活长期为城市史学者们所忽视，因此，通过对 20 世纪上半叶公共空间和公共生活的考察，我们可以揭示民众与公共空间、街头生活与公共生活的关系，探索国家（state）在公共空间的政治话语是怎样建立起来的。

实际上，20 世纪下半叶的中国，有相当长一段时间里，便处于有"国家",无"社会"的时代,国家掌握了政治、经济、社会、文化的一切资源,这是此前任何政权所未能实现的。与此相应地,传统的"公"的领域也几乎不复存在。在城市中,从街道到单位,都是国家行政机构的一部分,由各级政府任命的党和行政部门的大小官员,主宰人们社会生活的一切事务。从20世纪50年代到70年代,中国少有名副其实的社会组织,所有名义上的社团,都仅仅是国家政权机构的一部分,无论是同业公会、工商联,还是各种文化协会,都少有独立性。社会的一切都只能由国家包办,但实际上国家又无力包办,因此社会没有了能动性,失去了活力。只有到了20世纪70年代末之后,随着思想解放、改革开放、经济发展以及中产阶级逐渐兴起,才出现了部分自治的商业联合会、专业协会、联谊会、慈善会、宗教协会以及各种自愿组织等,"社会"才逐渐走向复苏,虽然这个过程是长期的和缓慢的。

"公"与公共空间

我关于城市研究的重点是"公共空间"(public space)和"公共生活"(public life),如果说 J. 哈贝马斯(Jürgen Habermas)的"公共领域"(public sphere)主要讨论的是一种社会和政治空间,[1]我的研究则主要考察的是实实在在的"物

---

[1] Jürgen Habermas, *The Structural Transformation of the Public Sphere: An Inquiry into a Category of Bourgeois' Society*.

质空间",即城市中人们日常使用的看得见、摸得着的公共空间,研究在这样一个空间中,人们特别是下层民众是怎样从事他们的日常生活,以及这种日常生活是怎样与地方政治联系在一起的,实际上要讨论的是"物质"的公共空间,是怎样演变成为社会和政治空间的。也即是说,我们不用哈贝马斯"公共领域"的表达,而采用歧义较少的"公"(public)——这个在中国存在已久——的概念,与英文中的"public"一词相对应,可以在中国和西方不同的社会、历史和语境中进行比较和交流。[1]对于这个问题,美国印第安纳大学教授张信在对《街头文化》一书的书评中指出:"《街头文化》是在这场关于'公共领域'的讨论中成书的。作者在构思过程中一再考虑了有关方面的问题,最终选择从另外一个角度去看中国的城市社会,即从公共空间的形成、运作和发展的角度,于是找出了城市文化变更之关键:城市文化是由各阶层特别是市民百姓所创造和促成的,而街头文化正是城市文化之最重要一部分,从这一点上来说,《街头文化》是对'公共领域'的一种修正,而这一修正将人们的着眼点移到市民阶层上来了。笔者认为,这是该书的最大贡献。"[2]

"公共"(public)一词可以有多重含义,R. 桑内特指出在

---

[1] 关于"公"的概念在中国的发展演变,参见 William T. Rowe, "The Public Sphere in Modern China," *Modern China* vol. 16, no. 3 (1990), pp. 309-329.
[2] 张信:《王笛著〈街头文化:成都公共空间、下层民众与地方政治,1870—1930〉》,《历史研究》2004年第2期,第188页。

近代早期欧洲，如"18世纪的巴黎和伦敦，谁在'公共'空间、哪里是'公共'空间，人们何时去'公共'空间等概念已得到扩大"。在以后的时期，"公共"这个词的使用"不仅仅意味着在家庭和朋友之外的社会生活范围，而且也意味着包括熟人和陌生人各种人物在内的公开的领域"。[1]因此，在西方"公共"是一个发展着的词，不同历史时期具有不同的内涵。罗威廉考察了中文中"公"的发展演变，发现这个处于"私"与"官"之间的社会领域在中国具有很长的历史，从而为精英的地方参与和控制提供了广阔的空间。虽然这个词包含着深刻和复杂的意思，甚至还可能与哈贝马斯的"公共领域"的概念发生纠葛，但我的研究还是采用了"公"最基本的含义，即"面向公众"或"公众分享"。[2]

"公共空间"即城市中对所有人开放的地方，"公共生活"则为人们在公共空间中的日常生活。P.杜理斯（Perry Duis）把城市空间划分为三种类型：一是真正"公开"的地方，像街道、路旁、公园、国家财产等；二是私人所有，像企业财产、私人住房等；三是介于"公"与"私"之间的、可称之为"半公共"（semi-public）的地方，它们"由私人拥有但为公众服务"，像

---

[1] Richard Sennett, *The Fall of Public Man: On the Social Psychology of Capitalism*, p.17.
[2] William Rowe, "The Public Sphere in Modern China," *Modern China*, no.3 (1990), p.315.

商店、剧场、理发店等。[1]我所研究的"公共空间"包括第一种类型，特别是街头；也涉及某些与街头有密切联系的第三种类型，如店铺、茶馆和戏园等。[2]

"街""邻""社"与公共空间

讨论城市的公共空间就必须涉及其最基层的单位"街"（street），这是人们共用的公共空间。我在街头文化的研究中，还经常使用"邻"（neighborhood）和"社"（community）的概念。这三个词非常接近，有时相互重叠或紧密联系。它们都具有物质空间和抽象观念的内涵。首先，它们都涉及人们所居住的特定范围。在中文辞典中，"街"的定义是"两边有房屋的道路"，与"街道"完全相同。由"街"构成了许多其他词汇，诸如"街坊""街市""街头""街头巷尾"等，这些词汇经常出现在所使用的资料之中。但在历史的语境中，其含义远远超出位置和空间的定义，而经常体现居住这一区域的人之间以及人与空间之间的关系。《美国传统英语词典》对"街"（street）的定义为："一个城或镇的公共通道，一般都有人行道。"这个解释与中文定义有所不同，不强调两边的房屋。对"邻"（neighborhood）的定义

---

[1] Perry Duis, *The Saloon: Public Drinking in Chicago and Boston, 1880-1920*, p. 3.
[2] 许亦农（Yinong Xu）出版有关于苏州城市规划的研究著作，见 *The Chinese City in Space and Time: The Development of Urban Form in Suzhou*。

是:"一个具有特点的区域和地区"以及"居住在附近或特定区域或地区的人们"。对"社"(community)的定义则复杂一些:1."居住在同一地区并在同一政府管辖之下的人群";2."这样一个人群所居住的地区";3."一个有共同利益的人群";4."社会中形成的不同部分人群"。《韦伯词典》(Webster's Dictionary)对"street"的解释最接近中文"街"的意思:"原意为铺好的路、公共大路;现在一般为一个城市或村庄的通路,两边有住房或商业"。其对"neighborhood"的定义为:"一个居民相互视为邻居的区域",或"住在附近的居民",这也与中文意思非常接近。[1]

如果说"街"一般是指一种物质性的空间,那么"邻"和"社"虽也具空间之含义,然更多地表现的是一种社会关系。"邻"的通常定义是"居住在附近的人家",并发展有"邻里"和"邻居"等词汇。"社"有两个基本含义:在古代,社是祭祀土地(神)的地方;在今天,社是组织化的结构。前者的含义发展成为"社会"(society)和"社区"(community),一些英语辞典把社会和社区都定义为"组成为一个整体的人群"。"社会"的含义非常之广,可以说包罗万象。在我的城市研究中,我虽然不得不使用这个词,但我更倾向于用"社区"这个较为狭义的词。我认为,更准确地说,中文的"社区"表示的是一个包括许多街道

---

[1] William Morris ed., *The American Heritage Dictionary of the Englih Language*; Noah Porter ed., *Webster's Revised Unabridged Dictionary*.

和邻里的区域以及居住在其中的人们。因此，我更倾向于采用《韦伯词典》对"社区"的定义，即"那些享有同样权力、权利或利益，居住在同一地区受同一法律和规章管束的人们"。总而言之，从街道、邻里到社区，是一个空间含义逐渐减少而文化含义逐渐增强的变化。[1]

城市史学者过去对中国城市里的公共生活没有给予应有的注意，然而这正是我这些年研究的主题，我试图揭示民众与公共空间、公共生活的关系。公共空间和公共生活是地方文化的最有力表现，在中国城市生活中总是扮演着一个中心角色，因为城市居民利用这种空间参与经济、社会和政治活动。欧洲和美国史专家对公共场所的聚集关注已久，如咖啡馆、酒店、酒吧等，在那里陌生人聚集，交换信息，并作为亲戚和朋友之外的交往圈子。[2]不过大多数西方城市史家主要考察的是室内公共场所，而我则着重研究室外的公共空间——街头，它们无疑是城市中最受注目和使用率最高的公共空间。

西方学者对公共空间和日常生活进行过一些理论性探讨。

---

[1] 关于这些词的中文定义，见《现代汉语词典》《新华字典》以及《现代汉英词典》。
[2] Richard Sennett, *The Fall of Public Man: On the Social Psychology of Capitalism*; Perry R. Duis, *The Saloon: Public Drinking in Chicago and Boston, 1880-1920*; Roy Rosenzweig, *Eight Hours for What We Will: Workers and Leisure in an Industrial City, 1870-1920*; Kathy Peiss, *Cheap Amusements: Working Women and Leisure in Turn-of-the-Century New York*; Thomas Brennan, *Public Drinking and Popular Culture in Eighteenth-Century Paris*.

M. 德塞托（Michel de Certeau）和 A. 赫勒（Agnes Heller）考察了"共同空间"（common place）、"日常接触"（everyday contact）和"日常生活冲突"（collisions of everyday life）的概念，而 R. 桑内特（Richard Sennett）以开阔的视野对城市的"公共世界"（public world）和"公共生活"（public life）进行了研究。S. 戴维斯（Susan Davis），意识到下层民众经常"聚集街头"，与公共空间有特殊的密切关系。M. 瑞安（Mary Ryan）则指出，在一个不公平的社会里，城市居民，无论贫富，都"相对平等地使用公共空间"。[1]因此，公共空间是各色人等，特别是下层人民日常生活之地，当然也成为我们观察社会关系的最好地方。

显然，街头是研究公共空间和日常生活的理想对象。但令人惊异的是，一直到我开始着手研究街头文化这个课题时，检索有关研究资料，才发现学术研究成果很少。1943 年，W. 赖特（William Whyte）出版了《街角社会》（*Street Corner Society*），这是一本研究美国城市贫民窟帮会的社会学著作。从那之后，极少关于街头的学术作品问世。1983 年，A. 麦克依格特（Anthony McEligott）发表了关于纳粹时期汉堡街头政

---

[1] Michel de Certeau, *The Practice of Everyday Life*; Richard Sennett, *The Fall of Public Man: On the Social Psychology of Capitalism*; Susan Davis, *Parades and Power: Street Theatre in Nineteenth-Century Philadelphia*, pp. 29-30, 34; Mary Ryan, *Women in Public: Between Banners and Ballots, 1825-1880*, p. 92.

治的论文。三年之后，C. 斯丹舍（Christine Stansell）在其关于妇女的研究中，考察了纽约街头的妓女。S. 戴维斯（Susan Davis）则以费城的"街头剧场"为对象分析了公共典礼与权力的关系。[1] 但在中国城市史的研究中，这类题目则更为少见，只有史谦德对北京黄包车夫的考察以及周锡瑞和华志坚（Jeffery Wasserstrom）分析近代中国怎样把公共场所用作"政治剧场"，从而成为政治斗争的舞台研究。[2] 总的来讲，目前我们仍然缺乏对公共空间在日常生活中的作用、人们对街头的争夺、国家权力对社会基层的控制程度以及街头在地方政治中扮演的角色等问题的了解。与此前的研究不同的是，我的着眼点放在街头文化、民众的街头生活和街头政治，从而扩展我们对中国近代社会的深入认识。

---

[1] William Whyte, *Street Corner Society: The Social Structure of an Italian Slum*; Anthony McElligott, "Street Politics in Hamburg, 1932-33," *History Workshop Journal*, no. 16 (1983), pp. 83-90; Christine Stansell, *City of Women: Sex and Class in New York, 1789-1860*, chaps. 9 and 10; Susan G. Davis, *Parades and Power: Street Theatre in Nineteenth-Century Philadelphia*.

[2] David Strand, *Rickshaw Beijing: City People and Politics in the 1920s*; Joseph Esherick and Jeffrey Wasserstrom, "Acting Out Democracy: Political Theater in Modern China," *Journal of Asian Studies*, vol. 49, no. 4 (1990), pp. 835-865; Jeffrey Wasserstrom, *Student Protests in Twentieth-Century China: The View from Shanghai*. 1998 年杜登教（Michael Dutton）出版了《中国街头生活》（*Street life China*），主要研究当代中国的政治控制。虽然该书并非像书名所称主要研究"街头生活"，但该书对理解今日中国政治与日常生活的关系提供了非常好的资料。

日常生活与大众文化

我力图探索成都普通民众的日常生活，特别是他们在街头的社会、经济和文化生活。在西方已有若干关于沿海城市特别是上海日常生活的论著出版，但关于内陆城市的这类研究却几乎是一个空白。在半个多世纪前，法国历史学家谢和耐（Jacques Gernet）出版了《蒙元入侵前夜的中国日常生活》，展现了南宋都城杭州丰富多彩的城市画面。但在此之后关于日常生活的研究没有明显的发展。直到20世纪90年代后，这种状况才开始有所改观，如叶文心关于上海西式企业中白领阶层日常生活与工作场所间的关系，以及吴茂生（Mau-Sang Ng）通过对秦瘦鸥的通俗小说《秋海棠》的分析来看40年代上海的市民生活。此外，卢汉超对上海日常生活也有相当深入的研究。他指出，过去学者过于夸大了上海的西化因素，虽然上海是中国受西方影响最大的城市，但其传统生活方式仍在相当大的程度上被保留下来。[1]

---

[1] Jacques Gernet, *Daily Life in China on the Eve of the Mongol Invasion*, *1250-1276*; Mau-Sang Ng, "Popular Fiction and the Culture of Everyday Life: A Cultural Analysis of Qin Shouou's *Qiuhaitang*," *Modern China* vol. 20, no. 2 (1994), pp. 131-156; Wen-hsin Yeh, "Corporate Space, Communal Time: Everyday Life in Shanghai's Bank of China." *American Historical Review* vol. 100, no. 1 (1995), pp. 97-122; Hanchao Lu, *Beyond the Neon Lights*: *Everyday Shanghai in the Early Twentieth Century*, pp. 294-295.

与上述研究不同，我把注意力转移到中国腹地城市，而且把焦点放在日常生活中的一个侧面：公共生活。如果说卢汉超的研究在于考察现代面具下传统的幸存，那么我的重心则放在观察成都日常生活，具体分析传统在多大程度上改变了，并在多大程度上保留下来。过去的研究一般都认为中国腹地较少受西方冲击，但却缺乏个案研究来进行切实的界定，我尝试提供具体的证据，考察一个内陆中心城市的公共空间、公共生活和大众文化改变以及保留的程度。

研究街头文化面临着怎样区别大众文化与精英文化的问题。虽然学者们都承认两者之不同，但怎样定义却争论不休。一般来讲，大众文化由民众创造和欣赏；而精英文化，又称"高级文化"（high culture），则由占主导地位的阶级创造和欣赏。但在历史发展的过程中，大众文化创造者的身份也是变化着的，他们不再仅是下层阶级，也包括受过很好教育的精英。因此，一些研究美国大众文化的学者认为大众文化史也可以是"知识分子的历史"[1]。

这里我所讨论的大众文化是比较狭义的，即大众创造并为大众服务的文化。在传统社会，由于缺乏交流，地域文化特征十分明显，因此大众文化经常与"民间文化"联系在一起。而我研究的重点是由大众创造又为大众享有的一种文化。但是，我们经

---

[1] Andrew Ross, *No Respect: Intellectuals & Popular Culture* Ross, p.5.

常遇到这种情况，即 H. 甘斯（Herbert Gans）所指出的，"许多大众文化的创造者较之他们的观众受到了更多的教育"，因而有时我也把精英创造的但是为大众服务的文化包括在我的研究之内。[1]

对于精英文化与大众文化，一方面我们应认真对待精英文化和大众文化的区别，但另一方面也应充分意识到它们复杂的关系。一些学者强调中国文化的同一性，指出每个国家都有一个占统治地位的文化，它可为不同教育背景、不同年龄、不同性别和不同经济地位的人所接受。对此，杜博妮（Bonnie McDougall）便写道，精英和普通民众处于同一文化连续体的两端，这个文化可以超越社会地位和经济状况的不同。司马富（Richard Smith）也指出："前现代中国最突出的特点便是其文化的同一。"他特别注意到大众娱乐的形式，从打球到打麻将，都为精英和大众所接受和推行。华生认为晚期中华帝国"有着高度的文化同一性"，国家权力在强化"地区和地方层次的一个统一信仰上"扮演着重要角色。刘广京（Kwang-Ching Liu）提出精英文化可产生大众文化，许多大众文化的创造者受过很好的教育，因此，大众宗教"长期以来便与儒家思想共同繁荣"。姜士彬则指出传说、故事以及其他大众文化形式在普通人的口头上广泛流传，在这个过程中，"一种价值观已被主导社会集团有意识地灌输其中"。华德英

---

[1] Antonio Gramsci, *Selections from Cultural Writings*, p. 195; Herbert J. Gans, *Popular Culture and High Culture: An Analysis and Evaluation of Taste*, p. 242.

（Barbara Ward）发现经济地位或阶级差别没有在欣赏地方戏方面造成区别，地方戏既可以向民众传播正统意识，也可灌输异端思想。[1]

而另一些学者则强调大众文化与精英文化的分离，认为虽然正统文化在教育和其他机构中占主导地位，精英竭力控制下层民众的思想和行为的努力却并不十分成功。在中国广袤的地域，国家权力很难深入那些分布在偏僻地区的无数村庄，在那里精英也很难有效地实施他们的文化霸权。林培瑞（Perry Link）等相信，大众文化的"意识、思想和实践的产生至少部分是不受国家制约的"。罗威廉也强调："当研究公共活动时，我们应记住儒家传统与大多数大众宗教（以敬鬼神安抚灵魂为中心）和大众文学（如吟唱和评书）是相分裂的。"欧达伟（David Arkush）关于农

---

[1] Bonnie McDougall, "Writers and Performers: Their Works, and Their Audiences in the First Three Decades," in Bonnie McDougall ed., *Popular Chinese Literature and Performing Arts in the People's Republic of China*, 1949-1979, p. 279; Richard J. Smith, *Fortune-tellers and Philosophers: Divination in Traditional Chinese Society*, p. 6; and *China's Cultural Heritage: The Qing Dynasty, 1644-1912*, p. 262; James Watson, "Standardizing the Gods: The Promotion of T'ien Hou ("Empress of Heaven") Along the South China Coast, 960-1960," in Johnson, Nathan, and Rawski eds., *Popular Culture in Late Imperial China*, pp. 292-293; Kwang-Ching Liu, *Orthodoxy in Late Imperial China*, p. 2; David Johnson, "Communication, Class, and Consciousness in Late Imperial China," in David Johnson, Andrew J. Nathan, and Evelyn S. Rawski eds., *Popular Culture in Late Imperial China*, p. 35; Barbara Ward, "Regional Operas and Their Audiences: Evidence from Hong Kong," in David Johnson, Andrew J. Nathan, and Evelyn S. Rawski eds., *Popular Culture in Late Imperial China*, p. 187.

谚的研究证明了大众文化与精英文化的分离,他指出"对谚语的研究告诉我们,农民接受正统价值观十分有限"。地方戏(特别是那些流动的戏班子)更可能摆脱精英的控制。[1]我认为,精英文化和大众文化的同一和分裂实际上是共存的,在公共生活中两者的关系十分复杂。而且这个关系同时也会根据社会、经济和政治因素而发生变化。的确,大众文化可以同精英文化共存,但大众文化毕竟不同于精英文化并经常与之发生冲突,这就是地方精英为何加入国家发动的对下层民众和大众文化改良和控制运动的原因。

下层民众、改良精英和地方政治

我的研究把主要注意力放在普通民众身上,力图揭示下层人民是怎样理解和使用公共空间,并从他们在公共空间的经历来阐述文化内涵。在30年前,西方中国社会史的研究还主要集中在

---

[1] Perry Link, Richard Madsen, and Paul G. Pickowicz, "Introduction," in *Unofficial China: Popular Culture and Thought in the People's Republic*, p. 5; William Rowe, *Hankow: Conflict and Community in a Chinese City, 1796-1895*, p. 173; David Arkush, "Orthodoxy and Heterodoxy in Twentieth-Century Chinese Peasant Proverbs," in Kwang-Ching Liu ed., *Orthodoxy in Late Imperial China*, p. 331; Tanaka Issei, "The Social and Historical Context of Ming-Ch'ing Local Drama," in David Johnson, Andrew J. Nathan, and Evelyn S. Rawski eds., *Popular Culture in Late Imperial China*, pp. 143-160.

精英,特别是沿海地区的精英上。[1]我们对于日常公共生活——中国城市社会最常见和引人注目的现象——知之甚少,对于腹地城市更是缺乏了解。布罗代尔指出:"遗憾的是,我们对那些巍峨的王宫的知识多于卖鱼市场。鲜鱼装在水箱里被运到市场,在那里我们还可以看到大量的狍、野鸡以及山鹑,我们在那里每天都可以有新的发现。"[2]这种对精英文化和大众文化已有知识的不

---

[1] Joseph Esherick, *Reform and Revolution in China: The 1911 Revolution in Hunan and Hubei*; R. Keith Schoppa, *Chinese Elites and Political Change: Zhejiang Province in the Early Twentieth Century*; Mary B. Rankin, *Elite Activism and Political Transformation in China: Zhejiang Province, 1865-1911*; Joseph Esherick and Mary B. Rankin eds., *Chinese Local Elites and Patterns of Dominance*, Roger Thompson, *China's Local Councils in the Age of Constitutional Reform, 1898-1911*; Kristin Stapleton, *Civilizing Chengdu: Chinese Urban Reform, 1875-1937*; Yinong Xu, *The Chinese City in Space and Time: The Development of Urban Form in Suzhou*. 不过也有若干非精英的研究,包括韩起澜(Emily Honig)关于棉纺厂工人和上海苏北人的研究(*Sisters and Strangers: Women in the Shanghai Cotton Mills*; *Creating Chinese Ethnicity: Subei People in Shanghai, 1850-1980*),贺萧关于天津工人和上海妓女的研究(*The Workers of Tianjin*; *Dangerous Pleasures: Prostitution and Modernity in Twentieth-Century Shanghai*);程为坤(Weikun Cheng)关于京津女演员的研究(Weikun Cheng, "The Challenge of the Actresses: Female Performers and Cultural Alternatives in Early Twentieth Century Beijing and Tianjin," *Modern China* vol. 22, no. 2 (1996), pp. 197-233;以及董玥(Madeleine Dong)关于北京杂耍艺人的研究(Dong, Madeleine Yue, "Juggling Bits: Tianqiao as Republican Beijing's Recycling Center," *Modern China* vol. 25, no. 3 (1999), pp. 303-342)等。不过这些研究都集中在几个主要城市,而且他们的研究各自都集中在某个社会集团。李孝悌研究了晚清对下层民众的启蒙运动,但他的焦点是在精英活动,而非普通民众(《清末的下层社会启蒙运动》)。

[2] Fernand Braudel, *Capitalism and Material Life, 1400-1800*, vol. I, p. 430.

平衡,不仅存在于布罗代尔所批评的对欧美历史的研究中,也是中国历史研究所面临的问题,甚至可以说较之现有之欧美历史,中国研究在这方面的缺陷更为明显。

因此,我把研究的着眼点放到城市民众上。所谓"城市民众"(urban commoners)主要是指那些普通市民,他们可以是罗威廉所描绘的"街市人",即"那些坐在门口同邻居挚谈和傍晚乘凉的居民";也可以是叶文心研究的"小市民",或林培瑞(Perry Link)所描述的那些"离富裕的水平还相差很远"的城市人。不过,我的注意力主要在那些社会下层的人,他们可以是"无名者"(nobody)、"任何人"(anyone)、"一般人"(ordinary men),或者是"依附阶级"(subordinate classes),或用统治阶级的话讲是"危险的阶级"(dangerous classes)。这些人在街头寻求生计和娱乐,他们所创造和欣赏的文化用 E. P. 汤普森的定义是"庶民文化"(plebeian culture)。[1]虽然他们的名字在历史

---

[1] William T. Rowe, *Hankow: Conflict and Community in a Chinese City, 1796-1895*, pp. 78-79; Weh-hsin Yeh, "Progressive Journalism and Shanghai's Petty Urbanities: Zou Taofen and the Shenghuo Weekly, 1926-1945," in Wakeman and Yeh eds., *Shanghai Sojourners*, p. 191; Perry Link, *Mandarin Ducks and Butterflies: Popular Fiction in Early Twentieth-Century Chinese Cities*, p. 5; Michel de Certeau, *The Practice of Everyday Life*, pp. 1-3; Louis Chevalier, *Laboring Classes and Dangerous Classes in Paris During the First Half of the Nineteenth Century*, chap. 3; E. P. Thompson, "Patrician Society, Plebeian Culture," *Journal of Social History* vol. 7, no. 4 (1974), pp. 382-405.

上早已被忘却,但他们的确曾经是街头的主要占据者,并创造了丰富多彩的街头文化。

"精英"(elite)在我的研究中也经常出现。在西方中国史研究领域,"elite"是一个常用词,该词在中文中没有完全对应词,一般翻译为"精英"。目前,港台著作中也常用"菁英"。但elite一词的范围远比"精英"广泛得多,它包括士绅、知识分子、商人、大中小地主以及其他全部在地方有财富、有权力、有影响和受过较好教育的人(哪怕他们的财富、权力、影响或教育也许很有限)。而在没有其他更好的中文词来表达的情况下,只能姑且译作"精英",但这里的"精英"与我们经常理解的思想和政治精英分子有极大区别。

我以"社会改良者"(social reformers)来代表与下层民众相对应的精英阶层,特别是指那些受现代化和西化影响并有意识地试图重建公共空间和重塑城市形象那一部分人。他们可以是司昆仑(Kristin Stapleton)所描述的"警察改良者"(police reformers),亦可以为周锡瑞研究的积极参加社会改良的"城市改良精英"(urban reformist elite)。S. 伽瑞特(Shirley Garrett)在她关于基督教青年会的研究中,也采用了"社会改良者"这一概念,但她集中在宗教方面,与我所讨论的对象不同。在我的研究中,我经常使用"精英"或"地方精英"作为民众的对应力量。与我对"社会改良者"概念的使用不同,我对"精英"或"地方精英"概念的使用十分松散,按照周锡瑞和冉枚烁（Mary Rankin）的定义，他们可以是"任何在地方社会起主导地位的个人或家庭"。他们不一定是富人，不一定是有权者，不一定是受现代化或西化影响的人，但他们试图在经济、社会、文化、政治或思想上对一般民众施加影响。[1]一般来讲，这些精英继承了他们先辈关心"民生"的传统，并运用诸如赈济、教育、控制等方法来改造社会。但与过去的精英不同的是，他们都关心西学，有的还游历或留学海外，力图把西方或日本城市的形象转移到他们自己的城市中来。

这些城市改良者有两种类型。一种是像周善培（1875—1958）那样的手握政治权力的改良者。周善培于1902年访问日本，后历任警察局总办（1902—1906）和劝业道（1907—1911）。在其任内，他发动了雄心勃勃的城市改良运动，涉及城市管理、经济和社会生活等各个方面。另一种由地方文人和精英组成，他们虽没有在官方任职，但在地方教育、商业和文化出版等方面都很有影响，傅崇矩（1875—1917）便是一个代表。傅崇矩兼学者、出版人、作家和记者于一身，19世纪末他为《蜀报》工作，20世纪初他开办图书局，发行《启蒙通俗报》，1903年

---

[1] Kristin Stapleton, "Police Reform in a Late-Imperial Chinese City: Chengdu, 1902-1911," Ph. D. diss., 1996, p. 308; Joseph Esherick, *Reform and Revolution in China: The 1911 Revolution in Hunan and Hubei*, pp. 66-69; Shirley Garrett, *Social Reformers in Urban China: The Chinese Y. M. C. A., 1895-1926*; Joseph Esherick and Mary Rankin, *Chinese Local Elites and Patterns of Dominance*, p. 10.

赴日本参观世界博览会。[1]不过这第二种类型内部组成很复杂，他们可能有不同的利益，对改革亦有不同的方案，不过他们大多注重教育和工商。而傅崇矩可能是他们中极少数把改良社会习俗和地方传统作为主要目标的人，因而他成为晚清成都最主要的社会和文化的批评者。在20世纪初，大量新青年从新学堂毕业或从海外留学归来，他们有的谋取学校教席，有的任报刊记者或编辑，有的充当社会团体的组织者，有的成为独立撰稿人，还有的进入地方政府，他们中许多积极参与了社会改良活动。[2]他们虽然在改良问题上有不同看法甚至分歧，但他们几乎都以其新知识和社会声誉来推动城市的现代化，来对城市民众施加影响。

街头文化、民众与社会改良者有着复杂的关系，这三种力量的交织，影响了地方政治运动。[3]在20世纪初，社会改良者

---

[1] 王笛：《周善培》，任一民主编：《四川近现代人物传》第4辑，第122—129页；高成祥：《傅樵村》，任一民主编：《四川近现代人物传》第6辑，第483页。关于周善培建四川警察的具体活动，见 Kristin Stapleton, "Police Reform in a Late-Imperial Chinese City: Chengdu, 1902-1911," Ph. D. diss., 1996; *Civilizing Chengdu: Chinese Urban Reform, 1875-1937*, chap. 3。

[2] 据统计，1904年四川在日留学生有57名，1905年393名，1906年800名。1909年四川共有近代学堂9900所，学生34万余名（王笛：《跨出封闭的世界》，第456、479页）。

[3] 研究欧洲史的学者对这一问题已有考察，特别是关于大众文化与法国革命的关系。如 R. 玛琴伯特（Robert Muchembled, *Popular Culture and Elite Culture in France, 1400-1750*）和 R. 夏蒂埃（Roger Chartier, *The Cultural Origins of the French Revolution*）。关于法国革命的文化起源的研究，见 L. 亨特（Lynn Hunt, *Revolution and Urban Politics in Provincial France: Troyes and Reims, 1786-1790; Politics, Culture and Class in the French Revolution*）和 M. 欧若弗（Mona Ozouf, *Festivals and the French Revolution*），成都的街头文化和地方政治呈现了与法国革命既有相同亦有不同的两方面。

力图对民众进行"启蒙"教育，并控制公共空间，因为他们认为公共秩序已成为严重的社会问题。并竭力扩展他们对民众的领导权，加强了对民众的所谓"教化"。他们以制定规章来控制民众的公共生活，把街头转化成为政治舞台。这个舞台后来不仅为新的社会秩序所利用，也为反对这种新秩序的力量提供了活动空间。毋庸置疑，在城市改良过程中，民众所能享有的公共经济和文化资源缩小了，新的城市权威对公共空间的控制使民众的生计日益艰难。因此，民众不得不组织起来为自己的利益而进行反抗。在这个过程中，街头文化亦发生了变化并注入了新的因素。

第五编　公共空间与公共领域

20世纪初公共领域的发展有三个可能的方向。一是国家权力向地方精英循环性转移，这个变化可能阻碍20世纪初国家权力的强化；二是国家控制地方自治，如晚清新政时期袁世凯在直隶奉行的政策；三是重新限定公共领域，使之接近于哈贝马斯揭示的欧洲模式。实际上，在不同地区三种方向不同程度地存在着，而有的地区则沿着三种方向交叉发展。

第十一章　中国城市的公共领域

中国公共领域在20世纪的发展，是近年来中国历史研究的关注点之一。在20世纪80至90年代，一些美国学者如冉枚烁、罗威廉、史谦德等，都注意到了精英活动和公共领域的作用。但是，另一些学者则认为，公共领域这个概念根本不适用于对中国历史的研究，因为中国从来没有出现过像德国社会学家J.哈贝马斯所讨论的那种资产阶级的公共领域，特别是魏斐德（Frederic Wakemam），是对使用这个概念最强烈的反对者，而黄宗智则提出了"第三领域"来取代公共领域。在欧洲，公共领域经常是与国家对抗的政治力量，那么近代中国是否出现了类似的社会力量呢？19世纪中叶以来，地方精英在地方社会扮演了各种活跃的角色，他们的经济、政治势力和社会影响持续扩张。因此，越来越多的学者把注意力转到近代中国的地方精英、公共领域和国家权力强化的相互关系的问题上，并从不同的角度揭示了近代中国城市社会的历史。但是我自己的研究则更注意在公共空间中精英与民众的关系，注重中西方公共空间使用的比较。

近代精英活动与公共领域

如果说 20 世纪以前国家并不支持地方精英扮演政治角色,那么,清末新政时期则允许地方精英在地方谘议局和城会中的政治活动。国家还有意识地在教育、经济和公共安全等领域赋予地方精英更多的权力。在这个时期,地方精英参与推动了各种社会事业的发展。同时,政治改良也影响了精英的行为。省谘议局、商会、教育会等新组织为政治运动奠定了坚固的结构性的基础。

在西方各国,公共领域为民间社会的形成奠定了重要基础。许多学者试图借用这一概念解释清代以来中国社会存在的"公"的现象。关于公共领域的概念,冉枚烁、罗威廉和史谦德都有详尽的解释。他们发现,精英活动的主要领域是处于个人和国家之间的地带,这个地带与哈贝马斯论述的欧洲公共领域很接近。[1] 冉枚烁称:"公共这个类别是处于国家和社会相汇交叉的领域。"精英承担了领导地方共同体、发展地方事务的责任,同时,这种地方事务一般都不受官方控制。因此,"公共领域成为追逐新权力、出现新冲突和发展新关系的一个地方"。[2]

---

[1] Jürgen Habermas, *The Structural Transformation of the Public Sphere: An Inquiry into a Category of Bourgeois Society*.

[2] Mary Backus Rankin, *Elite Activism and Political Transformation in China: Zhejiang Province, 1865-1911*, p. 16.

新的发展导致了新问题的出现。例如，公共领域与迅速发展的社会组织是如何相互作用的？公共领域为精英参与地方政治提供了什么样的基础？罗威廉和史谦德都力图回答这些问题。罗指出，19世纪，汉口重要的社会发展就是公共领域，这是处于官僚国家之外、在城市服务和社会福利中逐渐扩张的领域。这个领域的形成反映了从"政府的"到"集体的"观念的逐渐转变。[1] 罗强调，社仓、普济堂、育婴堂、清节堂和善堂等非官方公共机构的建立，"使地方非官僚人物逐渐增加了权力，产生了官方政策的批评者"。他反对西方学者关于"中国城市无变化"的结论，认为清代社会是"一个有着庞大的、自我意识的城市商业阶级的高度商业化的社会"。这个社会具有近代早期欧洲的社会经济特点。罗还试图回答中国是否形成民间社会的问题："人们已经看到，大量的机构和观念在民间社会的形成中成为持久的因素，每一实例都说明了它们是从清代社会本身衍生而来的。"他指出这些"机构和观念"贯穿于资本主义化、公共设施、文化、公共事务、自治和政治思想等各方面。[2]

与罗威廉不同，史谦德强调城市公共领域的真正发展是在20世纪20年代。这个新政治领域或公共领域是新旧行为和态度的

---

[1] William Rowe, *Hankow: Confllct and Community in a Chinese City, 1796-1895*, p. 183.

[2] William Rowe, "The Problem of 'Civil Society' in Late Imperial China." *Modern China* vol. 19, no. 2（1993），pp. 143-144.

综合体。在欧洲民间社会，自发公共机构的组成使国家权力受到挑战和批评；而在中国，"城市精英从未联合成强大的力量，支持一个完全独立的公共领域"[1]。冉枚烁、罗威廉和史谦德都认识到他们所描述的公共领域，与哈贝马斯论述的公共领域是不同的，而这种发展形成了晚清中国城市社会的特点。

精英活动与不同地区的精英在地方社会中扮演了不同的角色，相较而言地区的精英在地方事务中更为活跃。萧邦齐（R. Keith Schoppa）根据地理分布将地方精英划分为核心区精英和边缘区精英。他发现，许多核心区的自发组织为精英们参与国家和地方的政治经济事务提供了机会。这些自发组织"在原始血缘纽带、地缘集团和国家之间发挥着中介功能"。辛亥革命前，慈善、救济、公共事务以及教育等都是士绅或非士绅精英关注的领域。这些领域的活动发展了地方精英网络。"政府的作用是指导，而不是完全介入。"1910年至1911年，随着自治机构的建立，"对这些领域的控制权从个人转到政府建立的机构手中"。萧认为，这是"20世纪政治发展的一个重要方面"。[2]

19世纪，中国的社会事务活动方式发生了深刻变革。罗威廉指出，在这个变革过程中，官方行政力量处于次要地位。与冉枚烁一样，罗也强调太平天国失败后的重建造成了城市社会的迅速

---

[1] David Strand, *Rickshaw Beijing: City People and Politics in the 1920s*, p. 168.

[2] R. Keith Schoppa, *Chinese Elites and Political Change: Zhejiang Province in the Early Twentieth Century*, pp. 72, 83.

扩张。传统的慈善活动主要是个人行为，而在这一时期已开始作为公共事业得到资助。善堂在太平天国失败之后发展迅速，"反映了社会共同体责任的巨大变化，说明了城市社会形成的不同类型"[1]。此外，一些城市管理事项，诸如街道维修、消防等，实际上也由精英负责。城市社会共同体通过"首事"逐渐对城市社会承担越来越多的责任。20世纪初，善堂扩大活动范围，建立新式学堂、增加城市设施、参与多功能的社区服务，等等，从而赋予慈善活动以现代意义。

一般来讲，较之沿海和中部地区精英，长江上游地区精英的"城市化、商业化和文化程度都比较低，科举考试中也较少成功"[2]。为什么会出现这种情况呢？通过对富荣盐商的考察，曾小萍（Madeleine Zelin）指出，与东部和中部地区不同，"四川在太平天国起义期间物质损失很小"，而且在19世纪末20世纪初几乎没有大规模的军事活动。晚清大规模的社会重建为精英流动提供了极好机会，但这个机会在"富荣地区并不存在"。另一个重要因素是，"在很大程度上，大家族盐场的规模和严密的组织程度都使合作变得没有必要"。[3] 由于控制了生产和市场，盐商

---

[1] Willian T. Rowe, *Hankow: Conflict and Community in a Chinese City, 1796-1895*, p. 92.

[2] Joseph Esherick and Mary Rankin eds., *Chinese Local Elites and Patterns of Dominance*, p. 22.

[3] Madeleine Zelin, "The Rise and Fall of the Fu-Rong Salt-Yard Elite: Merchant Dominance in Late Qing China," in Joseph Esherick and Mary Rankin eds. *Chinese Local Elites and Patterns of Dominance*, p. 105.

并不需要诸如东部商业社会中经纪人、运输和钱庄等复杂的社会关系。他们有能力独立应付所面临的问题。

20世纪20年代的北京，旧的公共行为如茶馆聚会与新的意识和组织如工会、政治团体和政党的结合迅速发展。地方精英由此开始以政治方式对抗政府和外部经济利益集团。史谦德发现，"20年代北京政治中的一个主要潮流就是，不具备选举权和被选举权的阶层如学生、工人、妇女和农民都加入或力争加入法团，来为自己争得部分权利"[1]。一些地方自治组织及其领导人并不积极依靠政府的支持，而是通过由法团和士绅控制的自治运动成为扩展精英影响的工具。这个新运动的出现为地方精英参与地方政治开辟了新途径。虽然自治运动最后失败了，但法团和精英自此在公共领域和民间组织中成为重要角色。

国家权力和公共领域

长期的经济和人口的增长导致了公共领域的发展，"这也是政府政策影响的结果，即有意识地在经济和社会事务中实行有限的社会计划和保持较小的官僚机构"。19世纪末以前的中国，并不存在一个强大的民间社会。然而，公共领域的出现要比民间社会早得多。据考察，自晚明以来，公共领域即在国家和社会力量

---

[1] David Strand, *Rickshaw Beijing: City People and Politics in the 1920s*, p.19.

影响下发展起来，但是"它不同于西方的前期民间社会"。[1]晚期中华帝国的公共领域可以划分为两个部分：国家和社会共同体组织。通过国家和社会的支持，在地方公共领域中社会组织得到发展。"精英是国家和地方社会之间的中介"，他们利用其社会地位承担地方公共事务。[2]

官僚和地方精英在公共领域中均发挥了重要作用。不过，冉枚烁指出不能把地方精英在公共领域的活动界定为"国家的基本媒介"。[3]精英的角色是在他们与官方的相互作用中形成的，而且同时受到宗族等地方组织的影响。新政时期，公共结构发生了重大变化，长江下游地区的地方精英在公共领域远比政府力量活跃和积极。为了强化国家的控制并结束对地方精英的依赖，政府建立了许多新的机构。但是，地方精英力图使这些新机构与地方事务分离。罗威廉描述的19世纪汉口公共领域，已明显与国家权力分离，公共事务从官方控制转向非官方控制。虽然政府仍资助一些社会服务设施，但国家已不再直接发挥作用，"显然，国家间接施加影响，约束非官方的公共领域的广泛扩张"[4]。

---

[1] Mary B. Rankin, "Some Observations on a Chinese Public Sphere," *Modern China*, vol. 19, no. 2 (1993), pp. 177, 158.

[2] Mary B. Rankin, "The Origins of a Chinese Public Sphere: Local Elites and Community Affairs in the Late Imperial Period." *Etudes Chinoises*, vol. 9, no. 2 (1990), p. 59.

[3] Ibid., p. 55.

[4] Willian T. Rowe, *Hankow: Conflict and Community in a Chinese City, 1796-1895*, pp. 131, 185.

北京的城市精英通常是在国家监督下参与社会事务，因此，他们及其阶级利益是与国家权威联系在一起的。史谦德注意到国家在20世纪的影响："新政不仅产生了存在于辛亥革命时期的地方机构，而且形成了20世纪20年代的城市秩序。"[1]一方面，城市精英及其组织发展了应付社会冲突、动乱的政策和策略；另一方面，政府官员支持慈善事业、市场管理等公共活动，试图以此解决贫困、动乱和落后等问题。例如警察作为官方人员不仅在公共领域中扮演官方和非官方之间的角色，而且参与了公共和个人之间的事务。

20世纪初，公共领域的发展有三个可能的方向。一是国家权力向地方精英循环性转移，这个变化可能阻碍20世纪初国家权力的强化；二是国家控制地方自治，如晚清新政时期袁世凯在直隶奉行的政策；三是重新限定公共领域，使之接近哈贝马斯揭示的欧洲模式。实际上，在不同地区三种方向分别不同程度地存在着，而有的地区则沿着三种方向交叉发展。当然，值得注意的是，第三种方向表现得十分微弱。

公共空间的信息传播

在传统中国城市，信息传播渠道是十分有限的。在报纸、杂

---

[1] David Strand, *Rickshaw Beijing: City People and Politics in the 1920s*, p. 99.

志、广播、电影电视等出现之前,像街头巷尾、桥头、广场、茶馆这样的公共空间就是主要的信息传播渠道,官方、社会团体、个人都可以使用这些空间。另外,布告、揭贴、传单等也是信息传播的重要手段。城市人口密集,决定了信息传播的快速。由于公共空间的信息传播功能和影响范围,现代政府一直试图控制公共空间,因此城市公共空间发生了从自治到官方控制的转变。

沙汀的小说《喝早茶的人》,描述了人们是多么依赖茶馆进行交流:"在夜里发现了一点值得告诉人的新闻,一张开眼睛,便觉得不从肚子里掏出来,实在熬不住了。有时却仅仅为了在铺盖窝里,夜深的时候,从街上,或者从邻居家里听到一点不寻常的响动,想早些打听明白,来满足自己好奇的癖性。"哪怕茶馆里的闲聊,也是生怕漏掉了什么新闻:"他们尽可以在黎明的薄暗中,蹲在日常坐惯了的位置上,打一会儿盹。或者从堂倌口里,用一两句简单含糊的问话,探听一点自己没关照到的意外的故事。"[1]

公共空间的闲聊和政治讨论,可能形成"公论"。民众的意识,由此得到发挥。1941年发表的一篇题为《茶馆宣传的理论与实际》的文章指出,在茶馆中,人们于茶余酒后,纵论古今,臧否人物,表彰公道,贬斥恶行。这种议论可能使那些有权有势的人"不敢肆意恣行"。[2] 这段话提出了一个非常有意思的观点:

---

[1] 沙汀:《喝早茶的人》,《沙汀文集》第6卷,第361页。
[2] 博行:《茶馆宣传的理论与实际》,《服务月刊》第6期,1941年5月1日,第6页。

茶馆议论实际上起着一个"舆论监督"的作用。过去精英和国家总是批评茶馆是一个散布流言蜚语的地方，但该文作者却反其道而行之，做了一个相反的解读，茶馆里无遮拦、无控制的议论，按那些不喜欢茶馆七嘴八舌的人来说可能是"流言"，但却能使位高权重者"不敢肆意恣行"。此外，茶馆议论对一般人也有一定警示作用，因为害怕邻里在茶馆议论，所以也要尽量约束自己的不端行为。

而在发生政治动乱时，信息传播起着关键的作用，人们甚至可能发明各种有用的手段传播信息。例如，在1911年四川保路运动中，人们发表公开演讲，印行《保路同志会报告》，在成都被封锁后，在木片上写上信息，抛入江中，以把消息传递出去，称之为"水电报"。同时，社会动乱加剧了人们的危机感，而人们的这种惶恐不安正是谣言广为散布之温床。在辛亥革命之前，公共场所便成为所谓"谣言"散布之地。其实，谣言是空穴来风，常常是与当前人们所关注的问题联系在一起，而人们所关注的问题也不时转移。在局势动荡之时，这些信息的传输，起着保障生命安全和心理安全双重的作用。据《吴虞日记》，1916年的成都巷战中，在家里躲了几天的吴虞不知道外面情况怎样了，是不是安全，便派仆人去街头上探消息，一听说街面上的茶馆已开，便放下了悬着的心，放心出门。[1]

---

[1]《吴虞日记》上，第265—266页。

此外，政府和精英还发现，茶馆是社会动员的好地方，因为在"茶馆之中，时时可闻政情如何，军事如何，地方有何种新闻，某姓有何种事变，以及史料掌故之阐述，狐仙鬼怪之奇谈，均为各层社会分子所关心而亟欲知悉者，一至茶馆，各种资料，源源而至，辗转相告，传播迅速，发挥尽致，无孔不入"。其甚至起到今天互联网一样的作用，"足不出户庭，能知天下事"。那些"留心社会情报"的人，到茶馆真是如鱼得水。当然，也有"奸宄之徒，无聊之辈，混迹其间，或任意雌黄，混淆黑白，或捕风捉影，画蛇添足，以致蜚语谰言，摇惑人心者，亦往往发生于其间"。[1]

加入这种茶馆闲聊，不需要任何准备或资格。人们可以自由发表意见而不需要承担任何责任（但是"妄议"国事，还是有风险的，见下文），只要他没有冒犯在场的任何人，实际上也很少有人真正严肃对待茶馆里的闲言碎语。在茶馆中，陌生人之间可以相互夸夸其谈，也可以只洗耳恭听，不发一言。所以，李劼人写道，如果"你无话可说，尽可做自己的事，无事可做，尽可抱着膝头去听隔座人谈论，较之无聊赖地呆坐家中，既可以消遣辰光，又可以听新闻，广见识，而所谓吃茶，只不过存名而已"[2]。因此，从这个角度来看，所谓喝茶，不过是一种形式；而真正的内涵，却是茶馆里面的聊天、表达和社会交往。

---

[1] 博行：《茶馆宣传的理论与实际》，《服务月刊》第6期，1941年5月1日，第5—6页。
[2] 李劼人：《暴风雨前》，《李劼人选集》第1卷，第339—340页。

公共空间的言论

抗战是茶馆政治乃至政治文化的一个转折点,人们不可避免地谈论国事,政治从一个忌讳的话题成为一个热点。那些喜欢在茶馆谈论政治的茶客,被谑称为"茶馆政治家"。一篇题为《茶馆政治家》的文章便指出:自从战争爆发后,人们对政治的关心是前所未有的。但是作者似乎也不赞成在茶馆里讨论政治,他写道:"对于国家大事,似乎用不着尔等劳心。"他的意思并不是对政治的冷漠,而是看不惯那些每天在茶馆里自称"重视国家""具有政治头脑"的人,他们高声与人辩论政治,不是赞美"某某真伟大!"就是指责"某某用心叵测"。那些"自己认为其有政治眼光"的人,经常有意故作神秘地透露一两条"重要新闻",立即又申明这些新闻绝对不会在报纸上报道。在这个作者看来,有的所谓"茶馆政治家"真是浅薄得很。[1]

其实,大多数所谓"茶馆政治家"还不至于如此浅薄。他们一般都应该是每天读报、关心政治的人。他们经常在茶馆待很长时间,其所见所闻便成为谈资和话题。虽然一些"茶馆政治家"颇有社会声望,但他们中许多也自以为是,认为比一般人更懂政治,总是希望自己成为茶馆闲聊的中心。他们一般嗓门比较大,

---

[1] 于戏:《茶馆政治家》,《华西晚报》1943年1月15日。

不喜欢不同意见，因此也不时成为人们调笑的对象。他们经常在茶馆里长篇大论，口若悬河，犹如戏台上的演员。

不过，在某种程度上，他们能影响公众舆论。即使人们一般并不认真对待茶馆议论，但茶馆还是给人们提供了一个非正式讲台，人们在那里表达政治声音，国家则以暴力压制那些其不喜欢的言论。事实上，对国事的谈论每天都在茶馆进行着，茶馆老板很难阻止。"休谈国事"的告白，恐怕也是茶馆为逃避政府追究的一个极好策略。因为有言在先，自然"言者自负"。但事实上，政府追究下来，茶馆经常难脱干系。

如果认真读这篇文章，我们还可以从字里行间发现一些有趣的东西，亦可以有不同解读。可能作者不喜欢"茶馆政治家"，是因为不满国家对爱国人士的态度，特别是对政府迫害那些敢于表达不同政见人们的愤懑。从作者的观点看，既然在茶馆谈政治有风险，"茶馆政治家"就是自讨苦吃，真是愚不可及；也可能作者对"茶馆政治家"对于政治不负责的议论不满，愤恨他们执迷不悟。也可能作者像许多精英一样，认为只有他们自己才配谈政治，当看到一些他们瞧不起的人竟然也敢侈谈政治时，非常不舒服，甚至感到失落或威胁。还有可能，作者不希望这些人在茶馆中成为引人注目的中心，为那些不愿在公共场合表达政治的人受到冷落而愤愤不平。实际上，尽管茶馆里的政治讨论有时显得幼稚或不合时宜，但这些讨论对许多人来说，是他们政治表达的唯一途径。一些人可能对他们所讨论的东西不甚了了，一知半解,因而被他人嘲弄。甚至那些不懂政治的人,也利用茶馆来发出他们的声音,同时在那里寻找知音和共鸣。

当然,政治的控制也限制政治信息的传播,"休谈国事"的告白便是一个典型的例子。茶馆里面谈论政治,可能惹麻烦,所以茶馆主人在茶馆里张贴这样的告白。过去"在乡镇和街道背静一点的茶馆和酒店里,一进去就看得见,用红纸写的什么'休谈国事'和其他等等,不同字句的张贴,使人看见,大大的注目,真是莫名其妙"。而在抗日战争中,人们便指出:"这种表现是退化的,并不是进步的表现,一个强大的民主国家不应有这种腐败的缺点,尤其是在国家存亡的战争中更不应有,人民对国家的政治、军事、经济的关心可以说能对国家抗战发生巨大的效力和帮助,当然,国家的政治、军事、经济,并不是读几本书的大纲或原理就可以成功的,但是,只有一定的限度,就可以的,为什么不可以谈呢?"人们挑战这种言论的压制,指出给人们言论自由,会使人们更加爱国,愿意为这个国家去牺牲,"希望有关当局能容纳下面三个条件:关于这样关系国家存亡之战争,对于时局的过程上,国家存亡的抗战,只要有政府领导我们,明示我们,国家大事有什么不可以谈呢?"[1]

虽然"休谈国事"的告白被视为普通民众服从权威和没有勇气公开表达政见的一个证据,但这个看法有失公允。在老舍的

---

[1] 白渝华:《谈谈"休谈国事"》,《新新新闻》1945年3月18日。

著名话剧《茶馆》中,也有相似的告白"莫谈国事"贴在清末民初北京茶馆的墙上。虽然各地用词稍异("休谈""莫谈""勿谈"等),但其意思完全相同。在成都,有茶馆甚至把这个告白变成了幽默讥讽的对联:"旁人若问其中意,国事休谈且吃茶。"[1]其实,从某种意义上讲,这个告白贴在茶馆,本身就是对专制、对限制言论自由的一种无声的控诉,犹如现代许多政治示威中人们用胶带把自己的嘴封住,来抗议当局对自由发表政见的压制。

这种信息的传播,实际上也强化了人们的社区意识,因为街头和茶馆中的小道消息都是在熟人中间传递的,是以街道和社区为单位的,具有邻里与陌生人、阶级、族群、职业等的分野,也是社会交往的一部分。大众信息传播与日常生活、大众文化、地方和国家政治有着密切的关系,在传播过程中,有的信息随着时间的过去,就永远消失了;有的则被记录下来,成为我们今天重构历史的一部分。那些报刊上的报道、档案、口述资料等,都为我们了解过去提供了依据。当今天使用这些资料的时候,我们必须考虑到更深层次的问题,需要了解谁在接收,谁在传播,谁在控制信息等,对这些信息持怀疑的态度。虽然通过留下来的信息想要完全重构过去是不可能的,但那些信息让我们研究者有所依据,使我们对城市历史的重构更接近于真实。

---

[1] 此君:《成都的茶馆》,《华西晚报》1942 年 1 月 28—29 日;老舍:《茶馆》,《老舍剧作选》,第 78、92、113 页。

关于公共领域的讨论

1996年我在《历史研究》发表《晚清长江上游地区公共领域的发展》一文，引起史学同行广泛兴趣，特别是引起了一些学者的评论。[1]关于公共领域的研究，把我们对中国社会的认识推进了一步。它使我们注意到，近代早期欧洲城市出现过的现象，在一定程度上也存在于中国城市社会。它使我们在考察中国近代城市社会时，注意到三种不同的空间，即政府（或官）的领域（活动主体是官僚）、私（或个人）的领域（活动主体是个人或家庭）以及介于两者之间的公共领域（活动主体是精英或士绅）。这三个空间的相互重叠、结合及相互作用构成了一个社会的立体画面，从而使我们能更深刻和全面地理解近代中国社会。尽管公共领域的研究仍存在不少尚未解决的问题，但这种研究至少为我们观察近代中国城市社会提供了一个新视角。

学术讨论之关键是明确所讨论问题的概念，即首先必须确定大家讨论的是同一个对象。但不幸的是，关于公共领域的讨论似乎从一开始便偏离了方向。从我已接触到的有关文章和研究，包括对西方有关研究的批评来看，几乎都把"民间社会"和"公共

---

[1] 主要见朱英：《关于晚清市民社会研究的思考》，《历史研究》1996年第4期；张志东：《中国学者关于近代中国市民社会问题的研究：现状与思考》，《近代史研究》1998年第2期。

领域"看作是同一个概念,他们在论述中,总是频繁用"'民间社会'或'公共领域'",因而我们不清楚他们要讨论的究竟是"民间社会"还是"公共领域"。

罗威廉和冉枚烁等研究"公共领域"的代表人物对这个概念是十分清楚的,他们的整个研究都是限定在"公共领域"(public sphere)而不是"民间社会"(civil society)。如果研究者仔细读了罗氏的《汉口:一个中国城市的冲突和社区,1796—1895》和冉氏的《浙江的精英活动和中国的政治演变,1865—1911》以及他们的其他有关文章,就会发现他们从未交叉或含混使用"民间社会"和"公共领域"这两个概念。[1]他们在研究"公共领域"时,都小心地把其与"民间社会"区别开来。冉枚烁便指出:"从17世纪初以来民间社会便一直是西方政治理论的主题。……但另一方面,公共领域的概念在西方政治理论或历史典籍中却影响较微,因而对非西方世界更适宜采用。"[2]他们承认他们的研究从哈贝马斯的 public sphere 一词中得到启发,但并非完全是哈贝马斯意义上的"公共领域"。因而,罗威廉便意识到:"研究中国的历史学家对哈贝马斯概念的使用,恐怕并不会得到他的认

---

[1] Willian T. Rowe, *Hankow: Conflict and Community in a Chinese City, 1796-1895*; Mary B. Rankin, *Elite Activism and Political Trans formation in China: Zhejiang Province, 1865-1911.*

[2] Mary B. Rankin, "Some Observations on a Chinese Public Sphere." *Modern China*, vol. 19, no. 2 (1993), p. 159.

可。"[1]冉枚烁也明确表示:"晚期中华帝国公共领域的产生不同于西欧。"[2]不过他们也指出,"即使资产阶级的公共领域的细节并不适宜于中国历史,但这种中间领域的概念……看来对理解官和民两者间的关系却是有用的"。[3]他们以英文 public sphere 作为在中国社会中有很长的历史的"公"的领域的对应词,力图以此概念为契机从一个新角度解释中国近代的历史。[4]但评论者却把他们的关于"公共领域"的研究作为"民间社会"来批评,因此整个讨论,都显得无的放矢。

在公共领域的研究中,对国家角色及其与公共领域关系的研究似乎存在混淆之处。反对使用这个概念者指出,中国并未产生过与国家权力对立的民间社会,其反而与国家权力有着相当密切的关系,这种不能完全独立于国家之外的领域与西方各国不同,因而不能套用"公共领域"的概念。而对赞同采用这个概念的学者来说,首先应该证明国家对公共领域的参与和国家权力的持续

---

[1] William T. Rowe, "The Public Sphere in Modern China," *Modern China*, vol. 16, no. 3 (1990), p. 314.

[2] Mary B. Rankin, "The Origins of a Chinese Public Sphere: Local Elites and Community Affairs in the Late Imperial Period," *Etudes Chinoises*, vol. 9, no. 2 (1990), p. 15.

[3] Mary B. Rankin, "Some Observations on a Chinese Public Sphere," *Modern China*, vol. 19, no. 2 (1993), p. 160.

[4] William T. Rowe, "The Public Sphere in Modern China," *Modern China*, vol. 16, no. 3 (1990), p. 315; Mary B. Rankin, *Elite Activism and Political Transformation in China: Zhejiang Province, 1865-1911*, pp. 15-16.

增长,是否必然会取消公共领域的独立存在,而不应是力图证明公共领域怎样独立于国家之外。有的学者则主张回避"公共领域"一词,而采取"第三领域"(third realm)的说法,实际上其仍难以摆脱与国家关系的纠缠。[1]

其实,公共领域本身就反映了精英活动与国家控制两方面,因此精英活动与国家有密切关系是不奇怪的。但问题在于,是否因为与国家有联系或不与国家权力对立,就否认在官与私之间存在一个独立的领域?清代及民国时期的中国城市的确存在着"公"的领域,尽管它与近代早期欧洲城市有很大不同。事实上,许多学者都承认,他们的"公共领域"和哈贝马斯所论述的"公共领域"存在着差异,但这种差异似乎并不妨碍借用这个词来理解官与公众之间的关系,即使西方公共领域的细节并不适于中国。我们应避免陷入或者完全用西方公共领域的模式解释中国的情况,或者根本否认中国曾存在过公共领域的极端倾向。

我自己的研究,也是严格限制在"处于'私'与'官'之间的公共事业",并不是研究西方概念中的"公共领域","公共领域"这个词只是"借用"而已。[2]我认为,这个概念的借用在中国近代史研究中的重要性在于给我们开拓了一个新的研究领域,

---

[1] Philip C. C. Huang, "'Public Sphere' / 'Civil Society' in China? The Third Realm between State and Society," *Modern China*, vol. 19, no. 2 (1993), pp. 216-240.

[2] 王笛:《晚清长江上游地区公共领域的发展》,《历史研究》1996年第1期,第5页。

当然也并非说我们过去对有关问题完全缺乏研究，问题在于过去我们未能有意识地去揭示处于"私"和"官"之间的那个重要的社会空间。因此，我的那篇文章的整个出发点都基于此。

罗威廉关于公共领域研究的核心观点之一是：太平天国后的社会重建极大地推动了公共领域的扩张。[1] 而我的论文即是针对罗的论述进而提出了公共领域发展的新模式，这个模式既不同于汉口亦不同于浙江。我强调在长江上游地区清初的社会重建中，出现了我所说的"早期的公共领域"。当罗威廉和冉枚烁笔下的汉口和浙江公共领域在剧烈地扩张之时，长江上游地区的公共领域却"程度不同地萎缩了"。长江上游模式的另一个明显不同的特点是"官"所扮演的不同角色。在汉口，公共领域的扩张几乎完全是地方精英的积极活动所导致的，19世纪末20世纪初当地方政府发起新政之后，公共领域反而遭受到无可挽回的破坏。而在长江上游地区，公共领域的大力扩张基本上是在20世纪初，而且"在很大程度上是官方推动的结果"。[2] 因此，对于官方在公共领域的角色，罗威廉揭示的是冲突，而我强调的却是合作。在这点上，朱英敏锐地意识到这个是根本的不同，他指出："王笛的文章将成都与汉口进行了比较，强调晚清时期公共领域在成

---

[1] 见 Willian T. Rowe, *Hankow: Conflict and Community in a Chinese City, 1796-1895*，第3章和第4章。这也是冉枚烁在她的著作中所强调的。关于她对江浙地区公共领域发展的研究见 *Elite Activism and Political Transformation in China: Zhejiang Province, 1865-1911*，第3章。

[2] 王笛：《晚清长江上游地区公共领域的发展》，《历史研究》1996年第1期，第14页。

都与汉口发展的不同特点，具体体现于一个是国家在其间发挥了重大影响，另一个则主要是社会自身的发展，国家的作用似乎无足轻重。"[1]

从物质的到社会的公共空间

我在撰写《街头文化》一书时，主要考察公共空间是怎样演变成社会政治空间的，从一个侧面论证了"公"在地方政治中的角色。现在，我们比任何时候都更清楚了，不是"公共领域"这个概念是否可以用来研究中国的问题，而是采用这个概念来研究中国时，怎样定义这个概念的问题。其实，冉枚烁在研究浙江、罗威廉在研究武汉、史谦德在研究北京时，不存在所谓哈贝马斯的概念的误用问题，因为他们从来就没有与哈贝马斯使用同样的概念，而且事先申明了与哈贝马斯的概念是有区别的。

在讨论早期近代中国时，使用"民间社会"（civil society）这个概念必须十分谨慎，因为这个词才完全是"西方"的，在中国的历史上和语言中找不到对应物。冉枚烁指出，即使在"民国时期，民间社会对于观察整个政治过程都是一副残缺的透镜"[2]。罗威廉在讨论中国"民间社会"的问题时表明，"在中国没有（哈

---

[1] 朱英：《关于晚清市民社会研究的思考》，《历史研究》1996年第4期，第130页。
[2] Mary B. Rankin, "Some Observations on a Chinese Public Sphere," *Modern China* vol. 19, no. 2 (1993), p. 170.

贝马斯所描绘的——引者注）类似的历史"。[1]不过，对晚清中国社会中很有历史意义的变化或新现象，我们将其称为是"民间社会"并无大的不妥，不妥的是对这个词没有严格的定义。如果按照西方对"civil society"的定义去解释中国社会，就难免过高估计晚清中国民间社会的发展。如果学者主张采用这个词，那么必须首先进行准确、严格的限定，申明自己使用的"民间社会"与西方概念中的"民间社会"有何不同或相同之处（正如冉枚烁、罗威廉等对"公共领域"概念的使用），这样才可使自己的论证建立在坚实的基础之上。

应该避免空乏地批评研究中所采用的西方概念。其实，虽然我们深刻了解运用西方概念解释中国社会存在着种种不足，但实际上又不可回避这些概念，因为有些概念在中文中并不存在，难以找到其他更好的替代词。西方学者的中国研究更是充斥着各种西方概念，在使用西方概念研究中国时难免出现一些弊端。但在批评西方有关研究时，应尽量避免使用大而化之的论断，多进行具体分析。例如，人们在涉及西方研究中国的学者时，经常用诸如某某学者"仍用西方概念来解释中国历史"的批评来代替具体的讨论，这其实是一种万能的、可能永远正确但缺乏意义和内容的批评。因为整个西方历史学就是建立在西方概念的基础上的，他们的中国历史研究也是属于这个体系的一部分。当西方的中国

---

[1] William T. Rowe, "The Problem of 'Civil Society' in Late Imperial China," *Modern China*, vol. 19, no. 2 (1993), p. 140.

专家研究中国历史时，西方的社会和历史就是他们的参照系，因此他们用西方概念来考察中国的历史进程无可厚非，否则他们的研究便失去了立足点，甚至对我们中国历史学家也失去了意义。因此，问题并不在于他们用什么概念研究中国，而在于他们是否以西方价值观作为唯一判断的标准。后者，才是我们应该进行认真辨析和回应的。

第十二章　公共空间、公共领域、民间社会

公共领域在近代早期欧洲的发展，促进了资本主义的扩张，像咖啡馆、酒吧、广场等公共空间，成为政治活动和公众舆论的萌发地。如上一章所讨论的，在近代中国，我们也能够发现类似的场所。在20世纪茶馆的研究中，我揭示了民众与国家权力在公共空间的对抗，地方文化与国家文化的较量，在此过程中，公共领域得到一定的发展。我们可以看到茶馆与西方的咖啡馆、餐厅、酒吧等在公共领域与公共政治的相似之处，以及在其他公共生活的许多方面发现它们的共同点。随着空间（中国和西方）和时间（不同的时代）的改变，这种共同点也会发生转移。当然，中西方的公共生活也无疑存在各种差异，无论是经营、对顾客的服务，还是顾客在公共空间的各种活动等方面都十分不同。考察各种异同，无疑可以帮助我们加深对中国茶馆的认识。

酒吧、阶级与族群

彭慕兰（Kenneth Pomeranz）在他的《大分流》中，指出东（江南）西（英格兰）方经济中的"大分流"至迟发生在18世纪末。在那之前，它们的经济特点十分接近。罗威廉在他关于清中叶精英意识的研究中，发现那些杰出的儒官，与欧洲启蒙时期的思想家有许多相通之处，他认为：由于在18世纪亚洲和西方"日益联系一起"，而且都"面对更多的本土变化过程"，因此"如果两个社会的精英意识没有形成某种共同之处，倒是真的奇怪了"。[1] 当然，彭慕兰和罗威廉这里揭示的是中国和西方某些经济和思想的共同基点，而经济和思想的共同之处可能导致城市社会文化生活的类似也是毋庸置疑的。

在19世纪的美国城市里，各个族群都有自己的社会生活空间，酒吧"对许多住在附近的人来说本质上犹如教堂"，对某些社会群体和族群来讲是他们自己文化和经济背景相同人的聚集地，酒吧里存在职业、族群、邻里等联系。从这个方面来看，酒吧与那些由同乡会、同业公会、袍哥所开办的茶馆非常相似。同乡会的茶馆为相同籍贯的移民服务，那些同业公会的茶馆则为本

---

[1] Kenneth Pomeranz, *The Great Divergence: Europe, China, and the Making of the Modern World Economy*; William T. Rowe, *Saving the World: Chen Hongmou and Elite Consciousness in Eighteenth-Century China*, p. 456.

业服务,而那些邻里的街头茶馆则为住在附近的居民服务,当然它们一般也并不排斥其他顾客。犹如茶馆成为这种社会组织的活动中心,美国的酒吧也是群体和社团的聚集场所,甚至作为它们活动的总部。[1]

从一定程度上看,中国茶馆与西方的酒馆(tavern)、咖啡馆(coffee house)、餐厅(café),特别是酒吧(saloon)有着类似的功能。关于法国的café,很难进行中文翻译,因它既非完全的酒馆或咖啡馆,亦非完全的餐馆,它既卖咖啡,也卖酒,还卖像三明治这类的快餐。这里翻译为"餐厅",是为了与饭馆(restaurant)进行区别。R. 斯潘(Rebecca Spang)把巴黎的饭馆与餐厅进行了比较,称一个餐厅能够同时为 500 个顾客服务,提供大众午餐、饮料、报纸或其他读物。但是一个饭馆很难为超过 200 人服务,其一般地方不大,服务的客人不多。因此,饭馆服务的"特点不是普通服务,而是个别服务"。如果说餐厅的顾客读报纸,"思考他们周围的世界",那么饭馆的顾客读菜单,"想的是他们自己的生理需要"。[2]

作为小生意和公共空间,茶馆与餐馆的关系很像西方的

---

[1] Roy Rosenzweig, *Eight Hours for What We Will: Workers and Leisure in an Industrial City, 1870—1920*, p. 58; Perry R. Duis, *The Saloon: Public Drinking in Chicago and Boston, 1880—1920*, pp. 87, 102, 145.

[2] Rebecca Spang, *The Invention of the Restaurant: Paris and Modern Gastronomic Culture*, p. 79.

餐厅与饭馆。不过,根据 S. 赫纳(Scott Haine)的研究,在 18 和 19 世纪,"巴黎的公共空间变得更少面对公众开放",但餐厅像教堂和戏院一样,为"最基本的公共空间,人们在那里度过工作和家庭生活之外的时间"。有意思的是,赫纳把餐厅与教堂相比,他相信餐厅较少公共性,因为顾客必须在那里买东西,但是更有包容性,"因为它们提供各种饮料,而教堂不会"。[1]

而 saloon 虽然一般可以翻译为"酒吧",但主要是指 19 和 20 世纪初美国城市的下层酒吧。"Saloon"这个词最早使用是在 1841 年,19 世纪 70 年代便很流行了,意思是"法国沙龙"(French salon)或者"在邮船上的大客舱"。酒吧的兴起,"同样是因为工人阶级低微的地位,他们缺乏在工作场所的自由,自由时间和收入有限,居住条件也很差"。[2] 到 19 世纪 50 年代末,saloon 这个词出现在城市名录中,"表明其基本功能是卖酒的零售设施"。P. 杜伊斯(Perry Duis)把 saloon 定义为一个半公共空间(semi-public space),因为其是私人所有,为公众服务,即是"半公共生意"(semi-public business)。[3]

---

[1] Scott Haine, *The World of the Paris Café: Sociability among the French Working Class, 1789-1914*, pp. 3-4, 153.

[2] Roy Rosenzweig, *Eight Hours for What We Will: Workers and Leisure in an Industrial City, 1870-1920*, pp. 48-49.

[3] 见 Perry Duis, *The Saloon: Public Drinking in Chicago and Boston, 1880-1920*, pp. 5, 10, 14。

关于茶馆和酒吧相同之处的更多例子，可以从其他研究中看到，如 M. 鲍威尔斯（Madelon Powers）指出，酒吧成为一个"为百万工人日常生活"的社会俱乐部，这些工人把酒吧视为"穷人的俱乐部"。其他学者也有类似的定义，如 R. 坎姆贝尔（Robert Campbell）也注意到，酒吧在 19 世纪末北美的角色是"穷人的俱乐部"（the poor man's club），指出酒吧是工人阶级文化的一个关键部分，"男人社交的中心"。在德国，虽然酒不论在工作场所还是在家庭，无论是在公共生活还是私人生活，都"渗透到城市工人阶级生活的各个方面"，"但是没有一个新的商业休闲形式为工人阶级，或是专属于其他任何社会集团"。此外，工人还到电影院、体育场、商品会等场所，"那里各个阶级、宗教、性别的人混合在一起"。因此，"在休闲中，社会和谐在某些程度上成功了"。在美国匹兹堡（Pittsburgh），剧院成为"庶民文化"（plebeian culture）的一部分，工人在那里观看根据当地故事编的喜剧和情节剧。19 世纪巴黎的餐厅也经历了类似过程，工人阶级顾客"创造了一种独特的次文化"。对于工人来说，他们比其他社会集团，更把"餐厅视为他们的家"。S. 赫纳认为法国餐厅实际上是"工场和工厂的附属"，也是政治舞台，经常被用来组织罢工和游行。P. 杜伊斯指出在美国，酒吧老板有自己的组织，如"卖酒者协会"（liquor dealers' associations），"犹如兄弟会，提供保险、聚会，以及其他社会活动"。[1]

  酒吧为邻里生活也提供了必要的设施，扮演着与茶馆类似的角色。在18和19世纪的美国城市，缺乏清洁的饮水，厕所也难找，于是提供啤酒和厕所的酒吧吸引了不少顾客，在冬天还提供了温暖。酒吧还有许多附加服务，如卖食物、兑现支票、提供报纸，那些没有固定地址的工人甚至可以在那里"取邮件，听关于地方政治的闲聊，或得到本业的有关信息"。这样的酒吧，使人们的生活更方便，所以人们乐意在那里聚会。像茶馆一样，酒吧还提供娱乐，如演唱、讲笑话、讲故事等，当然也有赌博、黑市酒、斗鸡等。美国城市的许多男人还把酒吧作为找工作之地，因此酒吧像茶馆一样成为一个"劳动力市场"。那些待雇的人等候在特定的酒吧，一般是需要雇人工作的场所附近，雇主也很清楚到哪个酒吧去找雇工。[2]

---

[1] Madelon Powers, *Faces Along the Bar*: *Lore and Order in the Workingman's Saloon*, *1870-1920*; Robert Campbell, *Sit Down and Drink Your Beer*: *Regulating Vancouver's Beer Parlours*, *1925-1954*, p. 4; Lynn Abrams, *Workers' Culture in Imperial Germany*: *Leisure and Recreation in the Rhineland and Westphalia*, pp. 66, 183; Francis G. Couvares, "The Triumph of Commerce: Class Culture and Mass Culture in Pittsburgh," in Michael Frisch and Daniel Walkowitz ed. *Working-Class America*: *Essays on Labor*, *Community*, *and American Society*, p. 142; Scott Haine, *The World of the Paris Café*: *Sociability among the French Working Class*, *1789-1914*, pp. 2, 59, 79-87; Perry Duis, *The Saloon*: *Public Drinking in Chicago and Boston*, *1880-1920*, p. 83.

[2] Perry Duis, *The Saloon*: *Public Drinking in Chicago and Boston*, *1880-1920*, pp. 112, 180; Roy Rosenzweig, *Eight Hours for What We Will*: *Workers and Leisure in an Industrial City*, *1870-1920*, pp. 53-55.

除此之外，美国城市的酒吧提供了各种活动，人们喜欢在那里打拳击、打台球、下棋，正如有人在18世纪中写道："我们见面、交谈、欢笑、聊天、抽烟、争论、寻找知音、探索道理、夸夸其谈、胡拉八扯、唱歌、跳舞、拉琴，各式各样的活动都有，实际上像一个俱乐部。"M. 鲍威尔斯（Madelon Powers）仔细考察了在酒吧里的各类谈话，诸如"随意交谈"和"说粗话"等，他认为酒吧可以看作是"工人的学校"。[1]这些美国城市史学者的描述，我们很容易在成都茶馆找到类似之处，只不过某些玩法不一样而已，如美国工人在酒吧里打台球、跳舞，成都市民在茶馆里斗鸟、打围鼓。像茶馆是社会组织的活动中心一样，美国城市中的酒吧被视为"自发协会"（voluntary associations），因为这些酒吧俱乐部与社区生活的关系比其他组织更为密切。[2]这些功能还可以从19世纪巴黎的餐厅中看到："餐厅多种功能的性质从餐厅和其他社会空间的各种关系中显示出来。"餐厅"可以视为住所、沙龙、剧院、教堂、下水道、街道、股票交易、会议和庆祝活动，可以想象得到的在天堂和地狱间的一切空间"。[3]因此我们所看到的是，这些公共场所无论在中国还是在西方，在城市中都扮演着类似的角色。

[1] Madelon Powers, *Faces along the Bar: Lore and Order in the Workingman's Saloon, 1870-1920*, pp. 138, 164-69, 178.
[2] Ibid., p. 233.
[3] Scott Haine, *The World of the Paris Café: Sociability among the French Working Class, 1789-1914*, p. 2.

开办一个茶馆并不需要很多资金，与在法国巴黎开一间酒馆或在美国芝加哥、波士顿开一个酒吧很相像。在18世纪的巴黎，只要"在屋顶之下有一张桌子和若干椅子"，一家酒馆便可开张。[1] 在19世纪的美国城市，一个人如果"资本有限"，那么经营酒吧是"世界上最容易的生意"。据一个芝加哥的酒吧店主回忆，一个酒吧全部所需要的不过是"开门的钥匙"。在他付了第一个月的房租后，"便拿着租房的合同和收据"，去酿酒商那里，从他们堆货的地方得到其他用品。[2] 有学者研究了酒吧、餐厅、酒馆的管理、资本、竞争等问题，如 P. 杜伊斯认为酒吧"缺乏生意经"，这导致了其衰落，因而把酒吧视为"功能的失败"。美国城市里，无执照的酒吧称"厨吧"（kitchen barrooms），其顾客是"光顾这家人的厨房的真正的朋友或亲戚"。[3]

像茶馆一样，法国许多餐厅都是家庭所有，如"在柜台后面的许多妇女的价值并不仅是漂亮的脸蛋儿，在一个夫妻店里，妻子充当的是理财、收款和会计的角色"。美国城市的酒吧，这样的店"成本最为低廉"，因为不用付工资，"无非就是将家稍加扩张"，客厅便拿来开业，妻子和孩子都是帮手。在经济萧条之时，许多小商铺关门歇业，但酒吧却是"邻里中最稳定的生意之

---

[1] Thomas Brennan, *Public Drinking and Popular Culture in Eighteenth-Century Paris*, p. 8.
[2] Perry Duis, *The Saloon: Public Drinking in Chicago and Boston, 1880-1920*, p. 47.
[3] Ibid., pp. 46, 61.

一"。[1]因此，从经营的角度看，茶馆和美国的酒吧、法国的餐厅都非常接近，都为一般家庭做"小本生意"提供了机会。

成都的许多移民都把茶馆作为他们的"半个家"，美国城市的移民们流动性大，所以他们也经常把酒吧作为固定的收信地址。茶馆对成都一般市民来说是最普通、最便宜的消费；类似地，即使美国人比成都人的选择余地大得多，美国酒吧的生意稳定也依然是因为"没有其他场所可以取代它"。酒吧的生意总是很灵活，可以白天为找工作的流动人口服务，晚上的客人则多是附近的住户。[2]与此相似，茶馆欢迎来自各社会阶层的顾客，但主要为普通人服务，美国的酒吧也是这样。酒吧的兴起是由于缩短工作时间、提高工资等工人生活状况改善的结果，因而成为"工人阶级社会生活的中心"和"商业性娱乐"的场所。[3]

当然，茶馆与这些西方设施之间的差异也是十分明显的。近年研究西方历史的学者越来越多地关注公共生活，提供了新的角

---

[1] Scott Haine, *The World of the Paris Café: Sociability among the French Working Class, 1789-1914*, pp. 184-185; Perry Duis, *The Saloon: Public Drinking in Chicago and Boston, 1880-1920*, p. 49.

[2] Perry Duis, *The Saloon: Public Drinking in Chicago and Boston, 1880-1920*, pp. 49, 120-121. 像茶馆一样，美国的酒吧业也竞争激烈，例如一些酒吧甚至提供免费午饭以吸引顾客，但是"过度的开销经常造成酒吧破产"（Perry R. Duis, *The Saloon: Public Drinking in Chicago and Boston, 1880-1920*, p. 55）。

[3] Roy Rosenzweig, *Eight Hours for What We Will: Workers and Leisure in an Industrial City, 1870-1920*, p. 36; Perry R. Duis, *The Saloon: Public Drinking in Chicago and Boston, 1880-1920*, p. 49.

度去考察城市史和地方政治的演变。例如，在美国史方面，研究各种酒吧、酗酒问题和戒酒运动；而欧洲史方面的研究则揭示了小酒馆、咖啡馆等场所中的社会复杂关系。现有的研究给我们提供了一个参考框架，从中我们可以看到在不同世界和地区的人们怎样从事公共生活，怎样使用他们所建立的公共空间。中国茶馆的密度与美国的酒吧、法国的餐厅相比要小。从19世纪80年代到20世纪初，巴黎有四万多家公众饮酒和喝咖啡的地方以及餐厅。在1909年，伦敦有5860家这类地方，纽约有10821家。这即是说，在伦敦每1000人便有1个公共饮酒处，纽约有3.15处，巴黎有11.25处。[1] 同时期，成都是中国茶馆密度最高的城市，大约平均每1000人有1.5个茶馆，35万居民共有518个茶馆。[2]

公共空间与公共政治

讨论"公共"问题，不可避免地涉及J. 哈贝马斯关于"公共领域"（public sphere）的概念。这里，我所关心的并非这个概念是否可以用来分析近代中国社会，因为研究中国的学者们对这个问题已经进行了长期的辩论，我所要考察的是物质空间怎样演

---

[1] Scott Haine, *The World of the Paris Café: Sociability among the French Working Class, 1789-1914*, pp. 3-4, 153.

[2] Di Wang, *The Teahouse: Small Business, Everyday Culture, and Public Politics in Chengdu, 1900-1950*, pp. 29-35.

变成为一个社会空间，并赋予其政治的重要意义。哈贝马斯意识到，新饮料的出现改变了人们的生活方式。在 17 世纪中叶，茶、巧克力、咖啡日益流行，特别是被上层社会所广泛接受。在 18 世纪早期的伦敦，有三千多家咖啡馆，而且"都有自己固定的铁杆顾客"。这些咖啡馆给人们的活动提供了一个从私人领域到公共领域的场所。资产阶级的公共领域非常依靠像咖啡馆、酒吧等这样的公共空间，哈贝马斯相信，在这些地方"公共领域仍然在很大程度上存在于关闭的房间内"。事实上，哈贝马斯的"公共领域"并非总是一个社会和政治空间，其实有时也是指实实在在的物质空间。按他的说法，"私人领域和公共领域的界限直接从家里延伸。私人的个体从他们隐秘的住房跨出，进入沙龙的公共领域"。作为公共领域的沙龙事实上便坐落在私人之地，"在那里，资产阶级的户主和他们的妻子进行社交活动"。人们聚集在那里，"走出家族的、夫妻间的、封闭的传统的私人生活方式"。与沙龙不同，咖啡馆是对公众开放的，人们在这些地方追求自由，因此被视为"政治骚动的温床"。[1]

从"物质"的"公共领域"这个角度看，中国茶馆在公共生活中，扮演了与欧洲咖啡馆和美国酒吧类似的角色，中国茶馆也

---

[1] Jürgen Habermas, *The Structural Trans formation of the Public Sphere: An Inquiry into a Category of Bourgeois' Society*, pp. 32, 35, 45-46, 59. 最近关于咖啡馆的研究，见 Brian Cowan, *The Social Life of Coffee: The Emergence of the British Coffeehouse*。

是一个人们传播交流信息和表达意见的空间。研究西方酒馆、酒吧、咖啡馆的学者发现,这些地方不仅是一个喝酒或喝咖啡之地,而且是具有多功能的设施。在所有权形式、提供的服务、社会功能方面,茶馆与它们并无本质的不同。像茶馆一样,美国的酒吧也是一个复杂的公共空间,"涉及城市生活的各个方面"[1]。酒吧不仅提供酒和食品,而且提供住宿、帮助找工作,甚至作为政治集会之地,这些都是茶馆所具有的功能。[2] 此外,茶馆与咖啡馆也有诸多相同之处,正如社会学家 R. 桑内特(Richard Sennett)所指出的,咖啡馆是"讨论各种话题的地方",在那里"社会分层暂时消弭"。在那里,每个人都"有权利给另一个人讲话",并"参加任何讨论",无论他们是陌生人还是朋友。[3]

小酒馆、咖啡馆、餐厅、酒吧以及茶馆,提供了一个非常理想的观察公私关系的实体。在 18 世纪的欧洲城市,咖啡馆是主要的城市设施,人们在那里自由表达各种意见。18 世纪中期,餐厅兴起,那里成为陌生人聚集的地方。正如成都人在茶馆这个"舞台"上演出的"社会戏剧"中扮演着一个个的角色一样,桑内特所定义的"公众人"(public man)在欧洲的公共空间也是"作为一个演员"。[4] 例如在 18 世纪的巴黎,像小酒馆这样的饮

---

[1] Perry Duis, *The Saloon: Public Drinking in Chicago and Boston, 1880-1920*, p. 1.
[2] Robert Campbell, *Sit Down and Drink Your Beer: Regulating Vancouver's Beer Parlours, 1925-1954*, p. 4.
[3] Richard Sennett, *The Fall of Public Man: On the Social Psychology of Capitalism*, p. 81.
[4] Ibid., pp. 80, 107.

酒场所"处于公共和私有、工作和休闲的结合点"。[1]的确,只要一个人进入公共场所,无论是茶馆还是酒吧,他既观察别人,别人也观察他。另外,在晚清和民国时期,政府力图控制人们的公共活动,这也并非中国的独有现象。在美国城市,改良者也试图控制酒吧,通过颁发各种禁令来维持秩序,甚至设法关闭所有饮酒场所,但这些努力经常反映了阶级的歧视。[2]

一个私人的家居,在成都可以变为一个茶馆,在芝加哥或波士顿可变为一个酒吧。在那些地方,顾客们可以经常观察店主一家的生活,包括其饮食、习惯以及婚姻状况。在茶馆,公与私的空间经常难以划分,例如,茶客们可以一瞥茶馆主人卧室内的风光。根据中国传统,家里的年轻女人应该尽量避免与陌生男人接触,但是茶馆主人及其家庭成员几乎没有隐私可言,他们的家庭生活就暴露在茶客的眼皮底下,私事成为茶客饶舌的谈资。在这样一个茶馆中,当私人空间转变为半公共或公共空间时,个体的人成了一个"公众人"。另外,在茶馆中,其他顾客的私人事务也总是引起其他人的兴趣,成为"大家谈论"的话题。犹如酒吧"作为一个流言中心"的重要角色一样,茶馆也是一个人们谈论邻里的场所,哪家成员、亲戚或朋友发生

---

[1] Thomas Brennan, *Public Drinking and Popular Culture in Eighteenth-Century Paris*, p. 12.

[2] Roy Rosenzweig, *Eight Hours for What We Will: Workers and Leisure in an Industrial City, 1870-1920*, p. 117; Perry Duis, *The Saloon: Public Drinking in Chicago and Boston, 1880-1920*, p. 116.

什么事，都在议论之中。[1]在大多数情况下，茶客们并不十分在意别人刺探隐私，但有时饶舌也可以引发冲突。

我们应该意识到，公共生活中的公的领域和私的领域并不是截然划分的，在茶馆和餐馆都可以找到适当的例子。在中国，茶馆经常与餐馆相提并论，它们的生意也多有关联之处。但是，餐馆在西方扮演什么角色？正如我们所提到的，P.杜伊斯（Perry Duis）把酒吧视为一个私人所有而为公众服务的空间，我在《茶馆》第1卷中也讨论过私人的居住空间与公共的茶座之间也就只隔着一个帘子，主人和其家属进进出出，私人生活暴露在茶客面前，便把公私界限弄得更加模糊。在巴黎的饭馆中，公私关系也是不断转化的。R.斯潘（Rebecca Spang）对作为"18世纪公共生活的新场所"的饭馆进行过研究，认为饭馆是"一个公共的私有空间"，既为那些"想在公共空间进餐"的人、亦为那些"想在私人空间吃饭"的人服务。因此，"公"和"私"这两个词都适用于餐馆，如她所归纳的：饭馆"提供了具有隐私的个人现身公共空间的可能性"。饭馆经常是"一些私人餐桌（或房间）上有一个公共屋顶"，如果说饭馆的门对大家开放，"雅座和指定的桌子和座位却不再是属于每一个人"。结果，一个人可以进入饭馆，但是"一旦坐在桌子旁，这个人便只面对他自己的世界"。斯潘指出："公共空间的现代发展并非必然与公共领域的扩张一

---

[1] Perry Duis, *The Saloon: Public Drinking in Chicago and Boston, 1880-1920*, p. 141.

致：城市的空间和政治卷入从来都不是很吻合的。"[1]这里，斯潘提供了一个很好的分析框架，在饭馆中的公和私的界限是一个变量，房间是公共的，为大家所分享；桌子却是隐私的，为个人所利用。

与巴黎饭馆相较，成都茶馆却有着不同的公私关系模式，其整个空间和桌子都是公共的。在茶馆里，桌椅都是可以移动的，可以单独组合。桌子对茶客来说没有提供任何隐私，他们可以倾听或加入旁边另一桌人的谈话，而不会被认为侵入了他人的隐私。还有，在巴黎的饭馆里，一旦一张桌子有人使用，哪怕只有一个人，也不会再安排其他顾客就座，也即是表明那个顾客已经划定了自己隐私的范围。但在茶馆，桌旁的每个座位都要填满，而不论他们是否互相认识，每个顾客可以只有方桌的一边，甚至一只角。在拥挤的茶馆里，一张方桌可供四到六个顾客使用，而且他们经常互不相干。茶客们并不因此感到不舒服，大家很自然地一同聊天。如果在一个茶馆里，一个顾客独坐反而会引起其他茶客的注意，觉得这个人好生奇怪。在茶馆里，如果一个人被其他人看来是"不合群"，那么也就是被划入了异类，这种茶客往往迟早会脱离这个茶馆，而寻求另一个他更容易融入的新场所。

虽然茶馆与在西方的咖啡馆、餐厅、酒吧等类似，都是地方政治的一个舞台，但它们的表现也不尽相同。在美国城市，酒吧

---

[1] Rebecca Spang, *The Invention of the Restaurant: Paris and Modern Gastronomic Culture*, pp. 85-87.

是一个展示"街沿政治"（sidewalk-level politics）的场所。[1]它们像茶馆一样与政治联系在一起，如 P. 杜伊斯指出的，"在吧台后面的男人象征着美国城市政治的时代"，他们是"酒吧主政治家"（saloonkeeper-politician），同"茶馆政治家"有异曲同工之妙。此外，酒吧还可以作为打听各种闲话和政治新闻的"一个天然的场所"，酒吧老板成为"沟通的中心"。[2]早期近代伦敦和巴黎的咖啡馆被认为是"信息中心"（information centers），而法国的酒馆则成为"一个地方政治的论坛"。在美国，酒吧经理人积极参与地方政治，有的成为城市议会成员，还有不少工匠和小业主在市政管理中扮演角色，这显示出当时美国社会支持一般市民介入城市事务。早期工会寻找聚会的地方有困难，酒吧经常给工会提供活动场所，有的甚至成为"工会正式的大本营"。作为一种社会设施，酒吧帮助弥合"由于族群分野造成的劳工运动内部的分离"。一些酒吧经营者在社区政治中变得非常活跃，甚至把他们的酒吧免费提供给社会组织集会。工人们可以使用其街邻酒吧组成政治俱乐部，组织政治活动。当罢工发生，酒吧还可以被用作总指挥部。在19世纪的巴黎，餐厅帮助工人运动发展，其经营者在工人组织发展过程中

---

[1] Stephen G. Jones, *Workers at Play: A Social and Economic History of Leisure, 1918-1939*, p. 164; Perry R. Duis, *The Saloon: Public Drinking in Chicago and Boston, 1880-1920*, p. 127.

[2] Perry Duis, *The Saloon: Public Drinking in Chicago and Boston, 1880-1920*, pp. 126, 141-142.

扮演了"关键的角色"。[1]如果说美国城市的酒吧老板和巴黎餐厅的店主积极卷入地方政治,那么茶馆老板则尽量远离政治,这从另外一个角度反映出中西方公共空间所扮演的相同和不同的角色。

公共空间中的性别和族群歧视

美国的酒吧与中国的茶馆一样,有着性别和族群的歧视。19世纪末的美国城市,妇女可以出现在舞厅、饭馆以及其他公共场所,她们可以买酒,与男人共饮、跳舞,不过这也引起社会改良者的担心。[2]19世纪北美的酒吧基本上还是一个男人的世界,也颁布了限制妇女的规章,因为"男人把酒馆限定为既是公共空间,但又不受妇女在场拘束的场所"[3]。即使大多数男性工人都

---

[1] Richard Sennett, *The Fall of Public Man*: *On the Social Psychology of Capitalism*, p. 81; Thomas Brennan, *Public Drinking and Popular Culture in Eighteenth-Century Paris*, p. 8; Perry Duis, *The Saloon*: *Public Drinking in Chicago and Boston*, *1880-1920*, pp. 136, 178-79; Madelon Powers, *Faces along the Bar*: *Lore and Order in the Workingman's Saloon*, *1870-1920*, p. 65; Scott W. Haine, *The World of the Paris Café*: *Sociability among the French Working Class*, *1789-1914*, p. 215.

[2] Catherine Gilbert Murdock, *Domesticating Drink*: *Women*, *Men*, *and Alcohol in America*, *1870-1940*, p. 77.

[3] Catherine Gilbert Murdock, *Domesticating Drink*: *Women*, *Men*, *and Alcohol in America*, *1870-1940*, p. 8; Lewis A. Erenberg, *Steppin' Out*: *New York Nightlife and the Trans\formation of American Culture*, *1890-1930*, p. 5; Robert. Campbell, *Sit Down and Drink Your Beer*: *Regulating Vancouver's Beer Parlours*, *1925-1954*, pp. 5, 7, 129.

认为酒吧是"男性的空间",有的工人阶级妇女也去酒吧。一些男人去酒吧"就是为了躲避妻子",虽然"有的也把妻子带到酒吧"。[1] 芝加哥的市议会在 1897 年颁发了禁止女工进入酒吧的禁令。所以 R. 罗森兹维格（Roy Rosenzweig）写道:"酒吧作为休闲空间的逐渐出现,很明显地与家分离开来,这样工人有一个更舒服和有吸引力的地方度过他们的空闲时间。"不过,大多数劳动妇女"并没有享受到这个工人生活的适当改进"。[2] 20 世纪初的成都妇女与早期近代的美国妇女有类似经历,当然,美国城市的妇女宣称她们在公共空间的权利比成都妇女要早得多。成都到了 20 世纪 20 年代,男人独享的世界才开始动摇,妇女逐渐开始追求公共生活的平等待遇。

不过,巴黎的情况不同,工人阶级妇女可以经常光顾餐厅,甚至"她们可以单独去",那里成为"男女交往的主要地方之一"。1789 年法国革命"把妇女带进餐厅达到史无前例的程度"。妇女越来越多地参加政治运动,在餐厅生活中扮演一个角色,巴黎公社标志着"妇女参加餐厅政治（café politics）的

---

[1] Madelon Powers, *Faces along the Bar: Lore and Order in the Workingman's Saloon*, 1870-1920, pp. 46-47.

[2] Roy Rosenzweig, *Eight Hours for What We Will: Workers and Leisure in an Industrial City*, 1870-1920, pp. 36, 45; Perry Duis, *The Saloon: Public Drinking in Chicago and Boston*, 1880-1920, p. 49. 在餐厅里,一些妓女利用"男女混杂",在那里做皮肉生意（Scott Haine, *The World of the Paris Café: Sociability among the French Working Class*, 1789-1914, p. 190）。

高潮"。[1]不过在法国,酒馆(tavern)的情况与餐厅不同,那里基本上是男人的领域,公开的饮酒活动,使男人形成了"一个基本的共同体",在那里人们"创造了他们的团结和重申他们的价值"。酒馆特别为工人阶级所青睐,因为那里"出售空间和自由"。与美国的酒吧一样,酒馆也"给男人逃避妻子"和工作之余的"休闲和娱乐"提供场所,是一个他们会友、寻乐、放松的地方,"在朋友、同事、竞争对手以及同伙的各种网络中,把男人们聚在一起"。[2]

不过,虽然东西方的公共空间和公共生活存在许多相同之处,但毕竟由于生态、环境、地理、经济、文化、政治的不同背景,因此也有诸多差异。例如,中国饮茶文化的发展与英国不同,在茶被介绍到英国之前,中产阶级家庭一般在家以酒招待客人和朋友,但是随后茶逐渐在这类场合取代了酒。[3]然而英国和其他西方国家的饮茶习惯都没有发展出像饮酒的酒吧和喝咖啡的咖啡馆那样的公共场所。西方城市的人们较之中国人在娱乐方面有更多的选择,诸如沙龙聚会、经营花园、打保龄球、舞厅跳

---

[1] Scott Haine, *The World of the Paris Café: Sociability among the French Working Class, 1789-1914*, pp. 179, 200.

[2] Thomas Brennan, *Public Drinking and Popular Culture in Eighteenth-Century Paris*, pp. 7-8.

[3] James Walvin, *Fruits of Empire: Exotic Produce and British Taste, 1660-1800*, pp. 11-12; Alan Macfarlane and Iris Macfarlane, *The Empire of Tea: The Remarkable History of the Plant That Took over the World*, p. 82.

舞、溜冰打球、听音乐会、参加演讲、开读书会等。尽管有许多选择，"作为工人阶级的社会中心来说，可能只有教堂和家可以与酒吧抗争"。但是 R. 罗森兹维格（Roy Rosenzweig）指出，"对许多人来说，喝酒是他们日益增加的、虽然仍然是有限的休闲生活的重要部分。毫不奇怪，喝酒解闷是过去工作时间的重要部分，现在却在休闲时间扮演主角了"[1]。而在成都，市民缺乏其他公共生活的空间，与西方人与餐厅、酒吧、咖啡馆的关系相比，成都人对茶馆有更强的依赖。

相比起来，中国的妇女比西方妇女在公共场所遭到更多的限制。在西方，男人到酒吧，而"女工到剧场看演唱则非常流行"。在 19 世纪末，随着电影的兴起，"女观众也蜂拥而至"。在美国，酒吧吸引许多小孩，因此酒成为对城市小孩"最大的威胁之一"。[2] 在中国，尽管小孩经常出现在成都茶馆里，听讲评书，看曲艺和地方戏，虽然也有人抱怨影响了小孩的学习，但这从来没有成为一个令人头痛的社会问题。而中国的公共空间对妇女的控制更严于小孩，这恰好与西方相反。在美国女招待亦有很长历史，虽然"这不一定总是妇女最主要的行业"，但在 1900 年，10

---

[1] Roy Rosenzweig, *Eight Hours for What We Will*: *Workers and Leisure in an Industrial City*, 1870-1920, pp. 40, 56.

[2] Kathy Peiss, *Cheap Amusements*: *Working Women and Leisure in Turn-of-the-Century New York*, pp. 140, 142; Perry Duis, *The Saloon*: *Public Drinking in Chicago and Boston*, 1880-1920, p. 101.

万个餐馆端盘子的服务员中,三分之一是妇女。[1]

这些公共空间的中心人物——吧台酒师和茶馆堂倌,在中西方是不同的。吧台酒师一般在酒柜前为顾客服务,他可以一边工作,一边与顾客交谈。但堂倌必须在茶馆里不断地移动,为顾客掺茶,因此不能停留在一个地方与顾客聊天。正如我在《茶馆》一书中所描述的,茶博士一面向刚进门的顾客打招呼,客套几句,一面献上茶,其后便很快离开为其他顾客服务。由于他们的工作性质要求节奏快,因此堂倌可以是一个掺茶好手,但很难是一个好的听众。而且,吧台酒师和茶馆堂倌的社会地位也不同。对前者来说,加入顾客的谈话是很自然随意的,针对不同顾客的需要和心境,他们还经常扮演同情者、安慰者、开导者、支持者、批评者等各种不同的角色。但对后者来说,虽然顾客并不在意他对大家正谈论的问题作几句评论,但也并不期望他真正参加大家的讨论或提供他对这个问题的看法。

当然,西方的小酒馆、咖啡馆、餐厅、酒吧也各不相同,取决于地方和时代的不同;同时,不同国家和时期也有很大区别。虽然它们是茶馆在西方的对应者,但它们自己也并非千篇一律。我也并不试图将茶馆分别与这些公共空间进行系统比较。但是,上述在中国史和西方史不同语境中的简短对比,可以使我们对茶

---

[1] Dorothy Sue Cobble, *Dishing It Out: Waitresses and Their Unions in the Twentieth Century*, pp. 2-3.

馆和茶馆生活有更深刻的了解。我指出中西方公共生活的许多相似之处,想强调的不过是:中西间的区别也许并非我们想象得那么巨大,特别是在公共生活方面。关于中国与西方不同的研究和论述汗牛充栋,但我们也应该仔细考察它们的相似之处。毫无疑问,相比美国工人阶级的酒吧文化(saloon culture)在20世纪经历一个"长期、缓慢的死亡"过程,[1]中国的茶馆文化却坚韧得多。在整个20世纪,当面对日益强化的政治、经济的挑战,茶馆在成都不仅幸存下来,而且在20世纪最后的十年,更是达到了史无前例的繁荣。[2]

改革开放与公共空间的复兴

"文革"后期,人们对"四人帮"终于忍无可忍,开始在公共场合中表达对他们的不满。这种愤懑,在1976年清明节纪念周恩来的活动中达到顶峰。这种民意也是导致"四人帮"覆没的重要原因之一。不久之后,邓小平复出,开始实行改革开放,推动市场经济发展,鼓励对外贸易。在这种政治环境下,茶馆和公共生活迎来了重生。此外,随着茶馆的复兴,依靠茶馆为生的民

---

[1] Perry Duis, *The Saloon: Public Drinking in Chicago and Boston, 1880-1920*, p. 274.
[2] 虽然成都茶馆在20世纪50—70年代由于政治原因,经历了一个衰落时代,但随着改革开放,茶馆很快复苏。我在关于成都茶馆的第2卷研究中讨论了这个问题。

间艺人也获得了一定的自由。

在贺麦晓（Michel Hockx）与茱莉（Julia Strauss）关于改革开放后中国市场化的研究中，发现"市场逐渐取代了"过去由党和国家所扮演的某些角色，其中，最突出的变化是，"中国快速发展的市场经济，促进了以消费和利润为导向的文化的兴起与发展"。[1]在成都，也可以看到相同的趋势。随着市场的开放，社会主义国家允许私有商业发展，促进了经济与公共生活的复兴，茶馆也因此得以恢复。改革开放给了茶馆喘息的空间，其犹如干燥土壤中的种子，有了适当的温度和水分，便会复苏。在改革开放时代，茶馆再次成为各行各业的人们所聚集的场所，他们在茶馆中社交，享受闲暇时光。此时，老年人依旧是街角茶铺的主要顾客，但是中高档的茶楼，却几乎是时髦的中青年人的天下。

显然，由于改革开放，茶馆所承受的政治负担明显减少。人们可以自由地开设茶馆，自己决定价格、服务种类和营业时间，自由雇用或解雇职员，因此，茶馆的数量也大大地超过了民国时期。尽管如此，我们并不能说国家完全采取了自由放任的政策。一个茶馆经营者需要获得各种许可方可开店，如营业执照、卫生许可证、税务登记证等。

此外，改革开放时期的茶馆与过去的茶馆相比，在诸多方

---

[1] Michel Hockx and Julia Strauss, "Introduction." *China Quarterly*, no. 183(2005), p. 526.

面,例如从外观到运营方式以及所提供的服务,皆有所不同。同时,茶馆的类型比过去更多。其中与民国时期的茶馆最不同的方面,即茶馆不再有同业公会对行业的规模进行管理,其结果是茶馆数量的迅猛增长,因此也导致市场竞争更为激烈。与过去一样,新时期的茶馆也为许多下层民众提供了生计。一些过去依赖茶馆的营生,如算命、挖耳、擦鞋和小贩等,现在也得以重返茶馆,并且队伍日益壮大。另一个显著的改变是,女性开始进入到像算命、挖耳这些过去由男人占领的传统行业中。对妇女的约束与限制逐渐减少,女性地位的提升,是人们思想开放的结果,也反映了社会的进步。但传统的习惯与思维,也并非可以完全消除的,茶馆对雇用女性,依旧在年龄与外表上持有相当的偏见。

公共领域与民间社会

公共空间和公共生活是地方文化的重要载体,它们作为社会与政治活动的舞台,在城市生活中扮演着中心的角色,是国家与社会生活的重要领域。在欧洲与美国的历史上,公共关系和民间社会是一个重要的话题。在 20 世纪 80 年代末 90 年代初,冉枚烁、罗威廉和史谦德便用"公共领域"(public sphere)这个概念来研究中国自晚清以来的社会转型。这个词的使用引起了很大的争议,一些学者认为哈贝马斯的"公共领域"概念并不适用于中国。[1]在《街头文化》一书中，我主要关注的是公共空间是如何演变为社会的和政治的空间，以及怎样在地方政治中扮演重要角色的。[2]在《茶馆》第1卷中，我进一步指出，哈贝马斯的"公共领域"并不只是与国家对立的社会和政治力量，也是一种实际存在的物质空间。当人们离开他们的私人领域（经常指他们的家），便进入到公共领域之中。从物质公共领域的角度来看，茶馆与美国的酒吧、欧洲的咖啡馆扮演着类似的角色。在民国时期的成都，茶馆是解决纠纷的场所，因此国家的司法权也被社会基层所分解，这个所谓的"最民主的法庭"（尽管这个词有些理想

---

[1] Mary Rankin, *Elite Activism and Political Transformation in China: Zhejiang Province, 1865-1911*; Mary Rankin, "The Origins of a Chinese Public Sphere: Local Elites and Community Affairs in the Late Imperial Period," *Etudes Chinoises*, no. 2 (1990), pp. 14-60; William Rowe, *Hankow: Conflict and Community in a Chinese City, 1796-1895*; William Rowe, "The Public Sphere in Modern China," *Modern China*, no. 3 (1990), pp. 309-329; David Strand, *Rickshaw Beijing: City People and Politics in the 1920s*; Jürgen Habermas, *The Structural Transformation of the Public Sphere: An Inquiry into a Category of Bourgeois Society*; Philip C. C. Huang, "'Public Sphere' / 'Civil Society' in China? The Third Realm between State and Society," *Modern China*, no. 2 (1993), pp. 216-240; Frederic Jr, Wakeman, "The Civil Society and Public Sphere Debate: Western Reflections on Chinese Political Culture," *Modern China*, no. 2 (1993), pp. 108-138; Heath Chamberlain, "On the Search for Civil Society in China," *Modern China*, no. 2 (1993), pp. 199-215; Timothy Brook and Michael Frolic, *Civil Society in China*.

[2] Di Wang, *Street Culture in Chengdu: Public Space, Urban Commoners, and Local Politics, 1870-1930*, chaps. 6 and 7.

化)发挥着稳定社会的作用。[1]现在我们已经很清楚,关键的问题不在于是否可以使用"公共领域"这个概念来研究现代中国,而是如何定义这个概念以适应独特的中国语境。因此探讨"公共领域"如何作用于民间社会,概念的内涵和外延是十分重要的。

我们可以把同业公会看作是公共领域的一种形式或因素。例如,国家对旧行业公会的改造,导致了新茶社业公会的出现。而中共对传统的社会经济组织同业公会,采取了先改造,然后逐步边缘化,最后让其消弭的政策。早期社会主义时代,新茶社业公会放弃其以往的角色,成为政府在茶馆业里的一个代理部门。行会有着悠久的历史,扮演着行业与国家之间中介的角色,在社会中发挥着重要的影响力。因此,政府从改造同业公会开始。

《茶馆》第2卷关注的是商业乃至各种自发的社会组织的回归。改革开放之后,随着经济的扩张,商业和消费文化的兴起,中产阶级迅速崛起,茶馆作为一种充满活力的公共空间,对公共生活和公共领域的回归和发展,发挥了重要作用。在20世纪80和90年代,出现了各种自发的组织,包括经济、行业、老年人、宗族和宗教协会,等等。这些组织的出现,使人们过去一切依靠国家的观念发生了很大的变化,人们发现依靠社会关系纽带、群体组织,要直接得多,特别是在社会和精神生活方面。这或许就是"社会"缓慢回归的显著标志。

---

[1] Di Wang, *The Teahouse: Small Business, Everyday Culture, and Public Politics in Chengdu, 1900-1950*, pp. 254-255.

在这个时期,茶馆得以迅速地恢复乃至蓬勃地发展。在民国时期,茶社业公会控制着茶馆的数量。但现在,随着改革开放的不断深入,人们可以自由开设茶馆。随着竞争的加剧,出现了各种类型的茶馆,并且顾客盈门,这表明公共生活真正地恢复了。低档和高端的茶馆,都促进了公共领域的繁荣。企业经营者、顾客、中产阶级(包括受过良好教育的知识分子)等皆因此受益。生意人要求经济自主化,顾客追求轻松的空间,知识分子渴望公共空间中的自由表达,我们必须承认这都促使形成了更强大的公共领域。在这种新型的社会环境中,人们经常讨论自身的生活,包括各种社会话题,城市、国家乃至国际的新闻热点。改革开放时代的人们,对于在公共空间中谈论政治,感觉自由多了。这种相对宽松的社会环境,无疑将加速公共领域的发展。

但是魏斐德(Frederic Wakeman)不认可"自1900年来的不断扩张的公共领域",可能形成了"对抗国家的公民权利"的说法。[1]然而,冉枚烁和罗威廉对公共领域的兴起,则持有更积极的观点。如冉枚烁在关于晚清中国公共领域的研究中所指出的,"民间社会一直是西方政治理论的重要主题",但公共领域这个概念本身,"并不是很契合西方的政治理论或是历史文献,而是更适用于17世纪早期以后的其他地区"。[2]在她看来,"公共

---

[1] Frederic Wakeman, "The Civil Society and Public Sphere Debate: Western Reflections on Chinese Political Culture," *Modern China*, no. 2(1993), p. 133.
[2] Mary Rankin, "Some Observations on a Chinese Public Sphere," *Modern China*, no. 2(1993), p. 159.

领域"的概念虽来自西方,但却适用于中国。罗威廉注意到诸如茶馆、酒馆这样的场所,是公众观点阐发的集中地,他写道,"尽管别人不这样认为,但我深信这样的现象也存在于晚清。中国城市中的茶馆和酒馆便是如此的场所,它们至少都促进了人们对于公共话题的辩论,类似于早期现代欧洲咖啡馆"[1]。我于2008年出版了英文版《茶馆》第1卷,从公共空间、公共生活、公共政治的角度,进一步推动对这一问题的讨论,我相信我已提供了充分的证据来证明20世纪中国的公共领域是在不断地发展的。

与历史学家相比较,那些研究改革开放时代的政治学家和社会学家,更喜欢用"公共领域"这个词。正如R. 克劳斯(Richard Kraus)所说的,他相信"所有的社会都存在着公共领域";但一些更为谨慎的学者认为,虽然"民间社会和公共领域是两个不同的概念,但它们经常被捆绑在一起"。[2]学者们已经关注到,公共空间在当代中国,是如何影响"公共领域"这个概念的。当然,"城市公共空间",不仅仅包括街道、公共广场、公园、剧院、咖啡馆、茶馆等,也包括公共场所永久性的建筑,如

---

[1] 罗威廉指出,由于"对明清时期的这些机构缺乏详细的研究",所以他只能"在20世纪早期的文学描写中了解这些机构,如老舍的《茶馆》,鲁迅的《在酒楼上》"。[William Rowe, "The Problem of 'Civil Society' in Late Imperial China," *Modern China* no. 2(1993), p. 146]。

[2] Richard Kraus, "Public Monuments and Private Pleasures in the Parks of Nanjing: A Tango in the Ruins of the Ming Emperor's Palace," in Deborah Davis, *The Consumer Revolution in Urban China*, pp. 288-289.

纪念碑、雕塑、壁画和其他艺术，它们"为讨论中国的'公共领域'这个棘手的问题提供了一个途径"。因此，可以认为改革开放后的宽松政策、新的公共生活的机会，以及新商业和消费文化的发展，促进了公共领域的形成和发展。此外，研究中国的西方政治学和社会学家，还喜欢用"民间社会"（civil society）这个词。罗德明（Lowell Dittmer）和郭良平（Lance Gore）指出，"市场化对政治的影响是建立了市场文化"，从而形成了"更自主的民间社会的基础，最终可能出现一个更加多元的、善于自省的政体"。[1]尽管一些学者认为，"民间社会"的概念是否可以用在1949年以后，甚至改革开放时期，都"极富争议"，但公共领域的概念似乎"少一些分歧"。其实，我们可以看到，改革开放以后各种社团兴起，有的甚至以社会批判为己任，这些都是民间社会的强大催化剂。[2]

在20世纪90年代早期，社会学家赵文词（Richard Madsen）发现，"由于过去十年的改革，中国社会的一些团体有的出现，有的恢复，至少有部分国家控制之外的自治权"，其中包括商业、行业、老年、宗族等协会。实际上，在赵文词文章发表以来的大概15年间，这些协会越来越多地显示了民间社会中的

---

[1] Lowell Dittmer and Lance Gore, "China Builds a Market Culture," *East Asia*, vol. 19, no. 3 (2001), p. 41.

[2] Dorothy Solinger, *Contesting Citizenship in Urban China: Peasant Migrants, the State, and the Logic of the Market*, pp. 284-286.

自治化因素。赵认为,"最终导致建立了一个民主的公共领域",虽然这并不一定"要建立西化的自由民主"。不过,赵文词建议我们对现实的社会要进行更具体的研究,而不是依靠一些成见。他特别提到了和本书有关的一个例子:尽管哈贝马斯指出"咖啡馆在18世纪英国资产阶级公共领域的发展中起了重要的作用",但是我们并不能假设"茶馆在中国也扮演了同样重要的角色"。我对茶馆和公共生活的研究,便是按照赵文词所说的,要力图"找到促进民主的公共领域、导致民间社会发展的正确量度"。[1]我的个案研究表明,茶馆确实发挥了与欧洲的咖啡馆类似的功能。

新的民间社会将走向何方?互联网可能是一个答案。我们已经建立了现代茶馆以及其他公共场所,在那里开展着各种社会和政治活动:人们可以在那里自由地聚会、阅读、办讲座、讨论政治和社会问题等。但是在当今社会,互联网已经成为以上各种活动的信息发布和意见的主要出口。与茶馆不同的是,这些活动虽然经常表达民意或公众舆论(public opnions),但却是可以在私密空间进行,因此出现了在私人空间展开公共活动这样的新形式。互联网是一个虚拟的空间,但确确实实地已经演变成为公共空间,虽然这是一种特殊的形式。我们可以看到,互联网的活力

---

[1] Richard Madsen, "The Public Sphere, Civil Society and Moral Community: A Research Agenda for Contemporary China Studies," *Modern China*, no. 2(1993), p. 190.

和茶馆类似,也是一个舆论的发布和聚集地。博客、QQ、微信等交流工具的流行,是民众表达意见的新方式。最终,随着公共生活越来越具有活力,将没有任何力量可以阻止公共领域的继续扩张。

结论　中国城市史研究和中国城市的未来

现在人们的生活以城市为中心,但我们要问：这个城市到底是谁的城市？其实芒福德早就提出来过,城市应该是城市市民的城市,而且城市人要有尊严地享受自己的幸福生活。享受城市的幸福生活,就是要回归城市的多元化、多样化和丰富的文化。

在我关于中国城市的研究中，没有对 20 世纪初以来的现代化的城市重建给予多少的溢美之词。其实现代化带给人们的积极结果所论甚多，我 1993 年在中华书局出版的《跨出封闭的世界》，对现代化也是赞誉有加。但是这些年来，我力图把人们注目的焦点从精英转向民众，从沿海转向内地。另外，过去有关社会变化的研究总是以精英为出发点，那么换一个角度——从民众的角度来观察现代化和城市变革，来考察公共空间、下层民众、大众文化和地方政治的关系，也是十分必要的。此外，对下层民众的考察，也可以帮助我们理解许多现实的问题。

柯布西耶、芒福德和雅各布斯
——发展现代城市的三种理念

关于怎样建设现代城市，有各种不同的看法，我认为最有代表性的可能是柯布西耶、芒福德和雅各布斯三位巨匠了。他们分别从不同的角度来看城市的发展，他们提出来的思路，从不同的角度对我们理解现代城市的发展，引起我们的反思，或者不同程度的启发。

法国城市规划家柯布西耶是极端现代主义城市设计的代表人物，耶鲁大学人类学和政治学家詹姆斯·斯科特在《国家的视角》中指出他是一个"野心勃勃的幻想设计家"。他曾为巴黎、阿尔及尔、圣保罗、里约热内卢、布宜诺斯艾利斯、斯德哥尔摩、日内瓦、巴塞罗那等城市设想过规划项目。斯科特指出，柯布西耶是大型的、机器时代、垂直等级的极端表现。柯布西耶在其《光辉城市》中全面地表达了他"大是美的"的城市构想，哪怕是与原有的城市不协调，甚至新规划完全取代原有的城市也在所不惜。他做的设计就是为了达到形式上强有力的视觉冲击。他做规划都不参考城市自己的历史和传统，他甚至不关心建筑所在地点的美学特征。

斯科特对柯布西耶的城市建设理念进行了严厉的批评，柯布西耶给自己确定的任务就是发明一个理想的工业城市，进行严格的功能划分。例如人行道和机动车道，以及快速道和慢速道被严格区别。如果一个城市区域只有一个功能，那么这种设计是很容易的，但是问题在于城市功能的复杂性[1]。我在美国居住的大学城（college station），可以说是这个理念实践的结果。在这个住

---

[1] James C. Scott, *Seeing Like a State: How Certain Schemes to Improve the Human Condition Have Failed*.

宅区，没有任何商业设施，买一杯咖啡也得开车出去。而且，城市管理者也不允许在住宅区开设任何商业设施，也不准将住宅的房转化为商用目的。

与柯布西耶试图发展宏大城市的目标不同，美国思想家芒福德（Lewis Mumford）反对城市的无限扩张。芒福德有两部关于城市文明的里程碑式的著作，即《城市的文化》（1938年）和《历史的城市》（1961年）。[1]重读芒福德的经典著作，发现他在许多城市问题上的前瞻性，可以引起我们对现代中国城市的发展及其模式的很多思考。他指出，城市是有生命的，也有出生到死亡的过程。他在半个多世纪前所发现的城市弊病，对我们仍然有着警示作用，我们今天城市发展过程中仍然犯着同样的错误。为什么我们不能从这些伟大的学者早就发现的问题中吸取教训，尽可能避免犯同样的错误呢？

现在人们的生活以城市为中心，但我们要问：这个城市到底是谁的城市？其实芒福德早就提出来过，城市应该是城市市民的城市，而且城市人要有尊严地享受自己的幸福生活。享受城市的幸福生活，就是要回归城市的多元化、多样化和丰富的文化。但是在中国，城市是城市管理者的城市，一切都是按照他们的意志为转移的。过去的中国城市是基于不同的地理、人文和环境发展起来的，城市具有多样性，在不同的城市，能够看到不同的城市

---

[1] Lewis Mumford, *The Culture of Cities*; *The City in History: Its Origins, Its Transformations, and Its Prospects*.

面貌、生活方式、文化传统。但我们今天从南到北，从东到西，看到一个个城市越来越趋于雷同。无论是从城市的空间结构来讲，还是从城市的文化来讲，都是这样。比如，城市里都有音乐喷泉，不管是杭州还是西安；城市都有广场，不管是大连还是重庆。原来由于地理、人文、环境而发展起来的城市多元化、多样性现在消失了，甚至城市本身也变得越来越呆板，千篇一律。

芒福德把希腊和罗马视为城市发展的两种模式，认为希腊这种以文化渊源著称的城市才是理想的城市，代表"美好生活"；雅典是"大脑文化"，先有城，后有城墙，文化是它的生命。与此相反，罗马却是掠夺性的，控制数百纳贡城镇，先筑城墙，后有城市。从希腊城市到罗马城市是一个巨大的倒退。罗马的城市是通过军事和政治力量的外来"输血"发展起来的，不是依靠本身的生命动力。芒福德在《历史的城市》中对罗马城市进行了系统论述，不仅再现了希腊文明在罗马时代走向衰落的历史过程，也为我们研究当代大城市发展问题提供了重要理论框架。罗马城市"死亡"的根源，就是城市发展最重要的各种共生关系的破坏，罗马城市在物质上的过度扩张，文化上的日益衰败，终因"精神实质的消失"而走向死亡。因此，一个城市无论怎样强大和富有，如果丧失了精神本质就会走向衰亡。不过可惜的是，近代大城市的发展大多是按照罗马城市这个道路来走的，虽然罗马城市本身消亡了，但这种模式却发展了。

芒福德指出，城市就如一个有机体，为什么城市有生命？

因为城市有文化,"文化是城市的血脉"。但我们把城市弄成了水泥的世界。几年前,美国出了一本关于中国城市发展的专著,书名就叫《钢筋水泥龙》,书中描绘中国的城市到处都在大拆大建,毫无疑问其在最近二三十年用了世界上最多的建筑材料。[1]他认为,城市的生命并不在于有多大规模,居民有多少,经济力量有多大,而在于城市的文化内涵。都市化进程以"大都市"与"城市群"为中心,芒福德看到,城市规模越大,就越拥挤。人们在上下班高峰时间花几十分钟以至几小时在路上,路途劳累,筋疲力尽;交通系统愈发达,人们在城市中行走的时间就越长,因为居住和工作场所越来越远;房屋越修越多,但普通居民的住宅越来越缺乏,因为源源不断的人进入大城市;大城市硬体建筑越高越多,个体之间的交流就越来越少,因为高楼把他们彼此隔离。

芒福德在《历史的城市》中提到,过去的城市有喷泉,在中世纪欧洲城市到处都能看到,那里就是人们社交的地方。犹如过去每个中国城市都有井,居民在那里取水,在那里洗菜、洗衣服等,即使后来自来水发展起来了,像过去上海里弄、北京四合院、成都大杂院等,大家依然共用一个自来水龙头,交往十分频繁。但现在高层建筑的发展,使邻里交流空间一步步失去了,人们之间越来越缺乏往来,哪怕你我住在同一个单元,甚至是门对

---

[1] Thomas Campanella, *The Concrete Dragon: China's Urban Revolution and What It Means for the World*.

门的邻居，住了多年也互不认识。但过去住在里弄，住大院，这种频繁交往的方式，就是文化，就是日常生活，就是城市的血脉，但是现在这个血脉被打断了。

此外，芒福德还提出了城市生态的概念。过去，城市与乡村联系紧密，村庄、城堡、教堂、市场等，都是人们活动的场所。人们在日常生活中相互协作，使得居民和城市空间的自然联系非常紧密。但现在城市却打断了这种联系，现代城市在很大程度上完全与乡村社会隔离开来，彻底遗弃了城市的文化灵魂。同时，一个城市的水资源和排水系统犹如一个人的内循环一样，一旦出了问题，人就要生病。一个城市除了供水系统，还必须有良好的排水系统，否则就是不健全的。我们都还记得，若干年前，北京城许多地方被暴雨所淹的情况。通过那场暴雨，我们发现我们的大城市竟然是如此脆弱。

现代化和工业化破坏了城市的有机体，使有些城市开始走向死亡。芒福德提出城市发展的六个阶段，即"原始城市"（村落）、"城邦"（村落的集合）、"大城市"（重要城市的出现）、"大城市区"（衰落的开始）、"专制城市"（城市系统过度膨胀）和"死亡之城"（城市被废弃）。按照这个划分，中国现在超大城市的发展已经达到了第五个阶段。第六个阶段"死亡之城"有点危言耸听，芒福德是指古罗马经历战争和疾病而毁灭，中国城市应该不会按这个方向走向死亡，但可能以另外的方式走向衰落。例如，中国城市的交通、供水和垃圾等问题，可能使城市变得不适于居住。有些城市因为资源的枯竭而走向死亡，比如玉门，现在油田枯竭之后，人们大量离开这个城市，城市开始走向荒败。另外，现在不少中国城市是靠房地产发展起来的，一栋接一栋的高楼，虽然卖出去了，但一到晚上基本是黑的，没有社区生活，没有人气的城市，其实就是死城，也就是我们常说的"鬼城"。

此外，现代中国的城市，特别是大城市，已经成为汽车的世界。由于汽车的增多，许多城市把原来的小街小巷拆除，让位于交通大道。这个模式对城市化的影响体现在两个方面：一是形成郊区，二是破坏老城区。彻底破坏老的城市结构，就如芒福德所指出的：经济的扩张造成了城市的破坏和更新，结局就是大拆和大建，因此对城市的破坏就越来越剧烈。中国许多历史城市的老城完全被拆除就是很典型的例子。一旦城市被汽车主宰，那么人气就逐渐消失了。

J. 雅各布斯的《美国大城市的死和生》一书中，有一个关于波士顿北端的故事，那是一个贫民区，没有开发商的投资，但小孩在街上玩，犯罪率低，有很强的自我更新能力，是波士顿最健康的社区。但大部分的美国城市的道路上没有人，就像死城一样。[1] 实际上，我在美国对此也有感触，有时候在一个城市的道路上开车看不到一个行人，虽然车流量很大。一个没有行人、没有人际交往的城区，就是机体出现了问题。而现在城市越来越

---

[1] Jane Jacobs, *The Death and Life of Great American Cities*.

大，越来越不适合居住，过度发展造成环境污染，城市无限扩大，交通堵塞，房价飞涨，生态遭到破坏，空气受到污染。芒福德呼吁，必须使城市恢复母亲一样的养育生命的功能，这真是振聋发聩之言。

当然，雅各布斯对大城市的态度不像芒福德那么悲观，她认为一个社区是否适合居住，关键在于对它进行怎样的改造和布局。也就是说，这个社区或者街区需要合理的规划，能满足不同层次的需要，归根结底就在于城市要有多样性。她并不赞成所有城市和社区都盲目地去发展所谓的"花园城市"，指出美国城市中一些开辟了公园的地方，由于没有足够的人气，反而成了城市的黑暗角落，增加了安全的隐患。

中国的城市与雅各布斯所看到的美国的城市有很大的区别，中国城市的特点就是人口密度高。在中国城市里，几乎看不到社区公园被开辟以后，由于没有人而成为犯罪的角落和社会隐患的现象。但是，我十分赞同雅各布斯所强调的城市建设千万不要一刀切，一种思路，一个模式。对于老城区，一定要建立有生命力的街区，要合理规划街道以及合理布局商铺，避免那种城市只致力于修大广场、交通大道、大楼、停车场等大型设施，而忽视小商店、小街、小社区、步行街等适合居住的环境的建设。

雅各布斯非常重视这种居民日常生活的布局。她认为，并不一定要建造一个优美的环境才适合于居住，毕竟在一些老城区已经没有开辟绿化地和公园的空间，但是那些老城区的安静的小街、方便的小商店，可以坐在街沿边吃饭的小餐馆，喝咖啡的咖啡店，夜生活的酒吧，购书的书店，街上玩耍的小孩，等等，都使这个街区充满着生气。在这些街区里，哪怕半夜一个人独行，也不会感到不安全。沿街公寓、商铺的亮光，给路人一种舒适和温馨的感觉。就是万一街面上发生任何事情，一声呼叫可以让窗口伸出无数的脑袋，这比警察更能让行人有安全感。

雅各布斯所主张的多样化和适合居住的社区，在日本的城市中得到了最好的体现。2005 年我在东京大学东洋文化研究所做了大半年的研究员，住在东京的白金台，典型的日本老社区，周围都是小街小巷。下了地铁，可以沿着小街一路慢慢走，沿途的小饭馆、居酒屋、小店铺、咖啡馆、花店等，都十分小巧雅致。那种温馨的感觉，现在仍然记忆犹新。正是这样的街区，而不是那些高楼林立的繁华热闹的地区，在日本被认为是最适合于居住的社区。

雅各布斯所不断强调的多样性，正是我们的城市规划和城市管理最缺乏的。我们喜欢大一统，整齐划一，一个街区的楼房外观和设计，都要一模一样。如果一个街区进行改造，全部的地区都要求"焕然一新"，不能容忍一些老街、老建筑的存在。有的城市还要求店铺的招牌也要统一，包括放置的位置、招牌的大小颜色都要由城市管理者来规定。甚至还出现了在农贸市场，城管用尺子去测量那些堆放的菜是否整齐、是否超出了界限这样啼笑皆非的事情。我们把精力放在那些花样文章上，而不是考虑怎样设计合理舒适的街区和社区。城市生活的经历告诉我们，如果在一个城市中，住在一个社区，在买早点、买菜、理发、买咖啡饮料、下馆子、吃夜宵、上银行办事、小孩上学时，都要走非常长的路，而且沿途都没有小商铺这样的设施，没办法步行逛街，必须开车、坐汽车或打出租车的话，那么这个社区在规划上就存在严重的问题。

一些生活设施缺乏的街区和社区，随着时间的推移，为社区生活服务的小生意、小店铺和其他服务设施会自动发展起来，为周围的居民提供了极大的方便。但它们没有被纳入原本的城市规划之中，因此，经常地，城市的主政者还没有找到，甚至还没有考虑怎样解决这个街区的居民的刚性生活需求之前，这些设施便以种种借口被强行拆除。显然，这是城市管理者的过度执法。我们一定要警惕城市管理中的一阵风的、拍脑袋的行为，城市规划者应该少做表面的文章，多考虑城市居民生活的日常生活需要，让他们的生活更方便和舒适。

城市是人民的城市

城市应该是所有市民的城市，城市人要有尊严地享受幸福生活。由于不合理的户口制度，把城市的人们强行分成了三六九等。那些外来人口为城市的繁荣和城市生活的方便，做出了极大的贡献，但是他们却不能得到城市居民所能享受的待遇，在住房、教育、医疗等等"刚需"问题上,备受歧视。这是由政府政策所规定的地域的、出生的不公平和实际上的公开歧视。其实,在传统的中国,大多数情况下,人民都可以自由迁徙,这才造成了像汉唐的长安、宋代的杭州这样世界一流大城市的繁荣。今天的中国由于户籍制度,形成对外来人口的歧视,是历史的倒退。

区分外来人口,从相当的程度上,也是中国 1949 年以后便盛行的一种美学造成的,这种美学强调整齐划一,宏伟宽广,以新换旧,因此大广场、大建筑大行其道,城市的老街区、老建筑、城墙城楼等,都遭到灭顶之灾。在这种美学指导下,就是管理、控制和做表面文章,普通人使用街头和城市公共空间谋生的传统,也被剥夺了。改革开放以后,给了人民一定的自主权,人们进入大城市谋生,因为那里有更多的机会,他们中不少人经过艰苦努力,在城市中扎下根来,但是大多数却无法承担大城市中对他们来说高昂的租金,只能在那些城乡接合部的相对便宜的地区居住。由于远离城市的中心,那些地区早就存在卫生、安全、治安等问题,但是地方政府并不愿意花工夫、花金钱进行改善,一旦出现了问题,便开始了运动型的所谓"整治",而完全不考虑民众的利益,把那些地区一拆了之,大量人口流离失所,许多小商户关门,失去了辛辛苦苦建立的生计。由于采取一刀切的政策,许多原本服务社区的雅致的小商铺、饭馆和咖啡店,在拆掉之后,反而成了城市中难看的疮疤。

谈到对下层民众及其生活的容忍,使我想到在日本看到的几个震撼的场景。在东京地铁里,时常可以看到流浪汉用纸箱搭建的小窝,和周边的干净、繁忙、灯红酒绿形成了鲜明对照。从日本桥乘旅游船到浅草,水岸两边的建筑,各种风格的桥梁,是东京的旅游黄金水域。但是游客们也可以看到,在一些沿江的公园里,有不少丑陋的铁皮、木板、纸箱等材料搭建的临时房屋,都是无家可归者的栖身处。给下层人栖身的地方,给他们以生路,哪怕面子上没有那么好看,但显示了人文的关怀。东京政府能容忍他们在如此显眼的地方存在,让我感慨万分。

什么是脸面?尊重穷人的生存权就是最好的脸面。其实,在中国城市中,也存在这种善待穷人的传统。在过去的成都,富人家举行红白喜事,前面都有乞丐打旗帜。甚至县太爷参与的"城隍出驾"活动,也都有乞丐在前面鸣锣开道。乞丐参加这些活动,可以得到一些报酬和食物,主办者不但不会因此丢了面子,而且还能在社会上赢得"善人"的声誉。

一个国家和城市的文明程度,就是看他们对待下层人的态度,是努力给他们一条生路,让他们过有尊严的生活,还是为了我们所谓"文明"城市的面子,让他们消失了事。我们的执政者应该懂得,一个有生机的城市,人口组成应该是多层次的。而且,在一个城市中,无论人们的经济地位如何,他们都应该享有同样的权利。人为划分等级和阶层的政策,是与建立平等及和谐的社会背道而驰的。

在经济高度发展的今天,解决贫穷和下层人的生计和生存问题,也依然是政府有能力也必须承担的职责。有人总是以中国人口多、问题复杂来为地方官员的不作为进行开脱。其实,应该把更多的精力和金钱拿来解决人民的基本问题,让他们切切实实感受到经济发展的好处。

城市的"拆"和"建"

研究近代中国城市史的专家们大多把注意力放在沿海地区,对腹地城市了解十分有限,同时,对其日常生活也知之甚少。我希望通过这个研究来进一步拓宽和深入我们对中国城市史和文化史的理解。以大众文化作为中心,来展示公共空间出现的各种文化现象——从城市的外观、民间艺人的表演到民众谋生的方法以及对街头的争夺等。下层民众的日常生活与街头有着紧密联系,他们创造并生活在这种文化之中。然而当改良者试图对街头的使用进行控制时,便引起了下层民众为其生存空间的斗争。在随后的革命运动中,民众又以公共空间作为政治反抗的舞台。在民国初年的政治动荡中,民众和精英为共同利益而合作,组织自卫活动捍卫他们的生存,这同时也是维护他们的传统生活方式。

传统成都的生活是悠闲的,这种反现代性的时间感与生活的幸福感具有一种隐秘的正相关性。正如本书第六章已经引用过的著名教育家舒新城对成都那种农耕社会缓慢的生活方式的感慨:"我看得他们这种休闲的生活情形,又回忆到工商业社会上男男女女那种穿衣吃饭都如赶贼般地忙碌生活,更想到我这为生活而奔波四方的无谓的生活,对于他们真是视若天仙,求之不得。"[1]当时主流话语是反传统,批评坐茶馆浪费时间,反映的是中国文化的惰性,因此他的这种立场在当时应该是一个异数。直到改革开放以后,四川有关部门还将这种生活方式称之为盆地意识,认为其妨碍了社会进步和发展。实际上这涉及我们如何看待现代性的问题,拼搏是现代社会必需的一种生活方式,现在很多自杀、精神焦虑问题都与这种快速的生活节奏有关。过去我们总是批评散漫的生活方式,但不妨换一种角度看待这个问题。一个苦苦奋斗、事业成功的人士自然值得骄傲,但一介平民从从容容地过平淡生活不也是一种不错的选择吗?

在20世纪90年代以来的大拆大建运动中,成都作为一座古城已经消失了。虽然中国城市每天都在发生变化,但不可否认的是城市面貌更加"现代化",从林立的高楼、辉煌的广场到豪华的饭店酒楼、快餐连锁店、超级广告显示屏幕等,白天的城市到处是熙熙攘攘,晚上是灯红酒绿。此外,人们的居住条件也有了极大的改变,各种新式住宅如雨后春笋,从拔地而起的高楼到美国式花园洋房。就在这一派繁荣的同时,一个个古代的城市也在我们的眼前一天天消失了。现在,我们从南到北旅行,无论是大都市还是小县城,格局几乎是大同小异,中国城市过去由于地

---

[1] 舒新城:《蜀游心影》,第144—145页。

理、历史和文化形成的各自的城市外观和特点,幸存无多或几乎不复存在。尽管一些城市象征性地保留了一点旧城、老街和古建筑,但在宽阔大道和繁华高楼衬托下,它们无非是不和谐的点缀而已。

近些年,不时听到访问美国的中国朋友话语中不可掩饰的失望:纽约、芝加哥哪能跟北京、上海的繁华相比?的确,没有哪个发达国家能够像中国这样大手笔地"旧貌换新颜"。全国各地的城市不是高楼拔地而起,便是大型广场横空出世,要不就是整齐划一的林荫大街横贯东西南北,令人目不暇接。毫无疑问,中国城市变得更现代化了,这当然是中国经济成就的证明,但与此同时,一个个古城也在我们眼前逐渐消失。像北京的四合院、上海的石库门、成都的小巷公馆等独具特色的城市结构和景观被大规模拆除,面临消亡的命运。过去我们把城墙毁掉,今天我们心痛不已,承认干了傻事;今天我们把老城拆除,弃之如敝屣,用不着多少年我们又会来惋惜。历史的悲剧真的就要这么反复地重演吗?大江南北正高奏着城市重建的交响曲,对我这个爱"古"的城市史学者来说,这却是中国古城一曲悲凉的挽歌。

前些年,当我游览法国巴黎、里昂,日本奈良、京都,美国波士顿等城市时,我的内心有某种震撼。为什么在那些高度现代化的城市,几百年乃至上千年前的古朴街巷和建筑仍保留完好?在里昂,一些居民仍然住在15—16世纪的石头房子里。波士顿最精华的地区,便是17—19世纪的老建筑和街区。就在著名的、熙熙攘攘的哈佛广场不远,便有一大片老墓地,我在夕阳下漫步在17、18世纪的断垣残碑之中,真是感慨万千。如果是在中国任何一个城市,它们毫无疑问地已经消失得无影无踪!我们的许多城市管理者是"喜新厌旧"的,在他们看来,这些东西破旧得很,应该拆掉,才能显示现代大都市的宏伟和气派。最典型的例子便是成都九眼桥的拆除。该桥建于明万历年间,下有九个桥洞,与不远的望江楼交相辉映,成为成都的标志性建筑。20世纪80年代末由于老桥不胜交通重负,在旁另筑新桥。新老并肩站立,老的不免寒碜,这便成为那些追求"焕然一新"决策者们的眼中钉、肉中刺,罔顾许多学者的奔走呼号,最后拆除而后快。

在东京、伦敦、巴黎等发达国家的老城市中,不时会看到在繁华的街区,一座小楼从夹缝中立起来,新旧间杂,并不整齐划一,但充满了历史韵味。这除了是因为人们保护历史的意识外,也是由于私有产权,大规模拆迁几乎没有可能,从而使许多老街老房得以幸存。那些旧城和古建筑可以说是这些国家宝贵的遗产。按道理说,中国的土地国有制,应该为城市规划、保护文物和古物提供更好的条件,但不想却刚好走到了其反面,为随意拆毁古城老建筑大开绿灯。经过这些年的大拆大建,作为古都的成都,已经永远消失了。我经常遐想,如果成都能保留从前、哪怕是改革开放时的格局,其人文和旅游的价值,也是无法估量的。《21世纪经济报道》2006年4月5日发表了一篇关于成都城市建设的报道,记录了一段记者与官员间有趣的对话,记者说:"在王笛看来,古都成都已经成为永远的'梦'。""历史选择讲经济学分析,"成都市规划局相关负责人反问记者,"我们为什么不可以在历史进程中再造一个古都呢?"

这个思路存在的问题是不言而喻的,再破旧的真古董也比崭新漂亮的假古董更有价值,这是人人都知道的简单道理。但在城市规划上,我们却不断地违背这个基本常识。我们每天把自己祖宗留下的独特的文化和景观毁掉,修建整齐划一的新城市。"古都"不可能再造,再造的也只是一个假"古都",正是因为我们的城市规划者只讲"经济学分析",而不讲历史、人文分析,才反复犯违反常理的错误。同时,从长远的观点来看,拆掉古都在经济上的损失也是无法估量的。目前中国城市的发展,有一个很功利的目的,即发展旅游。但我们的决策者似乎忘了,目前国内外的人们到中国城市旅游,吸引他们的是历史遗留的老东西而不是现代化的大城市。高楼大厦、仿古建筑不稀罕,到处可见,为何人们要千里迢迢而来?毫不夸张地说,无论从文化还是从旅游价值来看,这些年成都欣欣向荣的所有仿古建筑加在一起,都难与九眼桥相提并论。真是"黄钟毁弃,瓦釜雷鸣",怎一个"惜"字了得!

经济的突飞猛进,使人们处于大拆大建的亢奋中,当满世界都是现代高楼大厦或仿古的琼楼玉宇时,人们便会发现过去不起眼的穷街陋巷,变得如此超俗不凡,深含传统历史文化的韵味。但是消失的就永远消失了,不再复返。我怀疑,决策者是否真的不懂这个道理。其实大规模的拆迁和重建，给地方政府和开发商带来了滚滚财源，因此他们为摧毁古城齐心协力。但保护老东西需要投资，像投资教育一样长期努力才能见效，不会立即为任期政绩添砖加瓦。因此，从相当程度来讲，中国古城成了"政绩工程"的牺牲品。如果现在我们的决策者认真反思这个问题，多多听取历史人文学者的意见和忠告，在中国古城彻底消失殆尽前紧急刹车，或许还可以为我们后代留下一点真正的历史文化遗产。

中国城市史的研究，无疑会为我们理解中国历史、社会和文化提供一个新的角度。从历史的最底层来看城市，是真正理解城市问题的一个必然的途径。历史研究是学术的思考和行为，但是也不可避免地有对现实的关注，力图回答现实的问题。只有当我们对一个城市的历史和文化有了深刻的理解，我们才能真正找到解决城市现实问题的办法。任何割裂一个城市传统的规划和发展模式，都将只会造成这个城市文化根基的断裂。因此，中国城市未来的发展方向，必须和它们的历史综合起来考虑，指出城市发展目前存在的问题，这是我们城市史学家义不容辞的职责。

征引资料目录

英文文献目录

Abrahams, Roger. "A Performance-Centred Approach to Gossip," *Man* vol. 5, no. 2 (1970), pp. 290-301.

Abrams, Lynn. *Workers' Culture in Imperial Germany: Leisure and Recreation in the Rhineland and Westphalia*. London and New York: Routledge, 1992.

Ahern, Emily. *The Cult of the Dead in a Chinese Village*. Stanford: Stanford University Press, 1973.

Anderson, Benedict. *Imagined Communities: Reflections on the Origin and Spread of Nationalism*. London: Verso, 1983.

Arkush, David R. "Orthodoxy and Heterodoxy in Twentieth-Century Chinese Peasant Proverbs, "pp. 311-336 in Kwang-Ching Liu ed., *Orthodoxy in Late Imperial China*. Berkeley and Los Angeles: University of California Press, 1990.

Banta, Melissa and Curtis Hinsley. *From Site to Sight: Anthropology, Photography and the Power of Imagery*. Cambridge: Peabody Museum Press, 1986.

Barthes, Roland. *Camera Lucida: Reflections on Photography*. Trans. Richard

Howard. New York: Hill & Wang, 1981.

Berling, Judith A. "Religion and Popular Culture: The Management of Moral Capital in The Romance of the Three Teachings," pp. 188-218 in David Johnson, Andrew Nathan and Eevlyn Rawski eds., *Popular Culture in Late Imperial China*. Berkeley and Los Angeles: University of California Press, 1985.

Black, Cyril Edwin. *The Dynamics of Modernization: A Study in Comparative History*. New York: Harper & Row, 1967.

Booth, Martin. *The Dragon Syndicates: The Global Phenomenon of the Triads*. New York: Carroll & Graf Publishers Inc. 1999.

Brace, Brockman ed., *Canadian School in West China*. Toronto: Canadian School Alumni Association, 1974.

Braudel, Fernand. *Capitalism and Material Life, 1400-1800*, vol. I. Trans. Miriam Kochan. New York: Harper & Row Publishers, 1975.

Braudel, Fernand. *The Mediterranean and the Mediterranean World in the Age of Philip II*, two vols. Trans. Sian Reynolds. New York: Harper & Row, 1972.

Brennan, Thomas. *Public Drinking and Popular Culture in Eighteenth-Century Paris*. Princeton: Princeton University Press, 1988.

Brim, John A. "Village Alliance Temples in Hong Kong, "pp. 93-103 in Arthur P. Wolf ed. *Religion and Ritual in Chinese Society*. Stanford: Stanford University Press, 1974.

Brook, Timothy and B. Michael Frolic eds. *Civil Society in China*. Armonk, NY: M. E. Sharpe, 1997.

Brook, Timothy. "Family Continuity and Cultural Hegemony: The Gentry of Ningbo, 1368-1911, " pp. 27-50 in Esherick and Mary B. Rankin eds., *Chinese Local Elites and Patterns of Dominance*. Berkeley and Los Angeles: University of California Press, 1990.

Brown, Archie and Jack Gray eds. *Political Culture and Political Change in Communist States*. London: Macmillan, 1979.

Bryson, Norman. *Vision and Painting: The Logic of the Gaze*. New Haven and London: Yale University Press, 1983.

Burke, Peter. *What Is Cultural History?* 2nd edition. Cambridge: Polity, 2008.

Campbell, Robert A. *Sit Down and Drink Your Beer: Regulating Vancouver's Beer Parlours, 1925–1954*. Toronto: University of Toronto Press, 2001.

Carrier, James G. ed. *Occidentalism: Images of the West*. New York: Oxford University Press, 1995.

Cartier, Carolyn. "Transnational Urbanism in the Reform Era Chinese City: Landscapes from Shenzhen, " *Urban Studies* vol. 39, no. 9 (2002) : 1513–1532.

Certeau, Michel de. *The Practice of Everyday Life*. Trans. Steven F. Rendall. Berkeley and Los Angeles: University of California Press, 1984.

Chamberlain, Heath B. "On the Search for Civil Society in China. " *Modern China* vol. 19, no. 2 (Apr. 1993) : 199–215.

Chartier, Roger. *The Cultural Origins of the French Revolution*. Trans. Lydia G. Cochrane. Durham: Duke University Press, 1991.

Cheng, Weikun. "The Challenge of the Actresses: Female Performers and Cultural Alternatives in Early Twentieth Century Beijing and Tianjin. " *Modern China* vol. 22, no. 2 (1996) : 197–233.

Chesneaux, Jean. *The Chinese Labor Movement, 1919–1927*. Trans. H. M. Wright. Stanford: Stanford University Press, 1968.

Chevalier, Louis. *Laboring Classes and Dangerous Classes in Paris During the First Half of the Nineteenth Century*. Trans. Frank Jelinek. New York: Howard Fertig, 1973.

Ching, Leo. "Globalizing the Regional, Regionalizing the Global: Mass Culture and Asianism in the Age of Late Capitalism. " *Public Culture* vol. 12, no. 1 (Winter 2000) : 233-257.

Christian, David. *Maps of Time: An Introduction to Big History*. Berkeley and Los Angeles: University of California Press, 2004.

Cobble, Dorothy Sue. *Dishing It Out: Waitresses and Their Unions in the Twentieth Century*. Urbana: University of Illinois Press, 1991.

Cohen, Paul A. *Discovering History in China: American Historical Writing on the Recent Chinese Past*. New York: Columbia University Press, 1984.

Combe, G. A. "Events in Chengdu: 1911, " *West China Missionary News*, no. 5 (1924) : 5-18.

Couvares, Francis G. "The Triumph of Commerce: Class Culture and Mass Culture in Pittsburgh, " pp. 123-152 in Michael H. Frisch and Daniel J. Walkowitz ed. *Working-Class America: Essays on Labor, Community, and American Society*. Urbana: University of Illinois Press, 1983.

Cowan, Brian. *The Social Life of Coffee: The Emergence of the British Coffeehouse*. New Heaven: Yale University Press, 2005.

Davis, Deborah, Richard Kraus, Barry Naughton, and Elizabeth J. Perry eds. *Urban Spaces in Contemporary China: The Potential for Autonomy and Community in Post-Mao China*. Cambridge and New York: Cambridge University Press, 1995.

Davis, Fei-Ling. *Primitive Revolutionaries of China: A Study of Secret Societies in the Late Nineteenth Century*. Honolulu: University Press of Hawaii, 1977.

Davis, Susan G. *Parades and Power: Street Theatre in Nineteenth-Century Philadelphia*. Berkeley and Los Angeles: University of California Press, 1988.

Dittmer, Lowell and Lance Gore. "China Builds a Market Culture. " *East Asia* vol. 19, no. 3 (Sept. 2001) : 9-50.

Dong, Madeleine Yue. "Juggling Bits: Tianqiao as Republican Beijing's Recycling Center." *Modern China* vol. 25, no. 3 (1999) : 303-342.

Duara, Prasenjit. "Knowledge and Power in the Discourse of Modernity: The Campaigns against Popular Religion in Early Twentieth-Century China." *Journal of Asian Studies*, no. 1 (1991) : 67-83.

Duara, Prasenjit. "Superscribing Symbols: The Myth of Guandi, Chinese God of War." *Journal of Asian Studies* vol. 47, no. 4 (1988) : 778-795.

Duis, Perry R. *The Saloon: Public Drinking in Chicago and Boston, 1880-1920*. Urbana: University of Illinois Press, 1983.

Erenberg, Lewis A. *Steppin' Out: New York Nightlife and the Trans-formation of American Culture, 1890-1930*. Westport: Green wood Press, 1981.

Esherick, Joseph and Mary Rankin eds. *Chinese Local Elites and Patterns of Dominance*. Berkeley and Los Angeles: University of California Press, 1990.

Esherick, Joseph W. and Jeffrey N. Wasserstrom. "Acting Out Democracy: Political Theater in Modern China." *Journal of Asian Studies* vol. 49, no. 4 (1990): 835-865.

Esherick, Joseph W. *Reform and Revolution in China: The 1911 Revolution in Hunan and Hubei*. Berkeley and Los Angeles: University of California Press, 1976.

Esherick, Joseph W. *The Origins of the Boxer Uprising*. Berkeley and Los Angeles: University of California Press, 1988.

Esherick, Joseph W., ed. *Remaking the Chinese City: Modernity and National Identity, 1900-1950*. Honolulu: University of Hawaii Press, 2000.

Fabian, Johannes. *Remembering the Present: Painting and Popular History in Zaire* (Narrative and paintings by Tshibumba Kanda Matulu) . Berkeley and Los Angeles: University of California Press, 1996.

Freedberg, David. *The Power of Images: Studies in the History and Theory of*

Response. Chicago: University of Chicago Press, 1989.

Friedmann, John. *China's Urban Transition*. Minneapolis: University of Minnesota Press, 2005.

Gans, Herbert J. *Popular Culture and High Culture*: *An Analysis and Evaluation of Taste*. New York: Basic Books, 1975.

Garrett, Shirley S. *Social Reformers in Urban China*: *The Chinese Y. M. C. A.,1895–1926*. New York, Mass. : Cambridge University Press, 1970.

Geertz, Cliford. *Negara: The Theatre State in Nineteenth-Century Bali*. Princeton: Princeton University Press, 1980.

Geertz, Cliford. *The Interpretation of Cultures*: *Selected Esaays*. New York: Basic Books, 1973.

Gernet, Jacques. *Daily Life in China on the Eve of the Mongol Invasion, 1250–1276*. Stanford: Stanford University Press, 1970.

Ginzburg, Carlo. *The Cheese and the Worms*: *The Cosmos of a Sixteenth-Century Miller*. Trans. John and Anne Tedeschi. New York: Penguin Books, 1982.

Gittings, John. *The Changing Face of China*: *From Mao to Market*. New York: Oxford University Press, 2005.

Goodman, Bryna. "New Culture, Old Habits: Native-Place Organiation and the May Fourth Movement, " pp. 76–106 in Frederic Jr. Wakeman and Wen-hsin Yeh ed., *Shanghai Sojourners*. Berkeley: Institute of East Asian Studies, 1992.

Goodman, Bryna. *Native Place, City, and Nation*: *Regional Networks and Identities in Shanghai, 1853–1937*. Berkeley and Los Angeles: University of California Press, 1995.

Graham, David C. "Religion in Szechuan Province. " Unpublished dissertation. Chicago: University of Chicago, 1927.

Gramsci, Antonio. *Prison Notebooks*. Ed. Joseph A. Buttigieg. Trans. Joseph

A. Buttigieg and Antonio Callari. New York: Columbia University Press, 1992.

Gramsci, Antonio. *Selections from Cultural Writings*, ed. David Forgacs and Geoffrey Nowell-Smith. Trans. William Boelhower. Cambridge: Harvard University Press, 1985.

Guha, Ranajit. "The Small Voice of History, " pp. 1-12 in Shahid Amin and Dipesh Chakrabarty eds., *Subaltern Studies, IX: Writing on South Asian History and Society*, Oxford and New York: Oxford University Press, 1996.

Guha, Ranajit. *A Subaltern Studies Reader, 1986-1995*. Minneapolis: University of Minnesota Press, 1997.

Habermas, Jürgen. *The Structural Transformation of the Public Sphere*: *An Inquiry into a Category of Bourgeois' Society*. Trans. Thomas Burger and Frederick Lawrence. Cambridge: MIT Press, 1989.

Haine, Scott W. *The World of the Paris Café: Sociability among the French Working Class, 1789-1914*. Baltimore: Johns Hopkins University Press, 1996.

Hayden, Dolores. *The Power of Place: Urban Landscapes and Public History*. Boston: MIT Press, 1995.

Heller, Agnes. *Everyday Life*. Trans. G. L. Campbell. London: Routledge & Kegan Paul, 1984.

Hershatter, Gail. "The Subaltern Talks Back: Reflections on Subaltern Theory and Chinese History." *Positions* I. I (1993) : 103-130.

Hershatter, Gail. *Dangerous Pleasures: Prostitution and Modernity in Twentieth-Century Shanghai*. Berkeley and Los Angeles: University of California Press, 1997.

Hershatter, Gail. *The Workers of Tianjin, 1900-1949*. Stanford: Stanford University Press, 1986.

Hevia, James. *English Lessons: The Pedagogy of Imperialism in Nineteenth-*

Century China. Durham, N. C. : Duke University Press, 2003.

Honig, Emily. *Creating Chinese Ethnicity*: *Subei People in Shanghai, 1850–1980*. New Haven: Yale University Press, 1992.

Honig, Emily. *Sisters and Strangers*: *Women in the Shanghai Cotton Mills, 1919–1949*. Stanford: Stanford University Press, 1986.

Hosie, Alexander. *On the Trail of the Opium Poppy*: *A Narrative of Travel in the Chief Opium-Producing Provinces of China*. London: George Philip & Son, 1914.

Huang, Philip C. C. . " 'Public Sphere' / 'Civil Society' in China? The Third Realm between State and Society. " *Modern China*, vol. 19, no. 2 (1993) : 216–240.

Huang, Ray. 1587, *A Year of No Significance*: *The Ming Dynasty in Decline*. New Haven: Yale University Press, 1981.

Hung, Chang-tai. "Mao's Parades: State Spectacles in China in the 1950s. " *China Quarterly* 190 (Jan. 2007) : 411–431.

Hunt, Lynn A. *Politics, Culture, and Class in the French Revolution*. Berkeley and Los Angeles: University of California Press, 1984.

Hunt, Lynn A. *Revolution and Urban Politics in Provincial France*: *Troyes and Reims, 1786–1790*. Stanford: Stanford University Press, 1978.

Hunt, Lynn A. *The Family Romance of the French Revolution*. Berkeley and Los Angeles: University of California Press, 1992.

Jacobs, Jane. *The Death and Life of Great American Cities*. New York: Knopf Doubleday Publishing Group, 2016.

Jahoda, Gustav. *Images of the Savage*: *Ancient Roots of Modern Prejudice in Western Culture*. New York and London: Routledge, 1999.

Jenks, Chris ed. *Visual Culture*. New York and London: Routledge, 1995.

Jewsiewicki, Bogumil. "Collective Memory and Its Images: Popular Urban Painting in Zaire: A Source of 'Present Past. ' " *History and Anthropology*, vol. 2, no. 2 (1986) : 389-396.

Jin, Guantao. "Socialism and Tradition: The Formation and Development of Modern Chinese Political Culture. " *Journal of Contemporary China* 3 (Summer, 1993) : 3-17.

Johnson, David, Andrew J. Nathan, and Evelyn S. Rawski eds. *Popular Culture in Late Imperial China*. Berkeley and Los Angeles: University of California Press, 1985.

Johnson, David. "Actions Speak Louder Than Words: The Cultural Significance of Chinese Ritual Opera, " pp. 1-45 in David Johnson ed. *Ritual Opera, Operatic Ritual: "Mu-lien Rescues His Mother" in Chinese Popular Culture*. Berkeley and Los Angeles: Chinese Popular Cultural Project, 1989.

Johnson, David. "Communication, Class, and Consciousness in Late Imperial China, " pp. 34-72 in David Johnson, Andrew J. Nathan, and Evelyn S. Rawski eds. *Popular Culture in Late Imperial China*. Berkeley and Los Angeles: University of California Press, 1985.

Johnson, David. "Local Officials and 'Confucian' Values in the Great Temple Festivals (*Sai*) of Southeastern Shansi in Late Imperial Times, " presented in the Conference on State and Ritual in East Asia, Paris, 1995.

Johnson, David. "Temple Festivals in Southeastern Shansi: The Sai of Nanshe Village and Big West Gate, " pp. 641-734 in《中国祭祀仪式与仪式戏剧研讨会论文集》,《民俗曲艺》第 91 期，台北，1994。

Jones, Stephen G. *Workers at Play: A Social and Economic History of Leisure, 1918-1939*. London: Routledge & Kegan Paul, 1986.

Jung, Hwa Yol, ed. *Comparative Political Culture in the Age of Globalization: An Introductory Anthology*. Lanham: Lexington Books, 2002.

Kaplan, Charles D., Helmut Kämpe, and José Antonio Flores Farfán.

"Argots as a Code-Switching Process: A Case Study of the Sociolinguistic Aspects of Drug Subcultures, " pp. 141-158 in Rodolfo Jacobson ed., *Codeswitching as a Worldwide Phenomenon*. New York: Peter Lang, 1990.

Kapp, Robert A. *Szechwan and the Chinese Republic: Provincial Militarism and Central Power, 1911-1938*. New Haven: Yale University Press, 1973.

Kasson, John. *Amusing the Million: Coney Island at the Turn of the Century*. New York: Hill & Wang, 1978.

Kevin R. Cox ed. *Spaces of Globalization: Reasserting the Power of the Local*. New York: The Guilford Press, 1997.

Kraus, Richard. "Public Monuments and Private Pleasures in the Parks of Nanjing: A Tango in the Ruins of the Ming Emperor's Palace, " pp. 287-311 in Deborah Davis ed., *The Consumer Revolution in Urban China*. Berkeley and Los Angeles: University of California Press, 2000.

Kuhn, Philip. *Soulstealers: The Chinese Sorcery Scare of 1768*. Cambridge: Harvard University Press, 1990.

Kukertz, Heinz. *Creating Order: The Image of the Homestead in Mpondo Social Life*. Johannesburg: Witwatersrand University Press, 1990.

Ladurie, Emmanuel. *Montaillou: The Promised Land of Error*. Trans. Barbara Bray. New York: G. Braziller, 1978.

Lalvani, Suren. *Photography, Vision, and the Production of Modern Bodies*. Albany: SUNY Press, 1996.

Landau, Paul S. and Deborah D. Kaspin eds. *Images and Empires: Visuality in Colonial and Postcolonial Africa*. Berkeley and Los Angeles: University of California Press, 2002.

Link, Perry, Richard Madsen, and Paul G. Pickowicz eds. *Unofficial China: Popular Culture and Thought in the People's Republic*. Boulder: Westview Press,

1989.

Link, Perry, Richard Madsen, and Paul G. Pickowicz. "Introduction," pp. 1–13 in Perry Link, Richard Madsen, and Paul G. Pickowicz eds. *Unofficial China*. Boulder: Westview Press, 1989.

Link, Perry. *Mandarin Ducks and Butterflies: Popular Fiction in Early Twentieth-Century Chinese Cities*. Berkeley and Los Angeles: University of California Press, 1981.

Liu, Kwang-Ching ed. *Orthodoxy in Late Imperial China*. Berkeley and Los Angeles: University of California Press, 1990.

Lu, Hanchao. *Beyond the Neon Lights: Everyday Shanghai in the Early Twentieth Century*. Berkeley and Los Angeles: University of California Press, 1999.

Macfarlane, Alan and Iris Macfarlane. *The Empire of Tea: The Remarkable History of the Plant That Took Over the World*. Woodstock and New York: The Overlook Press, 2004.

Madsen, Richard. "The Public Sphere, Civil Society and Moral Community: A Research Agenda for Contemporary China Studies. " *Modern China* vol. 19,no. 2 (Apr. 1993) : 183–198.

Massey, Doreen. "The Conceptualization of Place, " pp. 45–86. In Doreen Massey and Pat Jess, eds., *A Place in the World? Places, Cultures and Globalization*. Milton Keynes: Open University Press, 1995.

Massey, Doreen. *Space, Place, and Gender*. Minneapolis: University of Minnesota Press, 1994.

McDougall, Bonnie S. "Writers and Performers: Their Works, and Their Audiences in the First Three Decades," pp. 269–304 in Bonnie S. McDougall ed. *Popular Chinese Literature and Performing Arts: In the People's Republic of China*,

1949—1979. Berkeley and Los Angeles: University of California Press, 1984.

McEligott, Anthony. "Street Politics in Hamburg, 1932—1933. " *History Workshop* 16 (Autumn, 1983) : 83—90.

Meliksetov, Arlen V. "'New Democracy' and China's Search for Socio-Economic Development Routes, 1949—1953. " *Far Eastern Affairs* 1 (1996) : 75—92.

Meyer-Fong, Tobie. *Building Culture in Early Qing Yangzhou*. Stanford, CA: Stanford University Press, 2003.

Mitchell, W. J. T. *Iconology: Image, Text, Ideology*. Chicago: University of Chicago Press, 1986.

Moody, Peter R., Jr. "Trends in the Study of Chinese Political Culture. " *China Quarterly* 139 (Sept. 1994) : 731—740.

Morse, Hosea Ballou. *The Gilds of China, with an Account of the Gild Merchant or Co-hong of Canton*. New York: Russell & Russell, 1967.

Muchembled, Robert. *Popular Culture and Elite Culture in France, 1400—1750*. Trans. Lydia Cochrane. Baton Rouge: Louisiana State University Press, 1985.

Mumford, Lewis. *The City in History: Its Origins, Its Transformations, and Its Prospects*. New York: MJF Books, 1997.

Mumford, Lewis. *The Culture of Cities*. New York: Open Road Media, 2016.

Murdock, Catherine Gilbert. *Domesticating Drink: Women, Men, and Alcohol in America, 1870—1940*. Baltimore: Johns Hopkins University Press, 1998.

Murphey, Rhoads. *Shanghai: Key to Modern China*. Cambridge: Harvard University Press, 1953.

Musgrove, Charles. *China's Contested Capital: Architecture, Ritual, and Response in Nanjing*. Honolulu: University of Hawaii Press, 2013.

Naqiun, Susan. *Millenarian Rebellion in China: The Eight Trigrams Uprising of*

1813. New Haven: Yale University Press, 1976.

Nasaw, David. *Going Out: The Rise and Fall of Public Amusements*. New York: Basic Books, 1993.

Ng, Mau-Sang. "Popular Fiction and the Culture of Everyday Life: A Cultural Analysis of Qin Shouou's Qiuhaitang. " *Modern China*, vol. 20, no. 2 (1994): 131-156.

Nochlin, Linda. "The Imaginary Orient. " *Art in America*, May 1983: 127-139.

Ozouf, Mona. *Festivals and the French Revolution*. Trans. Alan Sheridan. Cambridge: Harvard University Press, 1988.

Peiss, Kathy. *Cheap Amusements: Working Women and Leisure in Turn-of-the-Century New York*. Philadelphia: Temple University Press, 1986.

Perry, Elizabeth J. *Shanghai on Strike: The Politics of Chinese Labor*. Stanford: Stanford University Press, 1993.

Pieterse, Jan Nederven. *White on Black: Images of Africa and Blacks in Western Popular Culture*. New Haven: Yale University Press, 1992.

Pomeranz, Kenneth. *The Great Divergence: Europe, China, and the Making of the Modern World Economy*. Princeton: Princeton University Press, 2000.

Powers, Madelon. *Faces along the Bar: Lore and Order in the Workingman's Saloon, 1870-1920*. Chicago: University of Chicago Press, 1998.

Praeger, Dave. *Poop Culture: How America Is Shaped by Its Grossest National Product*. Los Angeles: Feral House, 2007.

Rankin, Mary B. "Some Observations on a Chinese Public Sphere. " *Modern China* vol. 19, no. 2 (1993) : 158-182.

Rankin, Mary B. "The Origins of a Chinese Public Sphere: Local Elites and Community Affairs in the Late Imperial Period, " *Etudes Chinoises* vol. 9, no. 2

(1990) : 14–60.

Rankin, Mary B. *Elite Activism and Political Trans formation in China*: *Zhejiang Province, 1865–1911*. Stanford: Stanford University Press, 1986.

Reese, Stephen D., Oscar H. Gandy Jr., and August E. Grant eds. *Framing Public Life*: *Perspectives on Media and Our Understanding of the Social World*. Mahwah, NJ: Lawrence Erlbaum Associates Publishers, 2001.

Rosenzweig, Roy. *Eight Hours for What We Will*: *Workers and Leisure in an Industrial City, 1870–1920*. New York: Cambridge University Press, 1983.

Ross, Andrew. *No Respect*: *Intellectuals and Popular Culture*. New York: Routledge, 1989.

Rowe, William T. "The Problem of 'Civil Society' in Late Imperial China. " *Modern China*, vol. 19, no. 2 (1993) : 139–157.

Rowe, William T. "The Public Sphere in Modern China. " *Modern China* vol. 16, no. 3 (1990) : 309–329.

Rowe, William T. *Crimson Rain*: *Seven Centuries of Violence in a Chinese County*. Stanford: Stanford University Press, 2007.

Rowe, William T. *Saving the World*: *Chen Hongmou and Elite Consciousness in Eighteenth-Century China*. Stanford: Stanford University Press, 2001.

Rowe, Willian T. *Hankow*: *Conflict and Community in a Chinese City, 1796–1895*. Stanford: Stanford University Press, 1989.

Ruggiero, Guido "The Strange Death of Margarita Marcellini: *Male*, Signs, and the Everyday World of Pre-Modern Medicine. " *American Historical Review* vol. 106, no. 4 (2001) : 1141–1158.

Ryan, Mary P. *Women in Public*: *Between Banners and Ballots, 1825–1880*. Baltimore: Johns Hopkins University Press, 1990.

Saint-Martin, Fernande. *Semiotics of Visual Language*. Bloomington: Indiana

University Press, 1990.

Salaff, Janet Weitzner. "Urban Residential Communities in the Wake of the Cultural Revolution, " pp. 289-323 in John Wilson Lewis, ed., *The City in Communist China*. Stanford: Stanford University Press, 1971.

Scherer, Joanna Cohen ed. *Picturing Cultures: Historical Photographs in Anthropological Inquiry*. New York: Routledge, 1990.

Schneider, Laurece. *A Madman of Ch'u: The Classical Myth of Loyalty and Dissent*. Berkeley and Los Angeles: University of California Press, 1980.

Schoppa, R. Keith. *Chinese Elites and Political Change: Zhejiang Province in the Early Twentieth Century*. Cambridge. : Harvard University Press, 1982.

Schwarcz, Vera. *Place and Memory in the Singing Crane Garden*. Philadelphia: University of Pennsylvania Press, 2008.

Scott, James. *Weapons of the Weak: Everyday Forms of Peasant Resistance*. New Haven: Yale University Press, 1985.

Scott, James. *Seeing Like a State: How Certain Schemes to Improve the Human Condition Have Failed*. New Haven: Yale University Press, 2020.

Sennett, Richard. *The Culture of the New Capitalism*. New Haven: Yale University Press, 2006.

Sennett, Richard. *The Fall of Public Man: On the Social Psychology of Capitalism*. New York: Vintage Books, 1977.

Sewell, William G. *The Dragon's Backbone: Portraits of Chengdu People in the 1920's*. Drawings by Yu Zidan. York: William Sessions Limited, 1986.

Sewell, William G. *The People of Wheelbarrow Lane*. South Brunswick and New York: A. S. Barnes and Company, 1971.

Shek, Richard. "Sectarian Eschatology and Violence," pp. 87-114 in Jonathan N. Lipman and Stevan Harrell eds. *Violence in China: Essays in Culture and Counterculture*. Albany: State University of New York Press, 1990.

Sit, Victor Fung-shuen. "Neighbourhood Workshops in the Socialist Transformation of Chinese Cities." *Modernization in China* 3 (1979) : 91-101.

Smith, Richard J. *China's Cultural Heritage*: *The Qing Dynasty, 1644-1912*. Boulder: Westview Press, 1994.

Smith, Richard J. *Fortune-tellers and Philosophers*: *Divination in Traditional Chinese Society*. Boulder: Westview Press, 1991.

Solinger, Dorothy J. "Capitalist Measures with Chinese Characteristics." *Problems of Communism* vol. 38, no. 1 (Jan-Feb 1989) : 19-33.

Solinger, Dorothy J. *Chinese Business under Socialism*: *The Politics of Domestic Commerce in Contemporary China*. Berkeley and Los Angles: University of California Press, 1984.

Spang, Rebecca L. *The Invention of the Restaurant*: *Paris and Modern Gastronomic Culture*. Cambridge: Harvard University Press, 2000.

Spence, Jonathan. *Death of Woman Wang*. New York: Viking Press, 1978.

Spence, Jonathan. *The Question of Hu*. New York: Vintage Books, 1989.

Spence, Jonathan. *Treason by the Book*. New York: Viking Press, 2001.

Spivak, Gayatri Chakravorty. "Can the Subaltern Speak?" pp. 217-313 in Gary Nelson and Lawrence Grossberg eds., *Marxism and the Interpretation of Culture*. London: Macmillan, 1988.

Stansell, Christine. *City of Women*: *Sex and Class in New York, 1789-1860*. New York: Alfred A. Knopf Inc., 1986.

Stapleton, Kristin. "Police Reform in a Late-Imperial Chinese City: Chengdu, 1902-1911." Ph. D. diss., Harvard University, 1993.

Stapleton, Kristin. "Urban Politics in an Age of 'Secret Societies': The Cases of Shanghai and Chengdu." *Republican China* vol. 22, no. 1 (1996) : 23-64.

Stapleton, Kristin. *Civilizing Chengdu*: *Chinese Urban Reform, 1875–1937*. Cambridge: Harvard University Asia Center, 2000.

Strand, David. *Rickshaw Beijing*: *City People and Politics in the 1920s*. Berkeley and Los Angeles: University of California Press, 1989.

Tanaka Issei. "The Social and Historical Context of Ming-Ch'ing Local Drama, " pp. 143–160 in David Johnson, Andrew J. Nathan, and Evelyn S. Rawski, eds., *Popular Culture in Late Imperial China*. Berkeley and Los Angeles: University of California Press, 1985.

Thompson, E. P. "Patrician Society, Plebeian Culture. " *Journal of Social History* vol. 7, no. 4 (1974) : 382–405.

Thompson, E. P. *The Making of the English Working Class*. New York: Vintage Books, 1966.

Trachtenberg, Alan. *Reading American Photographs*: *Images as History*, *Mathew Brady to Walker Evans*. New York: Hill and Wang, 1990.

Wakeman, Frederic Jr. "The Civil Society and Public Sphere Debate: Western Reflections on Chinese Political Culture. " *Modern China* 19. 2 (Apr. 1993): 108–138.

Wakeman, Frederic Jr. and Wen-hsin Yeh eds. *Shanghai Sojourners*. Berkeley: Institute of East Asian Studies, University of California, 1992.

Walvin, James. *Fruits of Empire*: *Exotic Produce and British Taste, 1660–1800*. New York: New York University Press, 1997.

Wang, Di. "Street Culture: Public Space and Urban Commoners in Late-Qing Chengdu. " *Modern China* vol. 24, no. 1 (1998) : 34–72.

Wang, Di. "The Idle and the Busy: Teahouses and Public Life in Early Twentieth-Century Chengdu. " *Journal of Urban History* vol. 26, no. 4 (2000) : 411–437.

Wang, Di. "The Rhythm of the City: Everyday Chengdu in Nineteenth-Century Bamboo-Branch Poetry." *Late Imperial China*, vol. 24, no. 1 (2003) : 33–78.

Wang, Di. *Street Culture in Chengdu: Public Space, Urban Commoners, and Local Politics, 1870–1930*. Stanford: Stanford University Press, 2003.

Wang, Di. *The Teahouse under Socialism: The Decline and Renewal of Public Life in Chengdu, 1950–2000*. New York: Cornell University Press, 2018.

Wang, Di. *The Teahouse: Small Business, Everyday Culture, and Public Politics in Chengdu, 1900–1950*. Stanford University Press, 2008.

Wang, Jing. "Introduction: The Politics and Production of Scales in China: How Does Geography Matter to Studies of Local, Popular Culture?" pp. 1–30 in Jing Wang, ed., *Locating China: Space, Place, and Popular Culture*. London and New York: Routlege, 2005.

Ward, Barbara E. "Regional Operas and Their Audiences: Evidence from Hong Kong, " pp. 161–187 in David Johnson, Andrew J. Nathan, and Evelyn S. Rawski, eds. *Popular Culture in Late imperial China*. Berkeley and Los Angeles: University of California Press, 1985.

Wasserstrom, Jeffery N. *Student Protests in Twentieth-Century China: The View from Shanghai*. Stanford: Stanford University Press, 1991.

Wasserstrom, Jeffrey N. and Elizabeth J. Perry eds. *Popular Protest and Political Culture in Modern China*. Boulder: Westview Press, 1994.

Watson, James, "Standardizing the Gods: The Promotion of Tien Hou," pp. 292–324 in David Johnson, Andrew J. Nathan, and Evelyn S. Rawski, eds. *Popular Culture in Late Imperial China*. Berkeley and Los Angeles: University of California Press, 1985.

Weisband, Edward and Courtney I. P. Thomas. *Political Culture and the Making of Modern Nation-States*. London: Taylor & Francis Ltd., 2015.

Whyte, Martin King and William L. Parish. *Urban Life in Contemporary China*. Chicago: University of Chicago Press, 1984.

Whyte, Martin King. "Urban Life in the People's Republic," pp. 682–742 in Roderick Macfarquhar and John K. Fairbank, *Cambridge History of China*, volume 15, *The People's Republic, Part 2: Revolutions within the Chinese Revolution, 1966–1982*. Cambridge and New York: Cambridge University Press, 1991.

Whyte, William F. *Street Corner Society: The Social Structure of an Italian Slum*. Third edition. Chicago: University of Chicago Press, 1981.

Wooldridge, Chuck. *City of Virtues: Nanjing in an Age of Utopian Visions*. Seattle and London: University of Washington Press, 2015.

Xu, Yinong. *The Chinese City in Space and Time: The Development of Urban Form in Suzhou*. Honolulu: University of Hawaii Press, 2000.

Yang, C. K. *Religion in Chinese Society*. Berkeley and Los Angeles: University of California Press, 1961.

Yeh, Wen-hsin. "Progressive Journalism and Shanghai's Petty Urbanities: Zou Taofen and the Shenghuo Weekly, 1926–1945," pp. 186–238 in Frederic Wakeman, Jr. and Wen-hsin Yeh eds. *Shanghai Sojourners*. Berkeley: Institute of East Asian Studies, 1992.

Yerkovich, Sally. "Gossiping as a Way of Speaking," *Journal of Communication* vol. 27, no. 1 (1977) : 192–196.

Zelin, Madeleine. "The Rise and Fall of the Fu-Rong Salt-Yard Elite: Merchant Dominance in Late Qing China," pp. 82–109 in Joseph Esherick and Mary Rankin eds. *Chinese Local Elites and Patterns of Dominance*. Berkeley and Los Angeles: University of California Press, 1990.

Zhong, Yang. *Political Culture and Participation in Rural China*. Abingdon: Routledge, 2012.

中文文献目录

白渝华：《谈谈"休谈国事"》，《新新新闻》1945年3月18日。

博行：《茶馆宣传的理论与实际》，《服务月刊》第6期，1941年5月1日，第5—6页。

此君：《成都的茶馆》，《华西晚报》1942年1月28—29日。

傅崇矩：《成都通览》，8卷，成都通俗报社印，成都：巴蜀书社，1987年重印，为上下两册。本书所用插图取自1909—1910年版，文字引自1987年版。

卢汉超：《中国叫街者：乞丐文化史》，王笛主编：《时间、空间、书写》（《新社会史》第3辑），杭州：浙江人民出版社，2006年，第56—68页。

高成祥：《傅樵村》，任一民主编：《四川近现代人物传》第6辑，成都：四川大学出版社，1990年。

何一民主编：《变革与发展：中国内陆城市成都现代化研究》，成都：四川大学出版社，2002年。

老舍：《茶馆》，《老舍剧作选》，北京：人民文学出版社，1959年。

老乡：《谈成都人吃茶》，《华西晚报》1942年12月26—28日。

李劼人：《大波》，《李劼人选集》第2卷，成都：四川人民出版社，1980年。

李劼人：《市民的自卫》，收入李劼人：《好人家》，上海：中华书局，1947年，第124—135页。

李劼人：《暴风雨前》，《李劼人选集》第1卷，成都：四川人民出版社，1980年。

李孝悌：《清末的下层社会启蒙运动，1901—1911》，台北：近代史研究所，1998年。

林孔翼辑：《成都竹枝词（增订本）》，成都：四川人民出版社，1986年。

钱廉成：《廛间之艺》，成都：四川人民出版社，1985年。

《启蒙通俗报》，1902年。

沙汀：《喝早茶的人》，《沙汀文集》第6卷，上海：上海文艺出版社，2001年，第361页。

沙汀：《在其香居茶馆里》，《沙汀选集》，北京：人民文学出版社，1959年，第103—118页。

舒新城：《蜀游心影》，上海：中华书局，1934年。

《蜀报》，1910年。

《通俗画报》，1909、1912年。

《通俗日报》，1909—1911年。

外语教学与研究出版社编：《现代汉英词典》，北京：外语教学与研究出版社，1988年。

王笛：《"吃讲茶"——成都茶馆、袍哥与地方政治空间》，《史学月刊》2010年第2期。

王笛:《周善培》,任一民主编:《四川近现代人物传》第 4 辑,成都:四川大学出版社,1987 年。

王笛:《晚清长江上游地区公共领域的发展》,《历史研究》1996 年第 1 期。

王笛:《茶馆:成都的公共生活和微观世界,1900—1950》,北京:社会科学文献出版社,2010 年。

王笛:《街头文化:成都公共空间、下层民众与地方政治,1870—1930》,北京:中国人民大学出版社,2006 年。

王笛:《跨出封闭的世界:长江上游区域社会研究(1644—1911)》,北京:中华书局,1993 年。

吴虞:《吴虞日记》下册,成都:四川人民出版社,1986 年。

新华辞书社编:《新华字典》,北京:商务印书馆,1990 年。

《新新新闻》,1930—1950 年。

于戏:《茶馆政治家》,《华西晚报》1943 年 1 月 15 日。

张世明:《拆穿西洋镜:外国人对于清代法律形象的建构》,杨念群主编:《清史研究的新境》(《新史学》第 5 卷),北京:中华书局,2011 年。

章士钊:《文化运动与农村改良》,《章士钊全集》第 4 卷,上海:上海文汇出版社,2000 年,第 144—146 页;《农国辨》;《章行严在农大之演说词》。

张信:《王笛著〈街头文化:成都公共空间、下层民众与地方政治,1870—1930〉》,《历史研究》2004 年第 2 期。

张志东:《中国学者关于近代中国市民社会问题的研究:现状与思考》,《近代史研究》1998年第2期。

中国社会科学院语言研究所词典编辑室编:《现代汉语词典》,北京:商务印书馆,1998年。

朱英:《关于晚清市民社会研究的思考》,《历史研究》1996年第4期。

后　记

　　本书 2013 年最初由清华大学出版社出版，2018 年我进行了比较大的修订，后由北京大学出版社出了第二版。这次我在第二版的基础上，对本书进行了比较大的修订，主要有以下三个方面：

　　第一，删除。我在修订第二版的时候，考虑到我茶馆研究的第二卷《茶馆：成都公共生活的衰落与复兴，1950—2000》在国内出版还遥遥无期，为了让读者能够看到该卷的一些理论思考，我增加了第四编"社会主义城市与国家"，其中包括第七章"当代中国城市的政治转型"和第八章"公共生活的萎缩和扩张"。所幸的是，该书中文繁体本 2022 年在香港中文大学出版社出版，中文简体本 2024 年也即将出版，读者已经能够读到那本书。这次修订的第三版，决定删去这一部分，以避免重复。

　　第二，增加。这个修订本最大的改动，是增加了第一编《书写城市的日常史诗》。"日常史诗"这个概念，是借用了《三联生活周刊》2022 年秋在成都策划的展览的主题"日常史诗：成都市民生活与公共空间"。策展人梁琛和贾冬婷根据我的四本著作《跨出封闭的世界》《街头文化》《茶馆》《袍哥》展示了四种维度，邀请13位当代艺术家和建筑设计师进行创作。在这一编，我梳理了最近一些年我对于中国城市和中国历史研究的一些最新的思考，包括四章新内容：第一章，怎样进入中国城市内部；第二章，进入茶馆后，我们能看到什么？第三章，现代中国的城市管理；第四章，城市历史写作，怎样面向大众？这一编内容主要选取了两个采访，包括《王笛谈成都茶馆：1950—2000》（郑诗亮采访，《上海书评》2022-08-14）和《在区域与全球之间追寻历史——王笛教授访谈》（李世鹏采访，《区域史研究》2022年第1辑）。还包括两个我的演讲，一是2020年12月12日在北京大学博雅讲坛所做的《公共领域与当代中国的城市管理：疫情期间的历史思考》讲座，二是2022年10月29日"城市与我们：跨越边界"三联人文城市光谱论坛中，所做的《从茶馆到互联网，我们的日常生活被重塑了吗？》（《三联生活周刊》2022-11-27）的演讲，以及2013年6月25日我在华东师范大学举行的"现代中国的再阐释"学术讨论会上的发言。

第三，改书名。第一版和第二版的书名还有一个副题"从社会的最底层看历史"。考虑到这本书在经过若干次的修订以后，其内容远远超出了底层社会，而是对城市史研究比较全面的讨论，所以决定将副题去掉。

另外，需要说明的是，本书注释采取简略注法。凡书籍都没有标明出版信息，详细文献征引请参见《征引资料目录》。

最后，要特别感谢本书的责任编辑李磊，如果不是她的坚持和催促，新版的修订还很难纳入议事日程。她对本书内容的修订提出了非常好的建议，尤其在结论部分，她建议加入我对现代城市发展理念的最新研究。她的专业眼光和编辑经验，保证了此版的高质量出版。

王 笛

2023 年 9 月 15 日于澳门大学